Der Schutz des Mobiliarbesitzers ohne unmittelbare Sachherrschaft

Ulf Marr

Der Schutz des Mobiliarbesitzers ohne unmittelbare Sachherrschaft

Mittelbarer Besitz und Bailment im Rechtsvergleich

PL ACADEMIC RESEARCH

Bibliografische Information der Deutschen Nationalbibliothek
Die Deutsche Nationalbibliothek verzeichnet diese Publikation in der Deutschen Nationalbibliografie; detaillierte bibliografische Daten sind im Internet über http://dnb.d-nb.de abrufbar.

Zugl.: Osnabrück, Univ., Diss., 2016

D 700
ISBN 978-3-631-72329-6 (Print)
E-ISBN 978-3-631-72360-9 (E-PDF)
E-ISBN 978-3-631-72361-6 (EPUB)
E-ISBN 978-3-631-72362-3 (MOBI)
DOI 10.3726/b11160

PL Academic Research ist ein Imprint der Peter Lang GmbH.

Peter Lang – Frankfurt am Main · Bern · Bruxelles · New York · Oxford · Warszawa · Wien

Diese Publikation wurde begutachtet.

www.peterlang.com

Vorwort

Die vorliegende Arbeit wurde im Wintersemester 2016/2017 vom Fachbereich Rechtswissenschaften der Universität Osnabrück als Dissertation angenommen.

Allen, die zum Gelingen der Arbeit beigetragen habe, danke ich herzlich. Insbesondere danke ich meinem Doktorvater Herrn Prof. Dr. Dr. h.c. mult. Christian von Bar für seine beständige Geduld und Herrn Prof. Dr. Lars Leuschner für die zügige Erstellung des Zweitgutachtens.

Mein besonderer Dank gilt jedoch meinen Eltern, die mir diese Arbeit erst ermöglicht haben, und Teite für ihren steten Zuspruch. Ihnen ist diese Arbeit gewidmet.

Inhaltsverzeichnis

Abkürzungsverzeichnis

a.E.	am Ende
A/S	*Aktieselskab*
ABGB	Allgemeines Bürgerliches Gesetzbuch
Abs.	Absatz/Absätze
AC	*The Law Reports. Appeal Cases* (London, seit 1876; zitiert nach [Jahr] Bd. und S.)
AcP	Archiv für die civilistische Praxis (Tübingen, seit 1818; zitiert nach Bd. (Jahr) und S.)
Adel. L.R.	*The Adelaide Law Review* (Adelaide, seit 1960; zitiert nach (Jahr) Bd. und Seite)
All ER	*The All-England Law Reports* (London, seit 1936; zitiert nach [Jahr] Bd. und S.)
ALR	Preußisches Allgemeines Landrecht
Alt.	Alternative
Anm.	Anmerkung
Aufl.	Auflage
B.V.	*Besloten Vennootschap*
Bd.	Band/Bände
bearb.	Bearbeitet
Begr.	Begründer
BGB	Bürgerliches Gesetzbuch
BGBl.	Bundesgesetzblatt (Bonn, seit 1949; zitiert nach Jahr, Teil und S.)
BGH	Bundesgerichtshof
BGHZ	Entscheidungen des Bundesgerichtshofes in Zivilsachen (Köln, seit 1951; zitiert nach Bd. und S.)
Bros	*Brothers*
bzw.	Beziehungsweise
CA	*Court of Appeal*
Ch	1. *The Law Reports, Chancery Division* (London, seit 1875; zitiert nach [Jahr] und S.) 2. *Chancery Divison*
ch.	*chapter(s)*
CJ	*Chief Justice*
CLJ	*The Cambridge law journal* (Cambridge, seit 1921; zitiert nach Jahr, Bd. und S.)

CLR	*The Commonwealth Law Reports* (Sydney, seit 1905; zitiert nach (Jahr) Bd. und S.)
Co	*Company*
Corn. L.R.	*The Cornell Law Review (Quartely)* (Cornell, seit 1915; zitiert nach (Jahr) Bd. und S.)
Corpn	*Corporation*
d.h.	das heißt
DJT	Deutscher Juristentag
DLR	*Dominion Law Reports* (Toronto u.a., seit 1912; zitiert nach (Jahr) Bd. und S.)
EA	*The Eastern Africa Law Reports* (London, 1957–1968; zitiert nach [Jahr] und S.)
ER	*The English Reports* (London, 1900–1932; zitiert nach (Jahr) Bd. und S.)
Esq.	*Esquire*
EWCA Civ.	*Court of Appeal (Civil Divison)* (Neutrale Zitierweise; zitiert nach [Jahr] Nr. und Rn.)
EWHC	*England & Wales High Court* (Neutrale Zitierweise, zitiert nach [Jahr] Nr. und Rn.)
ff.	Fortfolgende
Fn.	Fußnote
FS	Festschrift
gem.	Gemäß
HGB	Handelsgesetzbuch
HL	*House of Lords*
HRG	Handwörterbuch zur Deutschen Rechtsgeschichte
Hs.	Halbsatz
i.S.	im Sinne
i.V.m.	in Verbindung mit
Inc	*Incorporated*
IR	*Irish Reports* (Dublin, seit 1913; zitiert nach [Jahr] und S.)
J	*Judge*
JherJB	1. Jahrbücher für die Dogmatik des heutigen römischen und deutschen Privatrechts (Jena, 1857–1892; zitiert nach Bd. [Jahr] und S.) 2. Jherings Jahrbücher für die Dogmatik des bürgerlichen Rechts (Jena, 1893–1943, zitiert nach Bd. [Jahr] und S.)

	Anm.: Die Nummerierung der Bände erfolgt durchlaufend von 1857–1943
JR	Juristische Rundschau (Berlin, seit 1925; zitiert nach Jahr und Nr.)
Jura	Juristische Ausbildung (Berlin, seit 1979; zitiert nach Jahr und S.)
JuS	Juristische Schulung (München, seit 1961; zitiert nach Jahr und S.)
JSC	*Justice of The Supreme Court*
JW	Juristische Wochenschrift (Leipzig, 1872–1939; zitiert nach Jahr und S.)
JZ	Juristenzeitung (Tübingen, seit 1951; zitiert nach Jahr und S.)
Kap.	Kapitel
KB	*The Law Reports. King's Bench Divison* (London, seit 1876; zitiert nach [Jahr] Bd. und S.)
L.J.Q.B.	*Law Journal Reports. Queen's Bench New Series* (London, 1823–1949; zitiert nach (Jahr) Bd. und S.)
L.R.Ex.	*The Law Reports, Exchequer Division* (London, 1876–1880; zitiert nach (Jahr) Bd. und S.)
L.R.C.P.	*The Law Reports. Court of Common Pleas* (London, 1866–1875; zitiert nach (Jahr) Bd. und S.)
L.R.Q.B.	*The Law Reports. Court of Queen's Bench* (London, 1866–1875; zitiert nach (Jahr) Bd. und S.)
LJ	*Lord Justice*
Legal Studies	*Legal Studies* (London, seit 1981; zitiert nach (Jahr) Bd. und S.)
Lloyd's Rep.	*Lloyd's Law Reports* (London, seit 1968; zitiert nach [Jahr] Bd. und S.)
Ltd	*Limited*
m. Anm.	mit Anmerkung
MR	*Master of the Rolls*
MüKo-BGB	Münchener Kommentar zum Bürgerlichen Gesetzbuch
MüKo-InsO	Münchener Kommentar zur Insolvenzordnung
MüKo-ZPO	Münchener Kommentar zur Zivilprozessordnung
NJOZ	Neue Juristische Online-Zeitschrift (München, seit 2011; zitiert nach Jahr und S.)
NJW	Neue Juristische Wochenschrift (München, seit 1947; zitiert nach Jahr und S.)

NJW-RR	NJW-Rechtsprechungs-Report Zivilrecht (München, seit 1986; zitiert nach Jahr und S.)
No	*Number*
Nos	*Numbers*
Nr.	Nummer
NSWLR	*New South Wales Law Reports* (Sydney, seit 1880; zitiert nach (Jahr) Bd. und S.)
NSWSC	*New South Wales Supreme Court* (Neutrale Zitierweise; zitiert nach [Jahr] Nr. und Rn.)
OLG	Oberlandesgericht
OLGE	Rechtsprechung der Oberlandesgerichte auf dem Gebiete des Zivilrechts (Berlin, 1900–1928; zitiert nach Bd. und Nr.)
P	*The Law Reports. Probate, Divorce and Admiralty Divison* (London, seit 1876; zitiert nach [Jahr] und S.)
PC	*Judicial Committee of the Privy Council*
plc	*Public limited Company*
Prot.	Protokolle
Pty	*Proprietary company*
QB	*The Law Reports. Queen's Bench Divison* (London, seit 1876; zitiert nach (Jahr) Bd. und S. bzw. [Jahr] Bd. und S.)
R	*Rex/Regina*
R.T.R.	*Road Traffic Reports* (London, seit 1970; zitiert nach [Jahr] und S.)
RabelsZ	Rabels Zeitschrift für ausländisches und internationales Privatrecht (Tübingen, seit 1961; zitiert nach Bd. (Jahr) und S.)
Recht	Das Recht. Übersicht über Schrifttum und Rechtsprechung (Berlin u.a., 1897–1944; zitiert nach Jahr und Nr.)
RG	Reichsgericht
RGBl.	Reichsgesetzblatt (Berlin, 1867–1945; zitiert nach Jahr, Teil und S.)
RGZ	Entscheidungen des Reichsgerichts in Zivilsachen (Berlin, 1880–1945; zitiert nach Bd. und S.)
Rn.	Randnummer(n)
S.	Seite
S.A.	*Sociedad anónima*
s.o.	siehe oben
s.u.	siehe unten
SA	*société anonyme*

SASR	*South Australian State Reports* (Melbourne, seit 1971; zitiert nach (Jahr) Bd. und S.)
sec.	*section(s)*
sog.	sogenannt (-e, -er, -es, -em)
Sp.	Spalte
SpA	*Società per azioni*
Stan. L.R.	*Stanford Law Review* (Stanford, seit 1948; zitiert nach (Jahr) Bd. und S.)
Syd. L.R.	*The Sydney Law Review* (Sydney, seit 1953; zitiert nach (Jahr) Bd. und S.)
SZ Rom.Abt.	Zeitschrift der Savigny-Stiftung für Rechtsgeschichte, Romanistische Abteilung (Weimar, 1880–1919; zitiert nach Bd. (Jahr) und S.).
The Times	The Times (London, seit 1785; zitiert nach Datum und S.)
TLR	*Times Law Reports* (London, 1884–1953; zitiert nach (Jahr) Bd. und S.)
u.	Und
u.a.	und anderen/unter anderem
UK	*United Kingdom*
UKPC	*United Kingdom Privy Council* (Neutrale Zitierweise, zitiert nach [Jahr] Nr. und Rn.)
UKSC	*United Kingdom Supreme Court*
v	*And*
v.	Von
VC	*Vice-chancellor*
vgl.	Vergleiche
VR	*Victorian Reports* (Sydney, seit 1872; zitiert nach [Jahr] und S.)
WarnR	1. Die Rechtsprechung des Reichsgerichts auf dem Gebiete des Zivilrechts, soweit sie nicht in der amtlichen Sammlung der Entscheidungen des Reichsgerichts abgedruckt ist (Berlin, 1907–1941; zitiert nach Jahr, Nr. und S.) 2. Die Rechtsprechung des Bundesgerichtshofs in Zivilsachen (Köln u.a., 1963–1990; zitiert nach Jahr, Nr. und S.)
WLR	*Weekly Law Reports* (London, seit 1953; zitiert nach [Jahr] Bd. und S.)
WM	Wertpapier-Mitteilungen (Frankfurt a.M., seit 1955; zitiert nach Jahr und S.)
z.B.	zum Beispiel

ZGB	Zivilgesetzbuch
ZGR	Zeitschrift für geschichtliche Rechtswissenschaft (Berlin, 1815–1815; zitiert nach Bd. [Jahr] und S.)
ZHR	Zeitschrift für das gesamte Handelsrecht und Wirtschaftsrecht (Frankfurt a.M., seit 1858; zitiert nach Bd. (Jahr) und S.)
ZPO	Zivilprozessordnung
ZVG	Gesetz über die Zwangsversteigerung und die Zwangsverwaltung

Einleitung

Sowohl der mittelbare Besitz deutschen Rechts, als auch das Rechtsinstitut des *bailment* im *Common Law* erfassen Fälle, in denen einer Person Besitzschutz gewährt wird, die selbst nicht unmittelbar die tatsächliche Herrschaft über eine Sache ausübt. Ziel dieser Arbeit ist es, die Rechtsgrundlage und den Umfang dieses Schutzes zu bestimmen und zu prüfen, ob sowohl der mittelbare Besitz als auch die Rechtsposition des *bailor* in sachenrechtlicher Hinsicht als Besitz ohne (unmittelbare) Sachherrschaft verstanden werden können.

Das deutsche Recht regelt das Rechtsinstitut des mittelbaren Besitzes in den §§ 868 bis 871 BGB. Der mittelbare Besitz beruht auf dem Besitzmittlungsverhältnis. Dieses Rechtsverhältnis gewährt dem unmittelbaren Besitzer eine zeitlich begrenzte Berechtigung oder Verpflichtung zum Besitz und ist durch einen Herausgabeanspruch des mittelbaren Besitzers gegenüber dem unmittelbaren Besitzer gekennzeichnet. Kommt es zu einer Entziehung oder Störung des unmittelbaren Besitzes, kann sich nicht nur der unmittelbare Besitzer, sondern auch der mittelbare Besitzer kraft seines mittelbaren Besitzes dieser Beeinträchtigung durch Geltendmachung von Besitzschutz erwehren.

Das *bailment*, ein Rechtsinstitut des *Common Law*, ist durch eine dem mittelbaren Besitz vergleichbare Interessenlage gekennzeichnet. Ein *bailment* liegt vor, sofern sich eine Person – der *bailee* – wissentlich und willentlich im Besitz einer Sache befindet, an der eine andere Person – der *bailor* – ein besseres Recht innehat. Der *bailor* kann sich als Inhaber eines – je nach Art des zugrundeliegenden *bailment* – *immediate* oder *deferred right to possession* einer Verletzung dieses Rechts durch Geltendmachung eines Anspruchs aus dem *tort law* erwehren.

Die vorliegende Untersuchung beginnt im ersten Teil mit einer Einführung in das Recht des (Mobiliar-)Besitzes als Teil des Sachenrechts und in den Begriff der *possession* im Kontext des *personal property law*. Sowohl der Besitz als auch die *possession* beruhen auf der unmittelbaren tatsächlichen Herrschaft einer Person über eine Sache. Jedoch unterscheiden sich das Sachenrecht des Bürgerlichen Gesetzbuchs und das *property law* des *Common Law* erheblich. Während dem Sachenrecht ein Konzept absoluter Rechte zugrundeliegt, folgt das *Common Law* der Idee des besseren Rechts (*better title*), das in jedem Zwei- oder Mehr-Personenverhältnis individuell festzustellen ist. Insoweit unterscheidet sich die Bedeutung des Besitzes für die jeweilige Rechtsordnung. Darüber hinaus ist zu berücksichtigen, dass das Bürgerliche Gesetzbuch zwar unterschiedliche Regeln für das Mobiliar- und Immobiliarsachenrecht geschaffen hat, diese jedoch einem einheitlichen und allgemein gültigen Konzept von Eigentum und Besitz folgen, während im *Common Law* zwei vollkommen unterschiedliche und getrennt voneinander zu betrachtende Systeme in Form des *real property law* und des *personal property law* operieren.

Im zweiten Teil dieser Arbeit erfolgt eine Untersuchung der Voraussetzungen, unter denen mittelbarer Besitz und *bailment* entstehen und erlöschen, sowie der Rechtsnatur und der Funktionen dieser beiden Rechtsinstitute. Dem deutschen Recht fehlt bis zum heutigen Tage ein klares Verständnis der Natur des mittelbaren Besitzes, der teils als Faktum, teils als Recht, teils aber auch als bloße Fiktion verstanden wird. Gleichermaßen fehlt auch dem *Common Law* eine präzise Definition der Voraussetzungen, unter denen ein *bailment* begründet wird. Diese ist bis in die jüngste Vergangenheit hinein einem steten Wandel unterworfen. Abschließend werden die Voraussetzungen von mittelbarem Besitz und *bailment* einander gegenübergestellt und geprüft, inwieweit diese beiden Rechtsinstitute unter dem Gesichtspunkt ihrer jeweiligen Voraussetzungen sowie unter dem Gesichtspunkt der ihnen in der jeweiligen Rechtsordnung zugedachten Funktionen vergleichbar sind.

Im dritten Teil der Arbeit wird sodann der Schutz untersucht, den die jeweilige Rechtsordnung dem mittelbaren Besitzer und dem *bailor* gewährt. Während sich der Besitzschutz im engeren Sinn nach dem Bürgerlichen Gesetzbuch unmittelbar aus dem Sachenrecht ergibt – wenn auch das Deliktsrecht und das Recht der ungerechtfertigten Bereicherung einen Besitzschutz im weiteren Sinn verwirklichen – wird die *possession* im *Common Law* ausschließlich durch das von dem *property law* zu trennende *tort law* geschützt. In diesem Punkt wird der Untersuchungsgegenstand der vorliegenden Arbeit auf den dem Besitzer ohne unmittelbare Sachherrschaft unabhängig von vertraglichen Vereinbarungen gewährten Schutz beschränkt, da nur dieser aufgrund der besitzrechtlichen Position erfolgt. Ansprüche, die auf dem Rechtsverhältnis beruhen, das der besitzrechtlichen Position zugrundeliegt und die nur im (Innen-)Verhältnis von mittelbarem und unmittelbarem Besitzer und von *bailor* und *bailee* bestehen, sind von der Untersuchung ausgeschlossen. Der dritte Teil der Arbeit schließt mit einem Vergleich des dem mittelbaren Besitzer und dem *bailor* gegenüber Besitzverletzungen Dritter gewährten Schutzes und der Prüfung, inwieweit in beiden Rechtsordnungen ein vergleichbares Schutzniveau für den Besitzer ohne unmittelbare Sachherrschaft verwirklicht wird.

Abschließend wird der Frage nachgegangen, inwieweit die Hypothese eines einheitlichen Konzepts eines Besitzes ohne unmittelbare Sachherrschaft als Ergebnis der vorliegenden Arbeit bestätigt werden kann.

Teil 1: Grundlagen zu Besitz und *possession*

Der Besitz und die *possession* stellen zwei grundlegende Rechtsinstitute des Sachenrechts und des *property law* dar, die von wesentlicher Bedeutung für die Schaffung eines Systems der vorläufigen Güterzuordnung sind. Jedoch fällt es sowohl dem deutschen Recht als auch dem *Common Law* schwer, die Rechtsnatur des Besitzes zu definieren, dessen rechtlicher Charakter nicht immer dem laienhaften Verständnis des Besitzes entspricht.

A. Vorbemerkung: Sachenrecht und *property law*

Der Begriff des *property law* darf nicht mit dem Begriff des Sachenrechtes gleichgesetzt werden. Der Begriff *property law* wird zwar als „Sachenrecht" in die deutsche Sprache übersetzt,[1] jedoch ist diese Übersetzung irreführend, da das *Common Law* keinen Begriff der „Sache" entwickelt hat, wie er dem Bürgerlichen Gesetzbuch eigen ist. Der Begriff *property* selbst kann als „Eigentum" übersetzt werden,[2] wobei dies nicht zielführend ist, da das *property law* von relativen Rechtsverhältnissen gekennzeichnet ist, die dem deutschen Verständnis von Eigentum als einem absoluten Recht entgegenlaufen. Am zutreffendsten erscheint die Übersetzung als „Vermögensrecht",[3] jedoch soll statt einer Übersetzung in dieser Arbeit der Klarheit halber der originäre Begriff *property* bzw. *property law* verwendet werden.[4]

Anders als das Sachenrecht, das zwar auch zwischen Mobilien und Immobilien differenziert, kennt das *property law* zwei grundlegend unterschiedliche Systeme für Grundstücke (*land*) und bewegliche Sachen (*chattels*), die nur wenige Gemeinsamkeiten aufweisen. Das auf Grundstücke anwendbare *land law* oder *real property law* kann auf feudale Strukturen zurückgeführt werden und ist nicht Teil der vorliegenden Arbeit, da die Anwendung des *law of bailment* auf Mobilien beschränkt ist. Das auf bewegliche Gegenstände und auf Rechte an derartigen Gegenständen anwendbare *law of chattels*, auch *personal property law* genannt, verwendet – genauso wie das deutsche Sachenrecht – die Begriffe Eigentum (*ownership*) und Besitz (*possession*), ohne ihnen aber die dem deutschen

1 *Dietl/Lorenz*, Wörterbuch für Recht, Bd. 1, S. 655.

2 *Dietl/Lorenz*, Wörterbuch für Recht, Bd. 1, S. 654.

3 *Bernstorff*, Einführung in das englische Recht, S. 104.

4 Auch nachfolgend eingeführte Begriffe des *Common Law* werden weitgehend in englischer Sprache wiedergegeben, um eine systemwidrige Gleichsetzung zweier Begriffe – beispielsweise der Begriffe des Besitzes und der *possession* – zu vermeiden.

Sachenrecht immanente absolute Bedeutung beizumessen. Entscheidend ist im *personal property law* vielmehr die Einordnung von *ownership* und *possession* in das Konzept des besseren Rechts (*better title*), das jeweils in einem Zwei- oder Mehrpersonenverhältnis bestimmt, welcher Partei das höherrangige oder „bessere" Recht an einer Sache zusteht.

B. Der Besitz

Das sachenrechtliche System des deutschen Rechts gründet auf einem engen Sachbegriff, der nur körperliche Gegenstände, seien sie beweglich oder unbeweglich, als Sachen versteht. Im Zentrum des sachenrechtlichen Systems des Bürgerlichen Gesetzbuches steht das Eigentum als allumfassendes Vollrecht an einer Sache, dem beschränkte dingliche Rechte zur Seite gestellt werden, die nur Teilrechte an einer Sache gewähren. Dies können beispielsweise Dienstbarkeiten, Pfandrechte oder Reallasten sein.[5] Neben dem Eigentum und den beschränkten dinglichen Rechten existiert der Besitz, der einerseits durch den Besitzschutz eine vorläufige – also von den tatsächlichen Eigentumsverhältnissen unabhängige – Güterzuordnung schafft und andererseits als äußeres Zeichen des Eigentums an Mobilien sowie des Bestehens beschränkter dinglicher Rechte fungiert und dessen Übergabe Voraussetzung für den Erwerb eines solchen Rechtes ist.[6]

I. Der Begriff des Besitzes

Der Begriff des Besitzes wird im Bürgerlichen Gesetzbuch nicht definiert. Dem Gesetz kann nur eine implizite Definition dahingehend entnommen werden, dass Besitzer ist, wer – ohne Besitzdiener gem. § 855 BGB zu sein – den unmittelbaren Besitz gem. § 854 BGB erworben und diesen nicht gem. § 856 BGB verloren hat. Darüber hinaus ist aber auch derjenige Besitzer, der den Besitz durch Begründung eines Besitzmittlungsverhältnisses gem. § 868 BGB, durch Übergang eines solchen gem. § 870 BGB oder durch Universalsukzession als Erbenbesitz gem. § 857 BGB erworben hat.

1. Der unmittelbare Besitz

Aus § 854 BGB ergibt sich, unter welchen Voraussetzungen Besitz an einer Sache erworben werden kann. Die Vorschrift selbst verwendet den Ausdruck „Besitz", jedoch soll hier im Einklang mit der Literatur der Begriff „unmittelbarer Besitz"

---

5 Vgl. statt vieler *Seiler* in: Staudinger, Eckpfeiler des Zivilrechts, S. 878.

6 Vgl. statt vieler *Gutzeit* in: Staudinger, BGB, Vorbem zu §§ 854 ff, Rn. 13.

verwendet werden, um diesen von dem mittelbaren Besitz gem. § 868 BGB abzugrenzen.[7] Voraussetzung des Besitzerwerbs ist gem. § 854 Abs. 1 BGB der Erwerb der tatsächlichen Gewalt bzw. im neueren Sprachgebrauch der Erwerb der tatsächlichen Sachherrschaft. Diese ist gesetzlich nicht definiert, sie wird jedoch als die von einem natürlichen Besitzwillen getragene tatsächliche Machtbeziehung einer Person zu einer Sache verstanden.[8]

a) Die tatsächliche Machtbeziehung

Die tatsächliche Machtbeziehung ist ein Verhältnis zwischen einer Person und einer Sache, das der Person die physische Einwirkung auf die Sache ermöglicht. Es bedarf dabei einer räumlichen Beziehung, die eng genug sein muss, um den Gebrauch der Sache zu gewährleisten, welche jedoch nicht ununterbrochen gegeben sein muss. Die physische Beziehung kann auch durch einen Besitzdiener i.S. des § 855 BGB hergestellt werden.[9] Das Vorliegen einer tatsächlichen Machtbeziehung erfordert nicht, dass die Einwirkung anderer Personen auf die Sache unterbunden wird. Ebenfalls kommt es nicht darauf an, ob der unmittelbare Besitzer zur Ausübung von Gewalt über die Sache befugt ist.[10]

b) Der Besitzwille

Neben der Möglichkeit, auf die Sache physisch einzuwirken, setzt die tatsächliche Sachherrschaft einen auf Erlangung derselben gerichteten natürlichen Willen voraus. Dieser Besitzwille ist lediglich ein Besitzbegründungswille. Ob darüber hinaus ein konstanter Besitzerhaltungswille erforderlich ist, bleibt offen. Dem Gesetz ist nur zu entnehmen, dass der Besitz durch Erwerb gem. § 854 BGB begründet und durch Verlust gem. § 856 BGB beendet wird.[11]

2. Der mittelbare Besitz

Die Existenz des mittelbaren Besitzes ergibt sich aus § 868 BGB. Mittelbarer Besitz ist gegeben, sofern der Besitzmittler selbst unmittelbaren Besitz hat und ein

---

7 *Gursky* in: *Westermann/Gursky/Eickmann*, Sachenrecht, § 9, Rn. 1; *Gutzeit* in: Staudinger, BGB, § 854, Rn. 1; *Joost* in: MüKo-BGB, § 854, Rn. 1; *Wolf/Wellenhofer*, Sachenrecht, § 4, Rn. 1.

8 *Gutzeit* in: Staudinger, BGB, § 854, Rn. 3–6; *Joost* in: MüKo-BGB, § 854, Rn. 3/4.

9 *Joost* in: MüKo-BGB, § 854, Rn. 5.

10 *Gutzeit* in: Staudinger, BGB, § 854, Rn. 4–7; *Joost* in: MüKo-BGB, § 854, Rn. 5.

11 *Gutzeit* in: Staudinger, BGB, § 854, Rn, 14–16; *Joost* in: MüKo-BGB, § 854, Rn. 8/9.

vom Besitzmittlungswillen des Besitzmittlers getragenes Besitzmittlungsverhältnis zwischen ihm und dem mittelbaren Besitzer besteht.[12] Im Einzelnen wird hierzu in Teil 2 dieser Arbeit Stellung genommen.

3. *Der Erbenbesitz*

Der unmittelbare Besitz endet mit dem Tod des Besitzers. Da ein Übergang des Besitzes auf den Erben nicht im Wege der Universalsukzession gem. § 1922 BGB möglich ist – von § 1922 BGB erfasst sind nur Rechte bzw. Rechtsverhältnisse – sieht § 857 BGB vor, dass der Besitz auf den Erben übergeht. § 857 BGB bestimmt, dass der Erbe in die Besitzposition des Erblassers aufrückt, jedoch fehlt es ihm an tatsächlicher Sachherrschaft. Siebert hat versucht, diesen Umstand – ebenso wie den mittelbaren Besitz – als vergeistigte Sachherrschaft zu umschreiben.[13] Dies vermag jedoch nicht zu überzeugen: Anders als der Erbenbesitz erfordert der mittelbare Besitz, dass eine Person – der unmittelbare Besitzer – die tatsächliche Sachherrschaft über die Sache ausübt und diese kraft des Besitzmittlungsverhältnis dem mittelbaren Besitzer vermittelt. Dies ist beim Erbenbesitz nicht der Fall: § 857 BGB rechnet dem Erben lediglich bestimmte Rechtsfolgen zu, so dass der Erbenbesitz als Tatbestand der Rechtsfolgenzuordnung zu betrachten ist.[14]

4. *Zur Abgrenzung von Besitz und Besitzdienerschaft*

Schließlich ist der Besitz von der Besitzdienerschaft gem. § 855 BGB abzugrenzen. Die Besitzdienerschaft ist durch das Verhältnis von Besitzherr und Besitzdiener gekennzeichnet, wobei der Besitzherr gegenüber dem Besitzdiener weisungsberechtigt ist und dieses Verhältnis nach außen erkennbar sein muss. Entscheidend für das Bestehen von Besitzdienerschaft ist die Trennung der Ausübung der tatsächlichen Gewalt, die bei dem Besitzdiener liegt, von der Innehabung des Besitzes.[15]

---

12 Vgl. zum mittelbaren Besitz im Einzelnen Teil 2, Kapitel A der vorliegenden Arbeit.

13 *Siebert,* ZHR 93 (1929), S. 1–47 (12–18).

14 *Gutzeit* in: Staudinger, BGB, § 857, Rn. 4; *Joost* in: MüKo-BGB, § 857, Rn. 3 u. 4.

15 *Joost* in: MüKo-BGB, § 855, Rn. 1, 2 u. 10. Zur Abgrenzung von mittelbarem Besitz und Besitzdienerschaft vgl. S. 60 der Arbeit.

II. Die Rechtsnatur des Besitzes

Angesichts dieser verschiedenen Besitzbegriffe, die teils an die tatsächliche Sachherrschaft anknüpfen und teils unabhängig von einer solchen existieren, ist bis zum heutigen Tage umstritten, welche rechtliche Natur der Besitz hat.

1. Der Besitz als tatsächliche Sachherrschaft

Die Rechtsprechung definiert den Besitz als tatsächliche Sachherrschaft.[16] An einer gesetzlichen Definition des Begriffs der tatsächlichen Sachherrschaft fehlt es. Nach Heck handelt es sich bei der tatsächlichen Sachherrschaft um einen unbestimmten Rechtsbegriff, den der Richter durch Abwägung der Interessen der Parteien, insbesondere des Kontinuitätsinteresses, nach Maßgabe der *ratio legis* auszufüllen habe.[17] Raiser und in jüngerer Zeit Fritzsche vertreten die Auffassung, dass sich das Bestehen der tatsächlichen Sachherrschaft nach der Verkehrsanschauung richte.[18] Nach Joost stellt die tatsächliche Sachherrschaft eine von einem natürlichen Besitzwillen getragene tatsächliche Machtbeziehung einer Person zu einer Sache dar, die der Person die physische Einwirkung auf die Sache ermöglicht.[19]

Vor dem Hintergrund des mittelbaren Besitzes gem. § 868 BGB, des Erbenbesitzes gem. § 857 BGB und der mit der Sachherrschaft verbundenen, aber keinen Besitz darstellenden Besitzdienerschaft gem. § 855 BGB erscheint die Definition des Besitzes als tatsächliche Sachherrschaft zunächst wenig schlüssig. Einerseits existiert im Falle des mittelbaren Besitzes und des Erbenbesitzes gar keine bzw. allenfalls eine stark gelockerte Möglichkeit der physischen Einwirkung auf die Sache. Andererseits ist der Besitzdiener trotz der Möglichkeit, auf die Sache physisch einzuwirken, gerade nicht selbst Besitzer.[20]

2. Der Besitz als Rechtsverhältnis

Bereits vor Inkrafttreten des Bürgerlichen Gesetzbuchs stieß das rein tatsächliche Verständnis des Besitzes auf Kritik, die bis zum heutigen Tage nicht abebbt. Schon Windscheid kam zu dem Schluss, dass es sich bei dem Besitz um ein

16 BGH 27.10.1971, NJW 1972, S. 43, 43.

17 *Heck*, Sachenrecht, § 5, Rn. 5/6.

18 *Fritzsche* in: Bamberger/Roth, BGB, § 854, Rn. 20; *Raiser* in: Enneccerus/Kipp/Wolff (Hrsg.), Sachenrecht, Bd. 3, § 5 III vor 1.

19 *Joost* in: MüKo-BGB, § 854, Rn. 3 u. 5.

20 Vgl. *Gutzeit* in: Staudinger, BGB, Vorbem zu §§ 854 ff, Rn. 34.

Rechtsverhältnis handele. Einerseits begründet er dies mit den an den Besitz anknüpfenden Rechtsfolgen, andererseits mit dem Umstand, dass das Vorliegen von Besitz durch das Gesetz aus juristischen Gründen teilweise im Widerspruch zur Wirklichkeit angenommen wird.[21] Diese Auffassung wurde von Jhering geteilt, der zu dem Schluss kam, dass der Wille eine rechtliche Beziehung zwischen dem Besitzer und der Sache schaffe. Jedes Verhältnis, an das rechtliche Folgen anknüpften, sei ein Rechtsverhältnis.[22] In jüngerer Zeit kommt Sandtner zu dem Schluss, dass es sich bei dem Besitz um ein Rechtsverhältnis zwischen Personen handele, da nur Personen Träger von Rechten und Pflichten sein könnten. Die Eigenschaft des Besitzes als Rechtsverhältnis ergebe sich aus den auf dem Besitz ruhenden Rechtsfolgen.[23] Die Definition des Besitzes als Rechtsverhältnis befriedigt jedoch nicht. Sie stellt eine Abkehr vom Verständnis des Besitzes als Tatsache dar und führt dazu, dass die an den Besitz anknüpfenden Rechtswirkungen bereits in dessen Definition mit einbezogen werden, da der Besitz unter Einschluss von mittelbarem Besitz und Erbenbesitz und unter Ausschluss der Besitzdienerschaft ansonsten kaum zu definieren ist.[24]

3. Der Besitz als Gegenstück zum Eigentum

Aus diesem Umstand lassen sich verschiedene Schlüsse ziehen: Mittelbarer Besitz und Erbenbesitz können als Fälle der Rechtsfolgenerstreckung auf bestimmte Sachverhalte, die die Merkmale des durch die tatsächliche Sachherrschaft nicht definierten Besitzes nicht erfüllen, verstanden werden.[25] Angesichts dessen könnte man mit Raiser feststellen, dass der Begriff „Besitz" verschiedene Bedeutungen annehmen kann. Erstens wird davon die tatsächliche Sachherrschaft erfasst, zweitens jeder Tatbestand, an den die Rechtsfolgen des Besitzes anknüpfen, und drittens der Inbegriff der entweder an die Sachherrschaft oder an einen ihr gleichgestellten Tatbestand anknüpfenden Rechte.[26] Am überzeugendsten scheint es jedoch, mit Gutzeit und in Anlehnung an Gursky den Besitz als das im Bewusstsein der Rechtsgenossen anerkannte, vom bloßen Recht zum Besitz zu unterscheidende, Eingefügtsein einer Sache in die faktische Herrschaftssphäre des Besitzers

---

21 *Windscheid*, Pandektenrecht, Bd. 1, S. 455/456.
22 *Jhering*, Besitzwille, S. 51.
23 *Sandtner*, Kritik der Besitzlehre, S. 16/17.
24 *Gutzeit* in: Staudinger, BGB, Vorbem zu §§ 854 ff, Rn. 42.
25 *Joost* in: MüKo-BGB, Vor § 854, Rn. 5.
26 *Raiser* in: Enneccerus/Kipp/Wolff (Hrsg.), Sachenrecht, Bd. 3, § 3 III.

zu verstehen.[27] Dies deckt sich mit dem von Quitmann vertretenen Verständnis des Besitzes als dem tatsächlichen Gegenstück zum Eigentum.[28]

III. Die Funktionen des Besitzes

Der rechtlich geschützte Besitz ist Ausdruck einer vorläufigen, unabhängig vom Eigentum bestehenden Güterzuordnung. Ihm sind verschiedene Funktionen zugedacht, die teilweise nur innerhalb des Sachenrechts Wirkung entfalten, sich teilweise aber auch auf andere Rechtsgebiete auswirken.

1. Die selbständige Funktion

Wird der Besitz gestört oder entzogen, so ist dieser ohne Rücksicht auf ein dingliches oder obligatorisches Recht geschützt. Der Besitzer muss keine eigenmächtigen Eingriffe anderer Personen in seine tatsächliche Herrschaftssphäre dulden. Dieser von anderen Rechten unabhängige Schutz verwirklicht die selbständige Funktion des Besitzes.[29] Die Gründe für den Besitzschutz sind vielfältiger Natur und spiegeln sich in verschiedenen Begründungsansätzen wieder. Das heutige Verständnis beruht im Wesentlichen auf der Friedens- und der Kontinutitätstheorie. Darüber hinaus existieren aber auch andere Ansätze, insbesondere die Erscheinungs- und die Persönlichkeitstheorie.[30]

a) Die Erscheinungstheorie

Die auf Jhering zurückzuführende Vermutungs- oder Erscheinungstheorie sieht den Besitzschutz als Reflex des Eigentumsschutzes, da der Besitz bloßes „Vorwerk des Eigentums" sei. Im Besitz verteidige sich der Eigentümer gegen Angriffsversuche auf sein Eigentum.[31] Diese Auffassung kann aber weder den dem Fremdbesitzer – also dem Besitzer, der nicht Eigentümer ist – gewährten Besitzschutz, noch den Ausschluss des Eigentumseinwands gegenüber Besitzschutzansprüchen

27 *Gursky* in: Westermann/Gursky/Eickmann (Hrsg.), Sachenrecht § 7, Rn. 1; *Gutzeit* in: Staudinger, BGB, Vorbem zu §§ 854 ff, Rn. 35.

28 *Quitmann*, Eigentums- und Besitzschutz, S. 131/132.

29 Vgl. *Gutzeit* in: Staudinger, BGB, Vorbem zu §§ 854 ff, Rn. 14; *Joost* in: MüKo-BGB, Vor § 854, Rn. 12.

30 Vgl. *Gutzeit* in: Staudinger, BGB, Vorbem zu §§ 854 ff, Rn. 15–19.

31 *Jhering*, JherJB 9 [1868], S. 1–196 (52).

hinreichend erklären. Offen bleibt, warum der Besitz des Eigentümers nicht allgemein, sondern nur gegen verbotene Eigenmacht geschützt ist.[32]

b) Die Persönlichkeitstheorie

Die Persönlichkeitstheorie geht auf SAVIGNY zurück, der im Besitz die Freiheit des Besitzers verkörpert sieht. Sie findet ihre Grundlage in der Idee KANTS, das Recht als die Freiheit vor der Willkür des Einzelnen zu betrachten.[33] SAVIGNY geht davon aus, dass der Besitz gegen Beeinträchtigungen geschützt ist, die zugleich eine Verletzung der Persönlichkeit seines Besitzers darstellen.[34] Dieser Idee haben sich u.a. auch PUCHTA, BRUNS und GANS angeschlossen, in der jüngeren Zeit wird sie von WIELING vertreten.[35] Letzterer kommt zu dem Schluss, dass alle Rechte den Zweck verfolgen, dem Menschen zu ermöglichen, seine Persönlichkeit frei zu entfalten und damit hinter jedem Recht das Persönlichkeitsrecht stehe.[36] Ob aber jeder Eingriff in den Besitz auch als Angriff auf die Persönlichkeit verstanden werden kann, ist angesichts der weitgefassten Begriffe von Besitz und verbotener Eigenmacht zweifelhaft. Darüber hinaus misst die heutige Privatrechtswissenschaft dem Willen des einzelnen Rechtssubjekts nicht mehr die gleiche Bedeutung zu wie die historische Rechtsschule. Der Besitz wird heute vor dem Hintergrund privater wirtschaftlicher und öffentlicher Interessen gesehen.[37]

c) Die Friedenstheorie

Nach der von RUDORFF begründeten und in der Gegenwart sowohl von der Rechtsprechung, als auch in der Literatur vertretenen Friedenstheorie dient der Besitzschutz der Erhaltung des Rechtsfriedens und der Aufrechterhaltung der öffentlichen Ordnung. Der Ausschluss petitorischer – also auf ein Recht zum Besitz gerichteter – Einwendungen soll verhindern, dass der Einzelne seine Rechte mittels des Faustrechts durchzusetzen versucht. Vielmehr soll er sich des gerichtlichen

---

32 *Gutzeit* in: Staudinger, BGB, Vorbem zu §§ 854 ff., Rn. 15; *Joost* in: MüKo-BGB, Vor §§ 854, Rn. 15.

33 *Kant*, Metaphysik der Sitten, S. 31/32.

34 *Savigny*, Recht des Besitzes, S. 41/42.

35 *Bruns*, Recht des Besitzes, S. 489–492; *Gans*, System des römischen Zivilrechts, S. 211–213; *Puchta*, Pandekten, § 122; *Wieling*, FS Lübtow (1980), S. 577/578; *Wieling*, Sachenrecht, Bd. 1, § 3 III b.

36 *Wieling* in: FS Lübtow (1980), S. 577/578; *Wieling*, Sachenrecht, Bd. 1, § 3 III b a.E.

37 *Gutzeit* in: Staudinger, BGB, Vorbem zu §§ 854 ff, Rn. 16.

Verfahrens bedienen.[38] Dieser Ansatz vermag jedoch den Besitzschutz allein nicht zu begründen, denn das Gesetz gewährt dem Besitzer Selbsthilferechte. Es verbietet den Faustschlag nicht schlechthin, sondern besagt nur, dass im Zweifel der Faustschlag des Besitzers der rechtmäßige Faustschlag ist.[39]

d) Die Kontinuitätstheorie

Nach der von HECK entwickelten Kontinuitätstheorie liegt der Grund für den Schutz des Besitzes nicht in der Aufrechterhaltung des öffentlichen Friedens, sondern in der Kontinuität der faktischen Beziehungen einer Person zu einer Sache. Geschützt wird also ein wirtschaftlicher Status quo.[40] Die Kontinuitätstheorie in der von HECK geprägten Ausgestaltung greift jedoch zu weit, soweit sie auch die Fälle mit dem Kontinutitätsinteresse zu erklären versucht, in denen es – wie beispielsweise beim Besitz des Diebes – an jedem schutzwürdigen Interesse auf Erhaltung des Besitzes fehlt.[41] Dennoch hat die Kontinuitätstheorie auch in der Gegenwart einige Anhänger gefunden, die sowohl auf die Aufrechterhaltung der öffentlichen Ordnung als auch auf die Kontinuität der wirtschaftlichen Verhältnisse abstellen. Schließlich sei das Ergebnis des Schutzes der wirtschaftlichen Verhältnisse – sofern diese schützenswert sind – nichts anderes als die Wahrung des Rechtsfriedens.[42]

e) Das moderne Verständnis der selbständigen Funktion des Besitzes

Das Bürgerliche Gesetzbuch gewährt dem Besitzer einer Sache sachenrechtlichen – im Gegensatz zu lediglich vertrags- oder deliktsrechtlichem – Schutz. Damit kommt dem Besitz eine eigene, gegenüber den anderen Rechtsgebieten selbständige Funktion zu. Anders als von dem einen oder anderen Autor vorgebracht, gibt es aber nicht den einen, umfassenden Grund für die Gewähr dieses Schutzes. Zentral für die besondere Bedeutung, die der Besitz im sachenrechtlichen System des Bürgerlichen Gesetzbuchs einnimmt, ist die Kontinuität, die er in den sachenrechtlichen Verhältnissen schafft. Der Besitz ordnet aufgrund einer vergleichsweise einfachen Einschätzung der tatsächlichen Umstände eine Sache

---

38 BGH 23.02.1979, NJW 1979, S. 1359, 1360; *Raiser* in: Enneccerus/Kipp/Wolff (Hrsg.), Sachenrecht § 17 vor I; *Rudorff*, ZGR 7 [1830], S. 90–114 (110–114).

39 *Gutzeit* in: Staudinger, BGB, Vorbem zu §§ 854 ff, Rn. 17.

40 *Heck*, Sachenrecht, § 3, Rn. 7.

41 *Gutzeit* in: Staudinger, BGB, Vorbem zu §§ 854 ff, Rn. 18; *Joost* in: MüKo-BGB, Vor § 854, Rn. 16.

42 *Baur/Stürner*, Sachenrecht, § 9, Rn. 9; *Gursky* in: Westermann/Gursky/Eickmann (Hrsg.), Sachenrecht, § 7, Rn. 6.

vorläufig einer Person zu. Die so entstandene Bindung kann erst im Wege eines gerichtlichen Verfahrens gelöst und neu geordnet werden. Damit schafft der Besitz eine Friedensordnung, so dass insoweit von einer selbständigen Funktion des Besitzes gesprochen werden kann.

2. Die dienenden Funktionen

Daneben kommen dem Besitz verschiedene dienende Funktionen zu, die sich aus der Funktion des Besitzes als Voraussetzung eines anderen Tatbestandes ergeben.[43] Darunter ist einerseits der materielle Besitzervorzug zu fassen, der sich aus der besseren Rechtsstellung des Besitzers gegenüber einem Nichtbesitzer ergibt, und andererseits die Publizitätsfunktion, die aus der Vermutung zugunsten des Besitzers als Eigentümer oder Inhaber eines anderen dinglichen Rechtes folgt.[44] Darüber hinaus ist noch die Kontinuitätsfunktion zu nennen, die sich aus dem Schutz des berechtigten Besitzers gegenüber einem Rechtsnachfolger des Eigentümers ergibt.[45] Die Kontinuitätsfunktion kann allerdings auch i.S. einer Rechtserhaltungsfunktion als Teil des materiellen Besitzervorzugs verstanden werden, da sie den Besitz des Besitzers zu erhalten sucht und ihn damit gegenüber einem Nichtbesitzer privilegiert.

a) Der materielle Besitzervorzug

Der materielle Besitzervorzug erstreckt sich auf eine Reihe von Normen, denen gemeinsam ist, dass sie dem Besitzer eine gegenüber dem Nichtbesitzer bessere Rechtsstellung einräumen. Eine Ausnahme des materiellen Besitzervorzugs stellt § 1007 BGB dar, der dem früheren Besitzer einer beweglichen Sache einen Herausgabeanspruch gegenüber einem Besitzer gewährt, dessen Besitz jünger ist.[46]

aa) Die Rechtserhaltungsfunktion

Einige Fälle des materiellen Besitzervorzugs lassen sich unter dem Stichwort der Rechtserhaltungs- oder Kontinuitätsfunktion zusammenfassen.[47] Dem Besitzer soll sein Recht an der Sache trotz einer Beeinträchtigung durch Dritte erhalten

---

43 *Herrmann* in: Staudinger, Eckpfeiler des Zivilrechts, S. 1039/1040; *Joost* in MüKo-BGB, Vor § 854, Rn. 13.

44 *Gutzeit* in: Staudinger, BGB, Vorbem zu §§ 854 ff, Rn. 22 u. 27.

45 *Wolf/Wellenhofer*, Sachenrecht, § 4, Rn. 7.

46 *Gutzeit* in: Staudinger, BGB, Vorbem zu §§ 854 ff, Rn. 22.

47 *Hedinger*, System des Besitzrechts, S. 70–73; *Wolf/Wellenhofer*, Sachenrecht, § 4, Rn. 7.

bleiben. Erstens schützt § 935 BGB den Besitzer, der unfreiwillig seinen Besitz an einer Sache verloren hat, vor dem gutgläubigen Erwerb durch einen Dritten. Der Eigentumserwerb durch einen Finder ist in diesem Fall zwar nicht ausgeschlossen, jedoch kann er vom Eigentümer – nicht vom vormaligen Besitzer – binnen sechs Monaten durch Anmeldung seines Rechts verhindert werden. Zweitens kann eine Sache gem. § 959 BGB nicht herrenlos werden, solange nicht der Besitz an ihr aufgegeben wird.[48]

bb) Der Besitz als Voraussetzung des Eigentumserwerbs

Weiterhin erfasst der Begriff des materiellen Besitzervorzugs die Fälle, in denen der Besitz Voraussetzung für den Eigentumserwerb ist. Erstens kann gem. §§ 900, 937 BGB zehnjähriger Eigenbesitz zum Eigentumserwerb durch Ersitzung führen.[49] Zweitens erfasst die Erwerbsfunktion die Aneignung durch Inbesitznahme gem. § 958 BGB und den Fund gem. §§ 965 Abs. 1, 973 BGB, bei dem es nach sechs Monaten des Besitzes zum Eigentumserwerb kommt, wenn nicht vorher der Empfangsberechtigte sein Recht an der Sache angemeldet hat. Schließlich ist auch in vielen Fällen des Fruchterwerbs gem. §§ 955 ff. BGB der Besitz Voraussetzung für den Erwerb von Eigentum.[50]

cc) Von Besitz und Miete

Darüber hinaus ist der Besitz Voraussetzung für bestimmte mietrechtliche Regelungen. Erstens wird der Grundstücksmieter oder -pächter, sobald er den Besitz an der Sache erlangt hat, gem. § 571 Abs. 1 BGB bzw. § 581 Abs. 2 BGB gegenüber einem Eigentumsnachfolger des Vermieters genauso geschützt wie gegenüber dem bisherigen Vertragspartner. Zweitens hängt der Schutz des Mieters oder Pächters bei der Zwangsversteigerung des Grundstücks gem. §§ 57 ff. ZVG vom Besitz an der Sache ab. Drittens ist der Besitz Voraussetzung für den Kündigungsschutz des Wohnungsmieters.[51] Der Besitz verstärkt den sich aus dem Schuldrecht ergebenden Schutz des Mieters, so dass in diesem Zusammenhang von einer „Verdinglichung obligatorischer Rechte“ gesprochen werden kann.[52]

---

48 Vgl. *Gutzeit* in: Staudinger, BGB, Vorbem zu §§ 854 ff, Rn. 23.

49 Vgl. *Gutzeit* in: Staudinger, BGB, Vorbem zu §§ 854 ff, Rn. 24 und *Wolf/Wellenhofer*, Sachenrecht, § 4, Rn. 7, der auch dies unter den Begriff der Erhaltungsfunktion fasst.

50 Vgl. *Gutzeit* in: Staudinger, BGB, Vorbem zu §§ 854 ff, Rn. 24.

51 Vgl. *Gutzeit* in: Staudinger, BGB, Vorbem zu §§ 854 ff, Rn. 25.

52 *Canaris* in: FS Flume (1978), Bd. 1, S. 396/397.

dd) Sonstige Privilegien

Neben den genannten Fällen werden dem Besitzer eine Reihe weiterer Privilegien zuteil. Wird die in seinem Besitz befindliche Sache beschädigt oder zieht der Besitzer Nutzungen aus ihr, so ist der redliche Besitzer gem. §§ 987, 989, 992, 993 BGB gegenüber einem Nichtbesitzer privilegiert. Ein Schadenersatzanspruch entsteht erst nach Rechtshängigkeit, während der Nichtbesitzer oder der unredliche Besitzer bereits zu einem früheren Zeitpunkt haftet. Darüber hinaus darf der redliche Besitzer die Nutzungen behalten, soweit sie einen ordnungsgemäßen Ertrag darstellen.[53] Auch kann der Besitzer einer Sache, sofern ihm der Besitzverlust durch Zwangsvollstreckung wegen der Schuld eines Dritten droht, gem. § 268 Abs. 1 Satz 2 BGB mit Tilgungswirkung auf diese Schuld leisten. Er erwirbt dann gem. § 268 Abs. 3 BGB die Forderung des Gläubigers.[54]

b) Die Publizitätsfunktion

Über den materiellen Besitzervorzug hinaus kommt dem Besitz eine Publizitäts- oder Zeichenfunktion zu. Einerseits begründet der Besitz eine Vermutung zugunsten des Besitzers als Eigentümer einer Sache oder als Inhaber eines anderen Rechtes, andererseits stellt die Besitzübertragung das äußere Zeichen einer Verfügung über die Sache dar.

aa) Der Besitz als äußeres Zeichen eines Rechts

Der Besitz kann sowohl als äußeres Zeichen des Eigentums als auch eines anderen dinglichen Rechts wirken. Dies demonstrieren die folgenden Fälle: Erstens stellt § 1006 BGB eine Eigentumsvermutung zugunsten des Besitzers einer beweglichen Sache auf. Zweitens wird gem. § 1253 Abs. 2 BGB die Rückgabe des Pfandes vermutet, sofern der Verpfänder das Pfand besitzt, während § 1117 Abs. 3 BGB die Übergabe des Hypothekenbriefes zugunsten des Besitzers des Briefes vermutet. Drittens orientiert sich im Falle der Grenzverwirrung der Grenzverlauf gem. § 920 Abs. 1 BGB an den Besitzverhältnissen.[55]

bb) Der Besitz als Kundmachungsakt einer rechtsgeschäftlichen Verfügung

Weiterhin wirkt die Besitzübertragung bei beweglichen Sachen als Kundmachungsakt, der notwendige Voraussetzung der rechtsgeschäftlichen Verfügung ist. Dies ist bei der Eigentumsübertragung gem. §§ 929 ff. BGB der Fall, ebenso

---

53 Vgl. *Gutzeit* in: Staudinger, BGB, Vorbem zu §§ 854 ff, Rn. 24.

54 Vgl. *Gutzeit* in: Staudinger, BGB, Vorbem zu §§ 854 ff, Rn. 26.

55 Vgl. *Gutzeit* in: Staudinger, BGB, Vorbem zu §§ 854 ff, Rn. 27.

wie bei der Bestellung eines Nießbrauchs gem. § 1032 BGB sowie bei der Begründung eines Pfandrechts gem. §§ 1025 f. BGB. Soll das Pfandrecht erlöschen, bedarf es gem. § 1253 Abs. 1 BGB allein der Übertragung des Besitzes, ohne das es auf eine rechtsgeschäftliche Einigung ankommt.[56]

C. Die *possession*

Um ein Verständnis für die *possession* zu entwickeln, ist es notwendig, zunächst einen Blick für die besonderen Eigenheiten des *property law* zu gewinnen, das durch das Konzept der *relativity of title* gekennzeichnet ist. Der Begriff der *possession* changiert in diesem System zwischen der auf dem Begriff der *physical control* beruhenden *possession* selbst und dem *right to possession*. Entscheidend ist insoweit, ob sich aus der *possession* oder aus dem *right to possession* ein sogenannter *possessory title* ergibt, auf den Ansprüche gestützt werden können.

I. Das Recht der *personal property*

Grundlegend für das Verständnis des *property law* ist die Unterscheidung von *real property* und *personal property*. *Personal property* wird negativ definiert als die Restmenge, die alle Formen von *property* erfasst, welche nicht *real property* und damit nicht auf *land* bezogen sind. Diese Unterscheidung ist historisch bedingt und beruht auf prozessrechtlichen Erwägungen, die ihren Ursprung im mittelalterlichen *Common Law* haben. Im Wege einer sog. *real action* konnte die Herausgabe eines widerrechtlich besetzten Stückes *land* – nach heutigem Verständnis: *real property* – beansprucht werden. Dies galt bis Mitte des 19. Jahrhunderts nicht für *personal property*. Der in seinem Recht verletzte Inhaber von *personal property* konnte lediglich monetären Schadenersatz verlangen.[57] Der Begriff der *personal property* wird weiter unterteilt in *chattels* und in die *choses in action*.

1. *Die* chattels

Die Kategorie der *chattels* umfasst körperliche bewegliche Sachen unabhängig von ihrer Größe. Im Gegensatz zu den nicht-körperlichen *choses in action* werden die *chattels* auch als *choses in possession* bezeichnet. Soweit *chattels* Gegenstand eines Kaufes oder einer ähnlichen Transaktion sind, findet auch der Begriff der *goods* Anwendung. Im Folgenden soll jedoch der traditionelle Begriff der *chattels* verwendet werden.

---

56 Vgl. *Gutzeit* in: Staudinger, BGB, Vorbem zu §§ 854 ff, Rn. 27.

57 *Bell*, personal property, S. 19/20; *Bridge*, personal property, S. 1/2.

Einige bewegliche Gegenstände sind trotz ihrer Beweglichkeit aus der Kategorie der *chattels* auszunehmen und der *real property* zuzuordnen: Dies sind erstens Dokumente, die einen *title to land* enthalten und mit denen nach den Vorschriften über *land* verfahren wird,[58] und zweitens bestimmte Erbstücke (*heirlooms*), die unmittelbar vom Erblasser an den Erben übergehen. Darunter fallen Rechtstitel an Grundstücken (*title-deeds*), Urkunden über die Verleihung von Adelstiteln, Band und Gürtel eines Ritters und die Kronjuwelen.[59]

Die Grenze zwischen *chattels* und *land* ist fließend und die Definition eines Gegenstandes als *chattel* oder als *land* nicht endgültig: *Chattels* können dadurch entstehen, dass bewegliche Gegenstände von *land* getrennt werden, ebenso wie sie ihre Existenz als *chattels* durch Verbindung mit *land* einbüßen können. Ersteres gilt insbesondere für die Fruchtziehung, zweiteres für die Fälle des Zubehörs (*fixtures*).[60]

2. *Die* choses in action

Von den *chattels* zu trennen ist die Kategorie der *choses in action*, die verschiedene Gruppen von immaterieller *personal property* erfasst. Sie wird negativ definiert und stellt nach Abzug der *chattels* die verbleibende Restmenge dar, ähnlich wie es für die *personal property* im Verhältnis von *real property* und *personal property* gilt. Die *choses in action* erfassen so unterschiedliche „Gegenstände" wie Forderungen und Ansprüche gegen Versicherungen, Gesellschaftsanteile, Konnossemente sowie Urheberrechte. Besitz im Sinne physischer Kontrolle ist an *choses in action* naturgemäß nicht denkbar.[61]

II. Der Begriff der *possession*

Ausgangspunkt der *possession* ist im *Common Law* die physische Kontrolle (*physical control*) über den jeweiligen Gegenstand. Jedoch kennzeichnet das Wort *possession* in der englischen Sprache nicht nur die *possession* selbst, sondern auch das *right to possession* und insbesondere den *possessory title*.

---

58 *Harrington v Price* (1832) 110 ER 63, 65.

59 *Viscount Hill v Dowager Viscountess Hill* [1897] 1 QB 483 (CA), 494/495.

60 *Bridge*, personal property, S. 3.

61 *Bridge*, personal property, S. 4/5.

1. Possession, right to possession *und* possessory title

Das Verständnis der Natur der *possession* wird dadurch erschwert, dass innerhalb des *Common Law* die Begrifflichkeiten variieren und teilweise überlappen. So ist teils von verschiedenen Formen der *possession* und teils von einem *right to possession* die Rede, welche nicht immer klar voneinander getrennt werden.

a) Legal possession *und* right to possession

Das klassische Verständnis der *possession* ist auf Pollock und Wright zurückzuführen: Erstens ist *possession* die *possession in fact* (auch: *detention*, *de facto possession*), die den bloßen Zustand der tatsächlichen Kontrolle als Beziehung zwischen einer Person und einer Sache bezeichnet. Zweitens ist *possession* die *legal possession*, also jeder Zustand, den das Gesetz als Besitz betrachtet. Regelmäßig wird die *legal possession* mit der *possession in fact* einhergehen, jedoch existiert auch eine *legal possession*, die ohne physische Kontrolle auskommt. Drittens ist *possession* das *right to possession*, das sowohl unabhängig von der *possession in fact* als auch von der *legal possession* ist.[62]

b) Actual possession *und* constructive possession

Bell schlägt alternativ eine Unterteilung der *possession* in drei verschiedene Kategorien vor. Der Regelfall von *possession* sei die *actual possession*, die auf der *possession in fact* verbunden mit einem entsprechenden Besitzwillen basiere. Darüber hinaus existiere die *constructive possession*. Sie liege regelmäßig vor, wenn es an *actual possession* fehle, bei dem Besitzer jedoch ein *right to possession* vorliege. Einen Sonderfall bilde die *symbolic possession*. Von ihr erfasst seien Fälle, in denen die fehlende *actual possession* an einer oder mehreren Sachen durch die vorhandene *actual possession* an einer anderen Sache abgebildet werde.[63]

c) Der possessory title

Ein *right to possess*, das ohne *possession*, also ohne physische Kontrolle ausgeübt wird, wird auch als *constructive possession* bezeichnet.[64] Dies kann zu der irrigen Annahme verleiten, dass *constructive possession* und *right to possession* zwei Seiten ein- und derselben Medaille wären. Dem ist aber nicht so. Insoweit ist der Begriff des *possessory title* von Bedeutung. Dieser umfasst die *possession* und das

---

62 *Pollock/Wright*, possession, S. 27/28.

63 *Bell*, personal property, S. 34/35.

64 *Pollock/Wright*, possession, S. 27.

unmittelbare Besitzrecht (*immediate right to possession*). Nur ein solches *immediate right to possession* eröffnet die Möglichkeit eines Vorgehens aus *tort* gegen eine Besitzstörung. Der Inhaber eines aufgeschobenen Besitzrechts (*deferred right to possession*) bleibt auf den Schutz seines Herausgabeanspruchs (*reversionary injury*) im Wege eines *quasi-tort* beschränkt.[65]

aa) Das *immediate right to possession*

Das *immediate right to possession* ist ein relatives Recht, dass einer Person gegenüber einer anderen zusteht.[66] Es entsteht regelmäßig im Zusammenhang mit einem *bailment* zugunsten einer der an diesem Rechtsverhältnis beteiligten Personen und kann durch eine Vereinbarung oder durch eine Handlung oder Unterlassung sowohl auf Seiten des *bailor*, als auch auf Seiten des *bailee* entstehen.[67] Weiter besteht ein *immediate right to possession* für den *owner* einer Sache, sofern sich diese in den Händen eines Nichtberechtigten befindet.[68]

Aus einem *immediate right to possession* erwachsen die gleichen Rechte wie aus der *possession* selbst. Der Inhaber eines *immediate right to possession* kann aus den *torts of conversion* und *negligence* vorgehen und als *bailor* auftreten. Dies ermöglicht dem Inhaber, auch gegen Dritte so vorzugehen, als ob er selbst Besitzer wäre, unabhängig davon, ob er *owner* der Sache ist. Selbst ein vertraglich begründetes *right to possession* genügt, um einen Anspruch aus *conversion* geltend machen zu können.[69]

bb) Das *deferred right to possession*

Anders liegt die Sache bei dem *deferred right to possession*. Darunter ist das „restliche“ Recht zu verstehen, das bei einem *owner* zurückbleibt, wenn dieser einer anderen Person für eine festgesetzte Zeit die *possession* an einer Sache überträgt. Dieses aufgeschobene Besitzrecht kann zwar zum gegenwärtigen Zeitpunkt von dem *owner* nicht ausgeübt werden, jedoch berechtigt es ihn dazu, die Sache nach dem Ende der festgesetzten Zeit wieder herauszuverlangen.

Gleichermaßen kann ein *deferred right to possession* auch entstehen, wenn – z.B. im Fall eines *sub-bailment* – eine dritte Person zwischen *owner* und *possessor*

---

65 Vgl. S. 137–140 dieser Arbeit.

66 *Palmer*, on bailment, Rn. 4-010.

67 *Palmer*, on bailment, Rn. 4-013–4-015.

68 *Bell*, personal property, S. 55.

69 *HSBC Rail (UK) Ltd v Network Rail Infrastructure Ltd (formerly Railtrack plc)* [2006] 1 WLR 643 (CA), 652/653; *Palmer*, on bailment, Rn. 4-006.

tritt, die die Sache weiterreicht. In diesem Fall entsteht bei dem Dritten ein *intermediate right to possession*, nachdem die *possession* des *possessor* beendet, aber bei dem *owner* noch nicht wieder aufgelebt ist.[70]

In beiden Fällen besteht ein Klagrecht des Inhabers des *deferred right to possession* aus dem Recht selbst als *action on the case*, das auf Schadenersatz für die Verletzung seines *reversionary interest* gerichtet ist. Die Voraussetzungen dieses Klagrechts entsprechen – unter Ausnahme des Bestehens eines *immediate right to possession* – denen, die für einen Anspruch aus einem *tort of conversion*, *trespass* oder *negligence* bestehen.[71]

2. *Die Arten der* possession

Wie bereits dargestellt, kann die *possession* in *actual* und *constructive possession* sowie in den Sonderfall der *symbolic possession* unterteilt werden.

a) *Die* actual possession

Für das Vorliegen von *actual possession* bedarf es einerseits der physischen Kontrolle (*physical control*) über die Sache und andererseits des Willens, diese Kontrolle wahrzunehmen.

aa) Die *physical control*

Das Vorliegen ausreichender *physical control* hängt von den Umständen des Einzelfalles ab. Jedoch stellt Bell einige Regeln auf, die allen Fällen gemein sind.

Für die Besitzerlangung bedarf es ausgeprägterer Kontrolle als für die bloße Fortführung bestehender *possession*. Dies illustriert Bell am Beispiel eines Fahrrads, das der Besitzer während eines Einkaufs vor dem Geschäft zurücklässt und dessen *possession* er in diesem Fall nicht verliert. Hat der Besitzer einmal *possession* erlangt, kommt es nur noch auf den Willen zur *physical control* an. Der Besitzer verliert seine *possession* erst, wenn bei einer anderen Person alle Voraussetzungen für die Erlangung von *actual possession* erfüllt sind.[72]

Darüber hinaus müssen der oder die Besitzer alle anderen Personen von der physischen Kontrolle der Sache ausschließen können wobei dem *Common Law* der Kontrolle des Besitzers untergeordnete Personen (z.B. Angestellte) als auch

---

70 *Palmer*, on bailment, Rn. 4-007.

71 *East West Corpn v DKBS AF 1912 A/S* [2003] QB 1509 (CA), 1532/1533; *Palmer*, on bailment, Rn. 4-007; *Tettenborn*, CLJ 1994, Bd. 53(2), S. 326–342 (330).

72 *Bell*, personal property, S. 25/36.

gleichrangig neben dem Besitzer stehende Personen bekannt sind. Letzterer Fall wird als *joint possession* bezeichnet.[73]

Schließlich hängt das Maß der erforderlichen *physical control* von dem ihr unterfallenden Gegenstand ab.[74] Um mit Bell zu sprechen: "*It takes more (...) to capture a tiger than to pick a flower.*"[75] Das Maß der erforderlichen *physical control* illustriert der Fall *The Tubantia*.[76] Die *Tubantia* war ein Dampfer, der 1916 von einem deutschen Kriegsschiff in der Nordsee versenkt wurde. Die Kläger hatten Bergungsarbeiten an dem in einer Tiefe von mehr als 30 Metern liegenden Wrack vorgenommen und zu diesem Zweck ein Loch in den Rumpf geschnitten, dieses mit einer Boje markiert und einige Gegenstände geborgen, bevor sie von den Beklagten, einer konkurrierenden Firma an der weiteren Arbeit gehindert wurden. Die bereits vorgenommenen Arbeiten der Kläger genügten, um *physical control* über das Wrack auszuüben.[77]

bb) Der Wille zur *physical control*

Hinsichtlich des für die Ausübung von *actual possession* erforderlichen Willens zur Ausübung von *physical control* fehlt es dem *Common Law* an einer klar formulierten Regel.[78]

Sicher ist, dass eine Person jedenfalls dann keinen derartigen Willen besitzt, wenn sie von der Existenz des Gegenstandes nicht weiß.[79] Offen ist die Frage der mutmaßlichen Einwilligung, sofern der potentielle Besitzer zwar nicht weiß, dass die konkrete Sache in seinen Herrschaftsbereich gelangt ist, ihm jedoch bewusst ist, dass dies regelmäßig passiert, so wie es bei der Zustellung von Post in einem Briefkasten der Fall ist. Gesichert ist, dass der *occupier* von *land* Besitz an Sachen erlangt, die auf dem Grundstück verloren worden sind, bereits bevor diese von ihm gefunden werden, sofern er generell beabsichtigt, die entsprechende physische Kontrolle über sein Grundstück auszuüben.[80]

Schwieriger zu beurteilen ist die Situation, sofern der Besitzer zwar weiß, dass er etwas kontrolliert, sich aber über die Natur der Sache im Unklaren ist, wie es

---

73 *Bell*, personal property, S. 36; *Bridge*, personal property, S. 19/20.

74 *Bell*, personal property, S. 35/36; *Bridge*, personal property, S. 16.

75 *Bell*, personal property, S. 35/36.

76 *The Tubantia* [1924] P 78 (CA).

77 *The Tubantia* [1924] P 78 (CA), 89–91.

78 *Warner v Metropolitan Police Commissioner* [1969] 2 AC 256 (HL), 281; *Bell*, personal property, S. 36.

79 *Russell v Smith* [1958] 1 QB 27, 34/35.

80 *Parker v British Airways Board* [1982] 1 QB 1004 (CA), 1019.

z.B. häufig bei dem Transport von Paketen durch einen Paketdienst der Fall ist. Nach strafrechtlichem Verständnis hat eine Person solange keine *possession*, als sie den Inhalt nicht kennt.[81] Nach zivilrechtlichen Regeln ist *possession* jedoch auch dann gegeben, wenn der Besitzer den Inhalt zwar nicht kennt, dieser aber grundsätzlich dem entspricht, wofür der Besitzer zu haften bereit ist.[82]

b) Die constructive possession

Eine Person hat *constructive possession*, sofern sie zwar keine *physical control* ausübt, aber ein Recht zur Übernahme von *actual possession* innehat. Entscheidend für das Bestehen von *constructive possession* ist, dass der Inhaber der *actual possession* das Recht des Inhabers der *constructive possession* auf Übernahme der *actual possession* an dem jeweiligen Gegenstand anerkennt. Die *constructive possession* ist zu untergliedern in die *immediate constructive possession* und die *qualified constructive possession*. Während im ersten Fall jederzeit ein Anspruch auf Übernahme der *actual possession* besteht, ist dieser im zweiten Fall aufgeschoben.[83] Ein Fall der *immediate constructive possession* liegt nicht vor, wenn sich die Sache in den Händen eines Nichtberechtigten befindet, da dieser über *actual possession* verfügt, die *physical control* aber gerade nicht für den *owner* ausübt, auch wenn dieser über ein *immediate right to possession* verfügt.[84]

aa) Die *immediate constructive possession*

Die *immediate constructive possession* setzt ein *immediate right to possession* voraus. Der Rechtsinhaber muss seinen Anspruch darauf, die Sache wieder in seine eigene *actual possession* zu überführen, jederzeit geltend machen können. Dies ist typischerweise der Fall, sofern entweder ein *bailment at will* oder ein *trust* besteht. Darüber hinaus existiert noch der Sonderfall der *treasure trove*.

(1) Das *bailment at will*

Im Falle des *bailment at will* ist der *bailor* Inhaber der *immediate constructive possession*, während der *bailee at will* über *actual possession* an der Sache verfügt und gleichzeitig das Vorrecht des *bailor* anerkennt, die Sache jederzeit wieder in seine eigene *actual possession* überführen zu dürfen.[85] Diese Auffassung hat sich

---

81 *Harris* in: Guest (Hrsg.), Oxford Essays, S. 104–106.

82 *Moukataff v British Overseas Airways Corporation* [1967] 1 Lloyd's Rep. 396, 414–416.

83 *Bell*, personal property, S. 53.

84 *Wilson v Barker* (1833) 110 ER 587, 587/588.

85 *Bell*, personal property, S. 53.

allerdings erst langsam durchgesetzt. Nach älterer Rechtsprechung in der Sache *Lotan v Cross* soll der *bailor* selbst über *actual possession* an der Sache verfügen und der *bailee* bloßer Besitzdiener sein.[86] Diese Entscheidung ist jedoch durch das Urteil in der Sache *Nicolls v Bastard, Esq.* überholt worden, da sie verkennt, dass der *bailee* bei einer Verletzung des Besitzes selbst aus *trespass* vorgehen kann.[87] Nach Ansicht von BELL übt im Falle der *immediate constructive possession* der *bailee* die *physical control* sowohl für sich selbst, als auch für den *bailor* aus. Der Besitz des *bailee* und der Besitz des *bailor* seien daher als gleichwertig zu betrachten, so wie es keinen Unterschied mache, ob ein Vertrag unmittelbar durch eine Vertragspartei oder durch einen Stellvertreter geschlossen werde. BELL geht sogar so weit, zu behaupten, es handele sich bei dem Besitz des *bailor* nicht um *immediate constructive possession*, sondern um *joint actual possession*. Trotzdem hält er an den Begrifflichkeiten von *actual* und *constructive possession* fest, um zwischen echter und lediglich fiktiver *physcial control* unterscheiden zu können.[88]

(2) Der *trust*

Ebenfalls besteht *immediate constructive possession* bei dem Begünstigten eines *trust*. Unter diesem Institut wird *property* einer Person (*settlor*) durch einen Verwalter *(trustee)* zugunsten eines begünstigten Dritten (*beneficiary*) verwaltet. Dem *trustee* ist die Möglichkeit eines Vorgehens aus *trespass* eröffnet, selbst wenn sich die Sache in den Händen des *beneficiary* befindet.[89] Es ist nicht klar, aufgrund welcher Rechtsgrundlage dem *trustee* ein Vorgehen aus *tort* ermöglicht wird, nach BELL erscheint es jedoch logisch, in Analogie zum Fall des *bailment at will* anzunehmen, dass der *beneficiary* die *physical control* für den *trustee* ausübt, ebenso, wie dies bei *bailee* und *bailor* der Fall ist.[90]

(3) *Wrecks* und *treasure trove*

Abschließend sei noch auf einen historisch begründeten Sonderfall hingewiesen, der sich aus dem Recht der Krone ergibt, Wracks und Schätze zu heben und zu diesem Zweck eine Lizenz (*franchise*) an Privatpersonen zu erteilen. Aus dieser Lizenz ergibt sich ein *immediate right to possession* für den *franchise holder*

---

86 *Lotan v Cross* (1810) 170 ER 1219, 1219.

87 *Nicolls v Bastard, Esq.* (1835) 150 ER 279, 279.

88 *Bell*, personal property, S. 53/54.

89 *White v Morris, Gibson, Wheatley, Taylor and Thompson* (1852) 138 ER 778, 783/784.

90 *Bell*, personal property, S. 55.

und ein Recht, aus *trespass* gegenüber jedem vorzugehen, der unberechtigt Teile des Wracks oder des Schatzes in Besitz nimmt. Dieses Recht, eine Sache in Besitz zu nehmen, zieht die *constructive possession* an der Sache nach sich.[91]

bb) Die *qualified constructive possession*

Voraussetzung für das Vorliegen von *qualified constructive possession* ist das Bestehen eines *deferred right to possession*. Von besonderer Bedeutung ist die *qualified constructive possession* im Falle des Bestehens von Sicherungsrechten an einer Sache. So führt ein *security interest* an einer Sache, die unter dem *Bills of Sale Act 1878*[92] Gegenstand einer nicht registrierten Schenkung oder eines nicht registrierten Verkaufs ist, zur Entstehung von *qualified constructive possession* auf Seiten des Inhabers des Sicherungsrechtes.[93] Auch besteht *qualified constructive possession* für einen Verkäufer unter dem *Factors Act 1889*[94], selbst wenn das Eigentum an der Sache schon auf den Käufer übergegangen ist, diese aber noch von dem Verkäufer in Verwahrung gegeben wurde und der Verwahrer ein Zurückbehaltungsrecht (*lien*) an dieser Sache hat.[95]

c) Die symbolic possession

Im Gegensatz zu *actual* und *constructive possession* handelt es sich bei der *symbolic possession* nicht nur um einen Besitzzustand, sondern auch um einen Modus des Besitzerwerbs. Bei der *symbolic possession* hat deren Inhaber keine unmittelbare physische Kontrolle über die Sache selbst, sondern nur über einen die Sache symbolisierenden Gegenstand. Die Übergabe dieses Gegenstandes genügt für den Besitzerwerb. Angesichts dessen werden bestimmte Fälle der *symbolic possession* auch als Sonderfall der *constructive possession* oder der *actual possession* verstanden, da es entweder an der *actual possession* an der Hauptsache fehlt oder der die Sache symbolisierende Gegenstand ausreichende Kontrolle i.S. der *actual possession* gewährt.[96] Den einzig echten Anwendungsfall der *symbolic possession* bilden die *documents of title*.

---

91 *The Bailiffs, Burgesses and Commonalty of the Borough of Dunwich v Sterry* (1831) 109 ER 995, 1000.

92 Bills of Sale Act 1878, ch. 31.

93 *Ancona v Rogers* (1876) 1 L.R. Ex. 285 (CA), 291–293; *Bell*, personal property, S. 56.

94 Factors Act 1889, ch. 45.

95 *City Fur Manufacturing Company Ltd v Fureenbond Brokers London Ltd* [1937] 1 All ER 799, 802; *Bell*, personal property, S. 56/57.

96 *Bell*, personal property, S. 57/58; vgl. *Gleeson*, personal property, S. 30 zu dem Verhältnis von *constructive* und *symbolic possession*.

aa) Der Besitz an einer Vielzahl von Sachen

Erster vermeintlicher Anwendungsfall der *symbolic possession* ist der Erwerb des Besitzes an einer Vielzahl von Sachen. In diesem Fall genügt die Übergabe einer einzigen Sache, um den Besitz an allen Sachen zu übertragen. In dem Fall *Lock v Heath* reichte beispielsweise die Übergabe eines einzigen Stuhles aus, um den Besitz an sämtlichem inventarisierten Mobiliar zu übertragen.[97] BELL kritisiert diese Entscheidung und weist darauf hin, dass es sich um einen klassischen Fall von *constructive possession* handele, da der bisherige Besitzer zum *bailee* und der neue Besitzer – der mit Ausnahme des Stuhles keine *actual possession* erlangt – zum *bailor* wird. Im Umkehrschluss bedeute dies aber auch, dass es auf die Übertragung des Stuhles und damit auf *symbolic possession* nicht ankomme.[98]

bb) Der Besitz an einem Schlüssel

Ebenfalls nur einen vermeintlichen Anwendungsfall der *symbolic possession* stellt die Übergabe eines Schlüssels dar, der den Zugang zu einer Sache eröffnet. Diese Auffassung, die auf der Entscheidung *Jones v Selby* beruht,[99] hat schon früh Kritik auf sich gezogen, da der Schlüssel nicht nur ein Symbol ist, sondern tatsächlichen Zugang zu der Sache und damit *actual possession* gewährt.[100] Zu Recht verweist BELL bezugnehmend auf die bereits dargestellte Entscheidung *The Tubantia*[101] darauf, dass die Beurteilung des Vorliegens physischer Kontrolle in jedem Fall eine Entscheidung anhand der Umstände des Einzelfalls ist und stellt damit in Frage, ob es überhaupt der *symbolic possession* bedarf. In jedem Einzelfall sei erneut zu entscheiden, ob die Übergabe eines Schlüssels ausreichende Kontrolle i.S. von *actual possession* gewähre.[102]

cc) Das *document of title*

Den einzig wahren Anwendungsfall der *symbolic possession* stellt das *document of title* dar. Grundsätzlich genügt der Besitz eines solchen nicht, um *constructive possession* an der Sache selbst entstehen zu lassen.[103] Ausnahmsweise kann jedoch

---

97 *Lock v Heath* (1892) 8 TLR 295, 295.
98 *Bell*, personal property, S. 57/58.
99 *Jones v Selby* (1710) 24 ER 143, 143/144.
100 *Ward v Turner* (1752) 21 ER 234, 235.
101 *The Tubantia* [1924] P 78 (CA).
102 *Bell*, personal property, S. 58.
103 *Bell*, personal property, S. 58.

der Besitz bestimmter Dokumente, z.B. eines Konnossements (*bill of lading*), sehr wohl *constructive possession* an der Sache begründen.[104]

Das Pfand (*pledge*) an einem *document of title* stellt jedoch nicht notwendigerweise ein Pfand an der Sache selbst dar.[105] Allerdings besteht insoweit eine Ausnahme für eine *pledge* nach *sec. 3* des *Factors Act 1889*.[106] Dieser sieht vor, dass eine *pledge* an einem *document* auch als *pledge* an der Sache selbst zu betrachten ist. Der Anwendungsbereich dieser Vorschrift ist allerdings auf den sich auf *mercantile agents* erstreckenden Abschnitt des Gesetzes beschränkt, in dem sich *sec. 3* befindet.[107] Nach *sec. 9* ist insoweit auch der Fall erfasst, in dem der Käufer nach Erhalt des *document of title* dieses verpfändet.

Einen Unterfall der *symbolic possession* durch Übergabe eines *document of title* stellt die Übergabe sperriger Gegenstände dar. Im Falle der Übergabe eines solchen Gegenstandes, beispielsweise einer Orgel für eine Kirche, kann die Übergabe eines entsprechenden *document of title* genügen, um den Besitz an der Sache selbst zu übergeben.[108]

d) Zur Abgrenzung von custody *und* possession

Von der *possession* abzugrenzen ist der Fall der *custody* oder *custodia legis*. Befindet sich eine Sache in den Händen von *servants of the law*, so wird deren *possession* weiterhin dem ursprünglichen Besitzer zugerechnet. Übt beispielsweise ein Vermieter sein Pfandrecht aus dem Mietvertrag an den Sachen des Mieters aus und werden die Sachen von einem unberechtigten Dritten weggenommen, steht dem Mieter weiterhin sein auf die *possession* gegründetes Klagrecht aus *trespass* oder jedem anderen *tort* zu.[109]

III. Die Rechtsnatur der *possession*

Entscheidend für die Qualifikation eines Rechtes als *property right* ist nach *Common Law*, dass dieses als universelles Recht jedermann entgegen gehalten werden kann und nicht lediglich nur als vertragliches Recht gegenüber der anderen Vertragspartei besteht.[110]

---

104 *Lickbarrow v Mason* (1794) 101 ER 380, 382.
105 *Official Assignee of Madras v Mercantile Bank of India Ltd* [1935] AC 53 (PC), 59.
106 *Factors Act 1889, ch. 45.*
107 *Inglis v Robertson and Baxter* [1898] AC 616 (HL), 624, 628, 630.
108 *Rawlinson v Mort* (1905) 21 TLR 774 (CA), 775.
109 *R v Cotton* (1751) 28 ER 186, 192; *Bell*, personal property, S. 61.
110 *Bridge*, personal property, S. 12.

1. *Die* ownership *als relatives Konzept*

Der Eigentumsbegriff des *Common Law* (*ownership*) ist ein relativer: Entscheidend ist, wer im Verhältnis der Streitparteien zueinander das bessere Recht an einer Sache besitzt.[111] Als Folge dieses Ansatzes können verschiedene Personen gleichartige Rechte an einer Sache innehaben, so dass bei einer umfassenden Bewertung der Eigentumsverhältnisse darauf abzustellen ist, wer das jeweils ältere (gleichartige) Recht an einer Sache innehat.[112] Anders als im Falle von *land* werden die Eigentumsrechte an beweglichen Sachen in der Regel nicht registriert, so dass als *owner* beweglicher Sachen anzusehen ist, wer Inhaber des besten (und ältesten) *possessory interest* an einer Sache ist.[113] Dies kann im Falle eines auf sehr lange Zeit ausgerichteten *bailment* so weit gehen, dass kaum ein messbarer Wert an *ownership* bei dem *owner* verbleibt, der selbst nicht *possessor* ist, da in diesem Fall der *possessory title* bei dem Besitzer liegt.[114] Der Begriff der *ownership* wird als *greatest possible interest* an einer Sache oder als ein „Bündel von Rechten" verstanden.[115]

2. *Die Bedeutung der* possession *für das* property law

Die *possession* bildet als *property right* regelmäßig die Rechtsgrundlage eines „Anspruchs" aus *personal property*. Entscheidender als der Begriff der *possession* selbst ist für das *Common Law* jedoch der Begriff des *possessory title*, der sich einerseits aus der *possession* (verstanden als *actual* und *symbolic possession*) und andererseits aus dem *immediate right to possession* ergibt. *Constructive possession* stellt nur im Falle der auf dem *immediate right to possession* beruhenden *immediate constructive possession* einen Fall von *possession* i.S. eines *possessory title* dar. Wie wir noch sehen werden, wird aber auch der Inhaber eines bloßen *deferred right to possession* und damit der Inhaber von *qualified constructive possession* durch das *tort law* im Wege der *reversionary injury* geschützt.[116]

---

111 *Waverley Borough Council v Fletcher* [1996] QB 334 (CA), 345; *Bar*, Gemeineuropäisches Sachenrecht, Bd. 1, Rn. 23; *Bridge*, personal property, S. 28/29.

112 *Bar*, Gemeineuropäisches Sachenrecht, Bd. 1, Rn. 21, 41.

113 *Gleeson*, personal property, S. 31; *Pettit* in: Halsbury's Laws of England, Bd. 35, personal property, Rn. 1222.

114 *Bridge*, personal property, S. 29/30.

115 Vgl. *Bridge*, personal property, S. 30; *Honoré* in: Guest (Hrsg.), Oxford Essays, S. 108.

116 Vgl. S. 137–140 dieser Arbeit.

3. *Der Schutz von* property interests

Der Schutz eines *property interest* erfolgt nicht durch das *property law* selbst, sondern ist Gegenstand des Deliktsrechts (*tort law*).[117] Zentraler Rechtsbehelf des *property law* ist kein Herausgabeanspruch, sondern ein deliktsrechtlicher Anspruch auf Schadenersatz.[118] Die Beeinträchtigung eines *property right* eröffnet nicht in jedem Fall eine *proprietary remedy*. Bridge erläutert dies am Beispiel der Insolvenz: Ist der Insolvenzschuldner unrechtmäßig im Besitz einer beweglichen Sache, kann der Anspruchsteller als rechtmäßiger Besitzer aus Deliktsrecht (*tort law*) vorgehen, da die Sache nie Teil des *estate* des Insolvenzschuldners, also der Insolvenzmasse geworden ist und damit auch nicht auf den Insolvenzverwalter übergehen konnte. Anders liegt der Fall, wenn der Anspruchsteller aus einer vertragsrechtlichen *action for breach of contract* vorgehen kann. In letzterem Fall handelt es sich um eine *personal action* und nicht um eine *proprietary remedy*, so dass der rechtmäßige Besitzer sich nur an den *estate* des Insolvenzschuldners halten kann.[119]

IV. Die Funktionen der *possession*

Innerhalb des *property law* übernimmt die *possession* bestimmte Funktionen, die in drei Kategorien unterteilt werden können. Dies sind die Schutz-, die Kontinuitäts- und die Publizitätsfunktion.[120]

1. *Die Schutzfunktion*

Die *ownership* wird im *Common Law* nicht durch eigene Ansprüche geschützt, da es ihr an einer klaren Definition fehlt. Diese Aufgabe übernehmen die Besitzschutzansprüche, die sich aus dem *tort law* ergeben.[121] Die *possession* wird daher als ein schützenswertes *property interest* verstanden.[122]

2. *Die Kontinuitätsfunktion*

Zweitens kommt der *possession* eine Kontinuitätsfunktion zu. Beispielsweise lässt *sec. 3(1)* des *Limitation Act 1980* Ansprüche gegen den ehrlichen Finder, der

117 *Bridge*, personal property, S. 47.

118 Vgl. S. 142–148 dieser Arbeit.

119 *Bridge*, personal property, S. 12/13.

120 *Quitmann*, Eigentums- und Besitzschutz, S. 192–206.

121 *Quitmann*, Eigentums- und Besitzschutz, S. 192.

122 *Pollock/Wright*, possession, S. 5; *Quitmann*, Eigentums- und Besitzschutz, S. 193.

versucht hat, den Eigentümer der Sache ausfindig zu machen, nach sechs Jahren verjähren und *sec. 3(2)* des *Limitation Act 1980* den Titel des ursprünglichen Eigentümers erlöschen.[123] Die *possession* soll den für einen bestimmten Zeitraum bestehenden friedlichen Besitz schützen, sofern in dieser Zeit gegenüber dem Besitzer keine Ansprüche aus *property law* geltend gemacht worden sind.

3. Die Publizitätsfunktion

Schließlich kommt der *possession* eine Publizitätsfunktion zu, die sich in eine Vermutungs- und in eine Rechtsscheinfunktion unterteilen lässt.[124] Einerseits gilt im *Common Law* die Vermutung, dass der Inhaber des *title* der Inhaber der *possession* ist.[125] Andererseits ermöglicht die *possession* im Recht der *personal property* den gutgläubigen Erwerb einer Sache.[126] Eine Traditionsfunktion kommt der *possession* im Recht der *personal property* hingegen nicht zu, da der Übergang des *title* nicht vom Übergang der *possession* abhängt.[127]

D. Rechtsvergleichende Anmerkungen zum Recht des Besitzes

Den folgenden Anmerkungen über das Wesen des Besitzes ist vorauszuschicken, dass der Besitzbegriff im *Common Law* (*possession*) ein Begriff aus dem Recht der *personal property* ist und auf bewegliche körperliche Gegenstände (*chattels* oder *choses in possession*) beschränkt bleibt. Zwar umfasst der Begriff der *personal property* auch immaterielle Rechte in Form der *choses in action*, jedoch sind diese aus dem Anwendungsbereich der *possession* auszunehmen.[128] Anders der Besitzbegriff des Bürgerlichen Gesetzbuches: Er erstreckt sich angesichts des dortigen umfassenden sachenrechtlichen Konzeptes sowohl auf Mobilien, als auch auf Immobilien.

I. Der Begriff des Besitzes

Ausgangspunkt bei der Betrachtung des Besitzes ist nach deutschem Recht die tatsächliche Sachherrschaft und nach *Common Law* die physische Kontrolle (*physical*

---

123 Sec. 3 Limitation Act 1980, ch. 58.

124 *Quitmann*, Eigentums- und Besitzschutz, S. 202–206.

125 *Ramsay v Margrett* [1894] 2 QB 18 (CA), 25 durch Lord Esher, MR.

126 *Quitmann*, Eigentums- und Besitzschutz, S. 206.

127 *Bar*, Gemeineuropäisches Sachenrecht, Bd. 1, Rn. 41.

128 Vgl. im Einzelnen zu *personal property* S. 15/16 dieser Arbeit.

control), die der Besitzer über die Sache ausübt.[129] Beiden Rechtsordnungen ist gemein, dass sie daneben auch einen Besitz ohne unmittelbare Sachherrschaft oder unmittelbare physische Kontrolle kennen und dem Inhaber einer solchen Rechtsstellung bestimmte Rechte gewähren, die üblicherweise dem Inhaber von unmittelbarer Sachherrschaft oder unmittelbarer physischer Kontrolle vorbehalten sind.

Sowohl nach deutschem Recht als auch nach *Common Law* ist der Besitz in einen auf die tatsächliche Herrschaft über die Sache gegründeten Besitz und in einen Besitz ohne unmittelbare tatsächliche Herrschaft zu unterteilen. Beiden Rechtsordnungen ist ebenfalls gemein, dass sie Personen kennen, die trotz tatsächlicher Herrschaft über einen Gegenstand nicht Inhaber von Besitz oder *possession* sind.

1. Der Besitz als Sachherrschaft

Soweit das Bürgerliche Gesetzbuch und das *Common Law* den Besitz auf die Ausübung tatsächlicher Herrschaft über einen Gegenstand stützen, bedarf es jeweils einerseits einer derartigen Herrschaft und andererseits eines Willens, diese zu begründen oder auszuüben.[130]

Bei dem Vergleich der Begriffe von tatsächlicher Herrschaft und Herrschaftswillen ist zu berücksichtigen, dass die beiden Rechtsordnungen zwei unterschiedliche Ansätze verfolgen, die auf ein unterschiedliches Verständnis von Besitzerwerb und -verlust zurückzuführen sind. Das deutsche Recht versteht den Besitz als tatsächliche Sachherrschaft und damit als eine Beziehung zwischen einer Sache und einer Person. Neben der tatsächlichen Sachherrschaft bedarf es des Besitzerwerbswillens lediglich im Moment des Besitzerwerbs gem. § 854 BGB. Ob dem Besitzerwerbswillen auch ein Besitzerhaltungswillen folgt, ist unerheblich, da Besitzverlust nur unter den Voraussetzungen des § 856 BGB eintreten wird.[131] Ähnlich das *Common Law:* Nachdem der Inhaber der *possession* diese einmal erlangt hat, bedarf es allenfalls noch eines gelockerten Maßes an *physical control.* Jedoch muss der Wille zur Ausübung von physischer Kontrolle fortdauern. Besitzverlust wird allerdings erst eintreten, sobald eine andere Person sowohl *physical control*, als auch den entsprechenden Willen begründet und damit *actual possession* erlangt.[132]

---

129 Vgl. zu tatsächlicher Machtbeziehung und *physical control* S. 5 u. S. 19 dieser Arbeit.

130 Vgl. S. 4 u. S. 19–20 dieser Arbeit.

131 Vgl. S. 5 dieser Arbeit.

132 Vgl. S. 20 dieser Arbeit.

2. *Von Besitz und tatsächlicher Herrschaft*

Beiden Rechtsordnungen ist weiterhin gemein, dass Besitz – oder jedenfalls ein Tatbestand, an den Rechtsfolgen anknüpfen, die sonst nur dem Besitzer zustehen – auch ohne das Vorliegen tatsächlicher Herrschaft über die jeweilige Sache existiert.[133] Dies ist Gegenstand des zweiten Teils dieser Arbeit und soll daher an dieser Stelle noch nicht weiter vertieft werden.

Ebenfalls ist dem Bürgerlichen Gesetzbuch und dem *Common Law* gemein, dass Angestellte regelmäßig keinen Besitz an den Gegenständen haben, über die sie im Rahmen ihres Anstellungsverhältnisses die tatsächliche Herrschaft ausüben.[134]

II. Die Rechtsnatur des Besitzes

Das (laienhafte) Verständnis des Besitzes als unmittelbare tatsächliche Herrschaft greift angesichts der Existenz von Besitz oder besitzähnlichen Tatbeständen ohne die Möglichkeit der Ausübung echter unmittelbarer tatsächlicher Herrschaft zu kurz. Es gibt weder im deutschen Recht noch in *Common Law* einen einheitlichen Begriff des Besitzes bzw. der *possession*. Beide Begriffe können erstens die Ausübung tatsächlicher Herrschaft und zweitens jeden Tatbestand bezeichnen, an den die Rechtsfolgen von Besitz und *possession* anknüpfen. Insoweit verstehen beide Rechtsordnungen unter dem Besitz die an tatsächliche Umstände anknüpfende Zuordnung einer Sache zu der Herrschaftssphäre eine Person.

III. Die Funktionen des Besitzes

Bei einem Vergleich der Funktionen des Besitzes im deutschen Recht und im *Common Law* ist das relative Konzept des *property law* zu berücksichtigen. Die *possession* ist als *property right* in dieses Konzept einzuordnen.[135]

1. *Der Besitzschutz*

Der Besitz als die tatsächliche Sachherrschaft wird im deutschen Recht ebenso geschützt wie die *possession* als *property right* im *Common Law*. Es kann durchaus – wie es in der deutschen Rechtswissenschaft üblich ist – von einer selbständigen Funktion des Besitzes in beiden Rechtsordnungen gesprochen werden. Dies ist jedoch insoweit zu relativieren, als der Schutz der *possession* nicht aus

133 Vgl. S. 5 u. S. 21–23 dieser Arbeit.

134 Vgl. S. 6 u. S. 25 dieser Arbeit.

135 Vgl. S. 25/27 dieser Arbeit.

ihr selbst heraus oder aus dem *property law* erfolgt, sondern durch das Deliktsrecht gewährleistet wird.[136] Dennoch ist der Ausdruck der selbständigen Funktion gerechtfertigt: Der Schutz des Besitzes erfolgt in beiden Rechtsordnungen mit dem Ziel, den Besitzer vor einer Verletzung seines Besitzes und damit die Zuordnung eines Gegenstands zu dem Rechtskreis des Besitzers zu schützen.

2. Der Besitz als rechtstechnisches Instrument

Neben dem Besitzschutz kommen dem Besitz in beiden Rechtsordnungen weitere Aufgaben zu. Dies gilt insbesondere für die Publizitätsfunktion: Während im deutschen Recht die Vermutung gilt, dass der Besitzer gleichzeitig Inhaber des Vollrechts Eigentum ist, wird der Inhaber der *possession* im *Common Law* gegenüber der ganzen Welt unter Ausnahme des *owner* als Vollrechtsinhaber betrachtet.[137]

---

136 Vgl. S. 27 dieser Arbeit.
137 Vgl. S. 14 u. S. 26/26 dieser Arbeit.

Teil 2: Der Besitz ohne unmittelbare Sachherrschaft im deutschen Recht und im *Common Law*

Sowohl das Bürgerliche Gesetzbuch als auch das *Common Law* kennen mit dem mittelbaren Besitz und der *constructive possession* eine Form des Besitzes ohne die Möglichkeit des Besitzers, die unmittelbare Sachherrschaft über die Sache auszuüben. Der mittelbare Besitz gründet auf einem Besitzmittlungsverhältnis, dessen Kern ein betagter Herausgabeanspruch gegen den unmittelbaren Besitzer ist, der diesen Herausgabeanspruch in Gestalt seines Besitzmittlungswillens anerkennt.[138] Die *constructive possession* ist durch eine ähnliche Situation gekennzeichnet: Dem Inhaber der *constructive possession* steht ein als *immediate right to possession* bezeichnetes Recht auf Wiedereinräumung der *possession* gegenüber dem Inhaber der *physical control* zu. Dieses *immediate right to possession* kann auf einem *bailment*, auf *trust* und auf einem Fall von *wreck* und *treasure trove* beruhen.[139]

A. Der mittelbare Besitz

Der mittelbare Besitz gem. § 868 BGB stellt eine besondere Spielart des Besitzes dar, die dadurch gekennzeichnet ist, dass nicht der mittelbare Besitzer selbst die tatsächliche Sachherrschaft ausübt, sondern er diese durch eine Mittelsperson ausüben lässt. Diese als Besitzmittler bezeichnete Person istselbst unmittelbarer Besitzer der Sache und nicht Besitzdiener i.S. des § 855 BGB.[140]

I. Die Voraussetzungen des mittelbaren Besitzes

Das Bestehen von mittelbarem Besitz setzt voraus, dass der Besitzmittler unmittelbaren Besitz ausübt und ein Besitzmittlungsverhältnis zwischen ihm und dem mittelbaren Besitzer besteht. Das Besitzmittlungsverhältnis muss zudem von dem Besitzmittlungswillen des Besitzmittlers getragen werden.[141] Darüber hinaus wird teilweise gefordert, dass der unmittelbare Besitzer sein Besitzrecht

---

138 Vgl. S. 33–43 dieser Arbeit.

139 Vgl. S. 21–23 dieser Arbeit.

140 Vgl. *Bund* in: Staudinger, BGB, § 868, Rn. 1; *Joost* in: MüKo-BGB, § 868, Rn. 1.

141 *Gutzeit* in: Staudinger, BGB, § 868, Rn. 13.

von dem mittelbaren Besitzer ableiten müsse. Ob es dieser Voraussetzung über die bezeichneten anderen Voraussetzungen hinaus tatsächlich bedarf, erscheint fragwürdig.

1. Der unmittelbare Besitz des Besitzmittlers

Der mittelbare Besitz setzt zwingend den unmittelbaren Besitz des Besitzmittlers voraus. Im Falle mehrstufiger Besitzmittlungsverhältnisse wird dieser durch den auf der untersten Stufe stehenden Besitzmittler ausgeübt, da eine direkte Beziehung zwischen mittelbarem und unmittelbarem Besitzer nicht erforderlich ist. Der unmittelbare Besitz kann für den Besitzmittler auch durch einen Besitzdiener gem. § 855 BGB ausgeübt werden.[142]

Bei dem Besitz des Besitzmittlers handelt es sich regelmäßig um Fremdbesitz. Nur im Falle gestuften Mitbesitzes – beispielsweise an einem Grundschuldbrief, der von einer Bank als unmittelbarer Eigen- und zugleich als Fremdbesitzer für die mittelbare Eigenbesitzerin des Briefes gehalten wird – kann der Besitzmittler – also die Bank – Eigenbesitzer i.S. des § 872 BGB sein. Liegt ein Fall des gem. § 871 BGB zulässigen, mehr als zweistufigen mittelbaren Besitzes vor, muss der Besitzer auf der untersten Stufe unmittelbarer Fremdbesitzer sein. Der mittelbare Besitzer auf der obersten Stufe wird dagegen regelmäßig Eigenbesitzer sein.[143]

Zweifelhaft ist, ob der Besitzmittler zugleich unmittelbarer Eigenbesitzer und unmittelbarer Fremdbesitzer mit Besitzmittlungswillen sein kann. Auch wenn diese Frage zunächst abwegig erscheinen mag, wird sie bei der Teilabtretung von Briefgrundpfandrechten relevant, sofern kein Teilbrief gebildet worden ist. Die Möglichkeit des gleichzeitigen Bestehens von Eigen- und Fremdbesitzwillen ist jedoch abzulehnen, da der Eigenbesitz des vermeintlichen Besitzmittlers eine Herrschaftsbeziehung des Oberbesitzers zu der Sache ausschließt.[144]

2. Das Besitzmittlungsverhältnis

Neben dem unmittelbaren Besitz des Besitzmittlers setzt der mittelbare Besitz eine Beziehung zwischen dem unmittelbaren und dem mittelbarem Besitzer voraus, die dem mittelbaren Besitzer die indirekte Ausübung der tatsächlichen Sachherrschaft ermöglicht. Diese Beziehung wird Besitzmittlungsverhältnis oder – im Falle des Eigentumserwerbs gem. § 930 BGB – Besitzkonstitut genannt. § 868 BGB definiert das Besitzmittlungsverhältnis als ein Verhältnis, aus

---

142 *Gutzeit* in: Staudinger, BGB, § 868, Rn. 14; *Joost* in: MüKo-BGB, § 868, Rn. 9.

143 *Gutzeit* in: Staudinger, BGB, § 868, Rn. 14; *Joost* in: MüKo-BGB, § 868, Rn. 9/10.

144 BGH 10.11.1982, BGHZ 85, S. 263, 265; *Joost* in: MüKo-BGB, § 868, Rn. 10.

dem sich eine zeitlich begrenzte Berechtigung oder Verpflichtung zum Besitz ergibt, die sich in einem Herausgabeanspruch des mittelbaren Besitzers gegen den Besitzmittler ausdrückt. Beispielhaft nennt § 868 BGB Nießbrauch, Pfandrecht, Pacht, Miete und Verwahrung als mögliche Besitzmittlungsverhältnisse, jedoch kann auch jedes ähnliche Verhältnis ein Besitzmittlungsverhältnis darstellen.[145]

a) Die Begründung des Besitzmittlungsverhältnisses

Das Besitzmittlungsverhältnis kann sowohl durch Vertrag, als auch durch Gesetz begründet werden. Grundsätzlich sind an die Entstehung des Besitzmittlungsverhältnisses keine besonderen Anforderungen zu stellen, es gelten die allgemeinen Voraussetzungen für das Zustandekommen eines Vertrages oder die besonderen gesetzlichen Bestimmungen, wie beispielsweise im Falle des Pfandgläubigers.

Die Entstehung des Besitzmittlungsverhältnisses kann im Fall des antizipierten Besitzkonstituts zeitlich von dem Besitzerwerb des unmittelbaren Besitzers entkoppelt und diesem zeitlich vorgelagert werden.[146] Ebenso ist der Abschluss durch Insichkonstitut zulässig, wenn der unmittelbare Besitzer für sich selbst und für den mittelbaren Besitzer handelt, sofern ihm dies gestattet ist oder er ausschließlich in Erfüllung einer Verbindlichkeit handelt.[147]

Umstritten ist, ob das Besitzmittlungsverhältnis durch Vertrag zugunsten Dritter ohne Einverständnis des Dritten abgeschlossen werden kann. Die Rechtsprechung sieht ebenso wie ein Teil der Lehre das Einverständnis des Dritten als erforderlich an, da der mittelbare Besitz eine tatsächliche Beziehung sei[148] und seine Entstehung regelmäßig des Erwerbswillens des mittelbaren Besitzers bedürfe.[149] Der Teil der Lehre, der den Besitz als rein rechtliche Beziehung versteht,[150] lehnt das Erfordernis des Erwerbswillens ab.[151] Wie wir sehen werden, stellt aber auch der mittelbare Besitz einen Fall der Ausübung von Sachherrschaft[152] und damit eine tatsächliche Beziehung einer Person zu einer Sache dar. Damit bedarf es auf Seiten des mittelbaren Besitzers zumindest eines Besitzerwerbswillens.

---

145 *Gutzeit* in: Staudinger, BGB, § 868, Rn. 15; *Joost* in: MüKo-BGB, § 868, Rn. 11.

146 *Joost* in: MüKo-BGB, § 868, Rn. 12.

147 BGH 08.06.1989, NJW 1989, S. 2542, 2543.

148 Vgl. S. 62 dieser Arbeit.

149 RG 01.03.1932, RGZ 135, S. 272, 274/275; *Gursky* in: Westermann/Gursky/Eickmann (Hrsg.), Sachenrecht, § 18, Rn. 2; *Gutzeit* in: Staudinger, BGB, § 868, Rn. 79.

150 Vgl. S. 62 dieser Arbeit.

151 *Joost* in: MüKo-BGB, § 868, Rn. 13.

152 Vgl. S. 63 dieser Arbeit.

b) Die Berechtigung zum Besitz auf Zeit

Aus § 868 BGB ergibt sich, dass der unmittelbare Besitz des Besitzmittlers zeitlich begrenzt ist. Diese zeitliche Begrenzung kann lang oder kurz ausgestaltet werden. Das Ende dieses Zeitraums muss nicht einmal fest bestimmt werden.[153] Regelmäßig wird im Besitzmittlungsverhältnis vorgesehen, dass der mittelbare Besitzer die Sache zu einem späteren Zeitpunkt selbst in Besitz nehmen kann oder die Sache durch den Besitzmittler an eine dritte Person herauszugeben ist. Es ist aber auch eine andere Beendigung des Besitzmittlungsverhältnisses denkbar: So erlischt bei dem Verkauf einer Sache unter Eigentumsvorbehalt der mittelbare Besitz des Vorbehaltsverkäufers mit der vollständigen Leistung des Kaufpreises.[154]

c) Wirksamkeit und Herausgabeanspruch

Die Fragen, ob das Besitzmittlungsverhältnis wirksam sein muss und auf welcher Grundlage der für das Besitzmittlungsverhältnis zentrale Herausgabeanspruch beruhen kann, sind eng miteinander verbunden. Denn nur, wenn ein dem Besitzmittlungsverhältnis zugrundeliegendes unwirksames Rechtsverhältnis das Besitzmittlungsverhältnis unberührt lässt, kann sich der Herausgabeanspruch auf allgemeine Normen des Bereicherungsrechts, des Rechts der Geschäftsführung ohne Auftrag oder die Vindikation nach §§ 985, 986 BGB stützen.

aa) Die Wirksamkeit

Der Besitz selbst wird heute ganz überwiegend als tatsächliches Verhältnis verstanden.[155] Ob es sich bei dem in § 868 BGB normierten Besitzmittlungsverhältnis um ein Rechtsverhältnis oder ein tatsächliches Verhältnis der Sachüberlassung handelt, ist weniger eindeutig. Entscheidend ist dies für die Frage, ob die Wirksamkeit des Besitzmittlungsverhältnisses von der Wirksamkeit des zugrundeliegenden Rechtsverhältnisses abhängt.

(1) Identität von Besitzmittlungsverhältnis und Rechtsverhältnis

Die Aussicht des mittelbaren Besitzers, durch die Ausübung seines Herausgabeanspruchs wieder unmittelbaren Besitz zu erlangen, beruht auf dem Besitzmittlungsverhältnis. Seit der Entstehung des BGB wird daher die Auffassung

---

153 RG 12.05.1917, RGZ 90, S. 218, 219; *Gutzeit* in: Staudinger, BGB, § 868, Rn. 17; *Joost* in: MüKo-BGB, § 868, Rn. 11 a.E.

154 *Gutzeit* in: Staudinger, BGB, § 868, Rn. 17.

155 Vgl. S. 62 dieser Arbeit.

vertreten, dass das Besitzmittlungsverhältnis und das ihm zugrundeliegende Rechtsverhältnis i.S. des § 868 BGB identisch seien. Nicht jeder Herausgabeanspruch genüge für die Entstehung des mittelbaren Besitzes, da ansonsten neben dem Besitz an einer Sache immer auch mittelbarer Besitz des Eigentümers an dieser bestehen würde.[156] Folgt man dieser Auffassung, kann nur ein voll gültiges Rechtsverhältnis mittelbaren Besitz begründen, da ein Rückgriff auf den Herausgabeanspruch aus § 985 BGB verwehrt bliebe.

(2) Das Besitzmittlungsverhältnis als tatsächliche Beziehung

Eine andere Auffassung trennt das Besitzmittlungsverhältnis als „rechtlich relevante Beziehung tatsächlicher Art"[157] von dem ihm zugrundliegenden Rechtsverhältnis. Diese Ansicht kann sich auf die Gesetzesmaterialien berufen, die die Entstehung des mittelbaren Besitzes nicht an die Gültigkeit des zugrundliegenden Rechtsverhältnisses knüpfen.[158] Dies bedeutet, dass die Wirksamkeit des Rechtsverhältnisses für die Wirksamkeit des Besitzmittlungsverhältnisses bedeutungslos bleibt.[159]

(3) Unabhängigkeit von Besitzmittlungsverhältnis und Rechtsverhältnis

Die gesetzlichen Beispiele in § 868 BGB sind sämtlich durch die tatsächliche Überlassung einer Sache gekennzeichnet, während § 930 BGB das Besitzkonstitut als ein Rechtsverhältnis normiert.[160] Dies deutet darauf hin, dass ein- und dieselbe Beziehung einerseits als schuld- oder sachenrechtliches Rechtsverhältnis zu verstehen ist und andererseits als tatsächliches Verhältnis der Sachüberlassung, das dem mittelbaren Besitzer die indirekte Sachherrschaft gewährt, an die entsprechende Rechte und Pflichten anknüpfen.[161] Geht man von einer derartigen Doppelnatur aus und ist der Herausgabeanspruch das zentrale Kriterium des Besitzmittlungsverhältnisss, kann es nicht darauf ankommen, ob das dem Besitzmittlungsverhältnis zugrundeliegende Rechtsverhältnis wirksam ist. Ist

---

156 *Wendt*, AcP 87 (1897), S. 45.

157 *Schönfeld*, JZ 1959, S. 302; vgl. auch *O. Gierke*, Fahrnisbesitz, S. 7, Fn. 15.

158 Mot. bei Mugdan, Materialien, Bd. 3, S. 54/55.

159 BGH 19.01.1955, NJW 1955, S. 499, 499; *Baur/Stürner*, Sachenrecht, § 7, Rn. 45; *Gursky* in: Westermann/Gursky/Eickmann (Hrsg.), Sachenrecht, § 16, Rn. 7; *Joost* in: MüKo-BGB, § 868, Rn. 15, obwohl dieser mittelbaren Besitz und Rechtsverhältnis gleichsetzt (vgl. hierzu S. 62 dieser Arbeit).

160 *Gutzeit* in: Staudinger, BGB, § 868, Rn. 15.

161 *Gutzeit* in: Staudinger, BGB, § 868, Rn. 16.

dies der Fall, kann der Herausgabeanspruch sowohl aus dem Rechtsverhältnis selbst oder beispielsweise aus § 812 BGB erwachsen.

bb) Der Herausgabeanspruch

Entscheidendes Kriterium des Besitzmittlungsverhältnisses und damit des mittelbaren Besitzes ist der Herausgabeanspruch des mittelbaren Besitzers. Dieser beruht i.d.R. auf dem das Besitzmittlungsverhältnis begründenden Rechtsverhältnis. Ist dieses Rechtsverhältnis unwirksam, kann sich der Herausgabeanspruch aus §§ 812 ff. BGB, § 985 BGB oder der Geschäftsführung ohne Auftrag ergeben.[162]

Dabei kommt es nicht darauf an, dass der Herausgabeanspruch fällig ist. Dieser kann bedingt oder befristet werden; er kann auch von weiteren Voraussetzungen, beispielsweise der Ausübung eines Gestaltungsrechts abhängig sein. Ebenfalls ist nicht entscheidend, ob der mittelbare Besitzer wieder unmittelbaren Besitz erlangt. So genügt auch die Pflicht zur Herausgabe an einen Dritten[163] oder (unter bestimmten Voraussetzungen) die Vereinbarung, dass der unmittelbare Besitzer Eigentümer und endgültiger Besitzer wird.[164]

Einzig entscheidend ist, dass das Besitzmittlungsverhältnis auf einen vorübergehenden Zeitraum gerichtet ist, so dass der Herausgabeanspruch nicht für „jede Zeit und endgültig" ausgeschlossen sein darf.[165] Die von WIELING vorgetragene Auffassung, auf den Herausgabeanspruch komme es nicht an, da es weder für den dem mittelbaren Besitzer gewährten Besitzschutz, noch für die Übertragung oder den Erwerb dinglicher Rechte durch diesen eines solchen bedürfe,[166] vermag nicht zu überzeugen. Ohne Herausgabeanspruch kann von einem Besitz auf Zeit nicht die Rede sein.

d) Die Bestimmtheit

Das Besitzmittlungsverhältnis muss bestimmbar sein. Dies bedeutet einerseits, dass sich das Besitzmittlungsverhältnis aufgrund des sachenrechtlichen Spezialitätsprinzips auf eine oder mehrere bestimmte Sachen beziehen muss

162 *Gutzeit* in: Staudinger, BGB, § 868, Rn. 23; *Joost* in: MüKo-BGB, § 868, Rn. 16.
163 RG 04.02.1913, JW 1913, S. 492, 493.
164 RG 04.02.1913, JW 1913, S. 492, 493.
165 BGH 11.06.1953, BGHZ 10, S. 81, 87; RG 27.02.1931, RGZ 132, S. 183, 186; *Gutzeit* in: Staudinger, BGB, § 868, Rn. 23; *Joost* in: MüKo-BGB, § 868, Rn. 16.
166 *Wieling*, Sachenrecht, Bd. 1, § 6 II 3 b.

und andererseits, dass sich aus dem Besitzmittlungsverhältnis die Rechte und Pflichten der Parteien ergeben müssen.

aa) Das Spezialitätsprinzip

Angesichts des Spezialitätsprinzips ist der mittelbare Besitz zu einem nur ideellen Anteil an einer Sache ausgeschlossen. Im Falle der Verpfändung einer Sachgesamtheit kann zwar der unmittelbare Besitz des Besitzmittlers unverändert fortbestehen, der mittelbare Besitz muss jedoch an jeder individuell bestimmten Sache vom Eigentümer auf den Pfandgläubiger übergehen. Anderenfalls ist der Pfandgläubiger nicht in der Lage, die sich aus dem mittelbaren Besitz ergebenden Rechte an einer einzelnen zu der Sachgesamtheit gehörenden Sache geltend zu machen.[167]

bb) Von konkretem und abstraktem Konstitut

Das Erfordernis eines konkreten Besitzmittlungsverhältnisses bedeutet nicht, dass die Parteien nur auf die im BGB geregelten Vertragstypen zurückgreifen dürfen, die eine Berechtigung oder Verpflichtung zum Besitz einer fremden Sache enthalten. Vielmehr kommt es darauf an, dass die Art und Weise der Besitzausübung in dem Besitzmittlungsverhältnis geregelt ist, so dass auch ein atypischer Vertrag genügt, sofern dieser ausdrücklich oder konkludent ein Nutzungsrecht oder eine Verwaltungspflicht des Besitzmittlers begründet.[168] Insbesondere genügen auch ein Sicherungsvertrag oder die Vereinbarung eines Eigentumsvorbehalts, um ein Besitzmittlungsverhältnis entstehen zu lassen.[169] Es genügt jedoch nicht, wenn der unmittelbare Besitzer im Falle des sog. abstrakten Konstituts nur erklärt, für den Erwerber besitzen zu wollen.[170]

Ein Teil der Literatur hält diese Unterscheidung von abstraktem und konkretem Konstitut für entbehrlich, da es auf dessen Wirksamkeit ohnehin nicht ankomme[171] bzw. lehnt das Erfordernis der Konkretheit insgesamt ab.[172]

Für den mittelbaren Besitz bedarf es zwar eines Herausgabeanspruches, nicht aber eines wirksamen Besitzmittlungsverhältnisses. Nun könnte man daraus den Schluss ziehen, dass sich im Falle eines unwirksamen Besitzmittlungsverhältnisses

---

167 RG 28.10.1902, RGZ 52, S. 385, 390; *Gutzeit* in: Staudinger, BGB, § 868, Rn. 19.

168 RG 15.11.1901, RGZ 49, S. 170, 173/174; *Gutzeit* in: Staudinger, BGB, § 868, Rn. 20; *Joost* in: MüKo-BGB, § 868, Rn. 14.

169 RG 27.02.1931, RGZ 132, S. 183, 186/187; BGH v. 21.05.1953, BGHZ 10, S. 69, 71.

170 *Gutzeit* in: Staudinger, BGB, § 868, Rn. 18; *Joost* in: MüKo-BGB, § 868, Rn. 14.

171 *Joost* in: MüKo-BGB, § 868, Rn. 14.

172 *Kindl* in: Bamberger/Roth, BGB, § 930, Rn. 5.

die Frage nach der Konkretheit dieses Verhältnisses nicht stellt, jedoch ist die Bestimmbarkeit des Besitzmittlungsverhältnisses eine weitere Voraussetzung neben dem Herausgabeanspruch. Nicht der Herausgabeanspruch an sich begründet den mittelbaren Besitz, sondern die sich im Besitzmittlungswillen des unmittelbaren Besitzers manifestierende Anerkennung dieses Anspruchs.

3. *Der Besitzmittlungs- und der Besitzerwerbswillen*

Der mittelbare Besitz setzt nach allgemeiner Auffassung auf Seiten des Besitzmittlers einen sog. Besitzmittlungswillen voraus. Ob es auf Seiten des mittelbaren Besitzers auch eines Besitzerwerbswillens bedarf, ist umstritten.

a) Der Besitzmittlungswille

Die bloße Existenz des Besitzmittlungsverhältnisses genügt für die Begründung mittelbaren Besitzes nicht. Der unmittelbare Besitzer muss seinen Besitz in Anerkennung des Herausgabeanspruchs des mittelbaren Besitzers ausüben.[173]

Bei vertraglich begründeten Besitzmittlungsverhältnissen kommt es darauf an, dass der Besitzmittlungswille dem mittelbaren Besitzer erkennbar ist; es genügt nicht, dass der Besitzmittlungswille einem beliebigen Dritten kundgetan wird.[174] Analog § 166 BGB ist ein geheimer Vorbehalt des Besitzmittlers, nicht für den mittelbaren Besitzer besitzen zu wollen, unbeachtlich.[175] Die Kenntnis von der Person des mittelbaren Besitzers ist allerdings nicht erforderlich.[176]

Nach überwiegender Auffassung der Lehre soll dieser Grundsatz bei kraft Gesetzes entstandenen Besitzmittlungsverhältnissen ebenfalls gelten,[177] während seitens der Rechtsprechung vertreten wird, dass es auf die Willensrichtung des Besitzmittlers nicht ankomme.[178] Auch wenn dies im Einzelfall, so z.B. im Falle des Verhältnisses von Nach- und Vorerbe gem. § 2100 BGB der Fall ist,[179] lässt sich diese Annahme nicht generalisieren.[180] Betätigt z.B. ein Testamentsvollstrecker

173 RG 05.02.1932, RGZ 135, S. 75, 78.
174 BGH 18.11.1963, JZ 1964, S. 130, 130.
175 *Tiedtke*, WM 1978, S. 451.
176 *Joost* in: MüKo-BGB, § 868, Rn. 17.
177 *Gursky* in: Westermann/Gursky/Eickmann (Hrsg.), Sachenrecht, § 18, Rn. 2; *Gutzeit* in: Staudinger, BGB, § 868, Rn. 24; *Joost* in: MüKo-BGB, § 868, Rn. 17.
178 BGH 20.02.1953, BGHZ 9, S. 73, 79.
179 *Gutzeit* in: Staudinger, BGB, § 868, Rn. 49; *Stadler* in: Soergel, BGB, § 868, Rn. 4.
180 *Gursky* in: Westermann/Gursky/Eickmann (Hrsg.), Sachenrecht, § 18, Rn. 2. *Gutzeit* in: Staudinger, BGB, § 868, Rn. 24; *Joost* in: MüKo-BGB, § 868, Rn. 17.

(pflichtwidrig) den Willen, für sich selbst zu besitzen, kann er damit das Besitzmittlungsverhältnis zu den Erben zu Fall bringen.[181]

b) Der Besitzerwerbswille

Ob es neben dem Besitzmittlungswillen des Besitzmittlers auch eines Besitzerwerbswillens auf Seiten des mittelbaren Besitzers bedarf, ist umstritten. Sofern ein vertraglich begründetes Besitzmittlungsverhältnis vorliegt, stellt sich die Frage nach einem Besitzerwerbswillen des mittelbaren Besitzers nicht. Dieser findet bereits in der Vereinbarung Ausdruck.[182] Relevant wird die Frage jedoch bei gesetzlich begründeten Besitzmittlungsverhältnissen.

aa) Kein Besitzerwerbswille bei gesetzlich begründeten Besitzmittlungsverhältnissen

Nach einer verbreiteten Auffassung soll es bei gesetzlich begründeten Besitzmittlungsverhältnissen auf einen Erwerbswillen des mittelbaren Besitzers nicht ankommen, da der unmittelbare Besitzer eine dem Stellvertreter ähnliche Stellung einnehme.[183] Teils verleitet dies zu dem Schluss, dass es weder bei vertraglich noch bei gesetzlich begründeten Besitzmittlungsverhältnissen eines Besitzerwerbswillens bedürfe.[184]

bb) Besitzerwerbswille auch bei gesetzlich begründeten Besitzmittlungsverhältnissen

Fritzsche und Wieling kommen zu dem Schluss, dass es generell auf das Bestehen eines Besitzerwerbswillens ankomme. So dürfe im Falle der Geschäftsführung ohne Auftrag einem ahnungslosen Geschäftsherrn der mittelbare Besitz nicht gegen bzw. ohne seine Willen aufgezwungen werden.[185]

cc) Besitzerwerbswille und Sachherrschaft

Insoweit ist unter Verweis auf Gursky[186] festzustellen, dass sich der mittelbare Besitz auch im Falle gesetzlicher Besitzmittlungsverhältnisse auf die vergeistigte

---

181 *Gutzeit* in: Staudinger, BGB, § 868, Rn. 24.

182 *Gutzeit* in: Staudinger, BGB, § 868, Rn. 26.

183 *Gutzeit* in: Staudinger, BGB, § 868, Rn. 26; *Joost* in: MüKo-BGB, § 868, Rn. 21.

184 *Joost* in: MüKo-BGB, § 868, Rn. 21.

185 *Fritzsche* in: Bamberger/Roth, BGB, § 868, Rn. 30; *Wieling*, Sachenrecht, Bd. 1, § 6 II 5.

186 *Gursky* in: Westermann/Gursky/Eickmann (Hrsg.), Sachenrecht, § 18, Rn. 3.

Sachherrschaft des mittelbaren Besitzers stützt und damit von dessen Kenntnis abhängt. Der mittelbare Besitzer muss also auch im Falle gesetzlicher Besitzmittlungsverhältnisse vom Besitzerwerb wissen und ihn damit in Konsequenz billigen, mithin bedarf es sowohl bei vertraglich, als auch bei gesetzlich begründeten Besitzmittlungsverhältnissen eines Besitzerwerbswillens.

4. Die Besitzrechtsableitung

Der Besitzmittler muss nach der heute vorherrschenden Meinung zwar nicht den Besitz, wohl aber sein Besitzrecht von dem mittelbaren Besitzer ableiten.[187] Zurückzuführen ist die Konstruktion des Besitzrechts des unmittelbaren Besitzers als ein von dem mittelbaren Besitzer abgeleitetes Recht auf einen Gedanken WENDTS, der argumentiert, dass der Besitzmittler in den (heutigen) §§ 939, 986 und 991 BGB als derjenige bezeichnet wird, der sein Besitzrecht von dem mittelbaren Besitzer ableitet.[188]

a) Kritik an dem Merkmal der Besitzrechtsableitung

Diese historische Herleitung vermag heute nicht mehr zu überzeugen. Auch wenn sich die Ableitung des Besitzrechts in vielen Fällen des mittelbaren Besitzes erkennen lässt, beispielsweise bei dem Mieter, der den Wohnungsschlüssel vom Vermieter empfängt oder bei dem Verwahrer, der die Sache von ihrem Eigentümer in Empfang nimmt, so fehlt sie jedoch in anderen Konstellationen. Empfängt der Besitzmittler im Falle des antizipierten Besitzkonstituts die Sache von einem Dritten, kann man schwerlich von einer Besitzrechtsableitung sprechen. Gleiches gilt im Falle des nichtigen Mietvertrags: Es handelt sich um einen Fall des mittelbaren Besitzes, auch wenn der Mieter sein Besitzrecht gerade nicht vom Vermieter ableiten kann. Damit lässt sich die Besitzrechtableitung aber nur schwerlich als ein Kriterium für das Bestehen des mittelbaren Besitzes qualifizieren.[189]

b) Über- und Unterordnungsverhältnis

Kern der Vorstellung eines von der Rechtsstellung des mittelbaren Besitzers abgeleiteten Besitzrechts des unmittelbaren Besitzers ist die Vorstellung von der

187 OLG Düsseldorf 10.01.1951, JZ 1951, S. 269, 270 m. Anm. *Raiser*; *Baur/Stürner*, Sachenrecht, § 7, Rn. 37/38; *Gursky* in: Westermann/Gursky/Eickmann (Hrsg.), Sachenrecht, § 17, Rn. 4.

188 *Wendt*, AcP 87 (1897), S. 44/45.

189 *Fritzsche* in: Bamberger/Roth, BGB, § 868, Rn. 8; *Gutzeit* in: Staudinger, BGB, § 868, Rn. 21; *Joost* in: MüKo-BGB, § 868, Rn. 22.

Überordnung des mittelbaren Besitzers. So wird dessen Rechtsstellung als eine im Vergleich zu der des Besitzmittlers umfassendere Position verstanden.[190] Der unmittelbare Besitz erscheint „als ein dem Besitzmittler zugewiesener Ausschnitt aus dem Vermögen des Oberbesitzers".[191] Der unmittelbare Besitzer ist immer Fremdbesitzer, Eigenbesitz auf seiner Seite würde ein Besitzmittlungsverhältnis und damit den mittelbaren Besitz ausschließen. Der mittelbare Besitzer muss hingegen nicht zwingend Eigenbesitzer sein, bei mehrstufigem mittelbarem Besitz kann er selbst als Fremdbesitzer den Besitz einem weiteren Oberbesitzer mitteln. Jedoch bleibt auch diese Konstruktion ohne Erkenntnisgewinn. Anders als im Falle der Besitzdienerschaft beruht der mittelbare Besitz nicht auf einem Weisungsrecht, sondern auf dem Besitzmittlungswillen des unmittelbaren Besitzers und einem klar definierten Herausgabeanspruch des mittelbaren Besitzers.[192]

c) Redundanz der Tatbestandsmerkmale

Die Tatbestandsmerkmale von Besitzrechtsableitung und Über- und Unterordnungsverhältnis sind redundant. Sofern Besitzmittlungswille und Herausgabeanspruch vorliegen, kann ihr Fehlen den mittelbaren Besitz nicht mehr erlöschen lassen.

II. Der Erwerb von mittelbarem Besitz

Die Begründung mittelbaren Besitzes kann auf vier Arten erfolgen: Ein unmittelbarer Besitzer wird mittelbarer Besitzer, ein unmittelbarer oder mittelbarer Besitzer wird Besitzmittler, oder ein Nichtbesitzer erwirbt unmittelbaren Besitz und vermittelt diesen einem mittelbaren Besitzer.[193]

1. Der unmittelbare Besitzer wird mittelbarer Besitzer

Der unmittelbare Besitzer wird mittelbarer Besitzer, sobald eine andere Person den unmittelbaren Besitz an der Sache erwirbt und ein Besitzmittlungsverhältnis mit dem bisherigen unmittelbaren Besitzer begründet, wie dies z.B. bei der Miete, der Leihe oder der Verpfändung der Fall ist. Entscheidend ist allein die

---

190 *Baur/Stürner*, Sachenrecht, § 7, Rn. 40; *Gursky* in: Westermann/Gursky/Eickmann (Hrsg.), Sachenrecht, § 17, Rn. 6; *Gutzeit* in: Staudinger, BGB, § 868, Rn. 22.

191 *Gutzeit* in: Staudinger, BGB, § 868, Rn. 22.

192 *Fritzsche* in: Bamberger/Roth, BGB, § 868, Rn. 8 a.E.; *Gutzeit* in: Staudinger, BGB, § 868, Rn. 22.

193 *Gutzeit* in: Staudinger, BGB, § 868, Rn. 73.

Begründung des Besitzmittlungsverhältnisses, auf die Inbesitznahme der Sache kommt es nicht an.

Der Erwerb des unmittelbaren Besitzes kann durch einseitiges Ergreifen geschehen. Ein Fall des einseitigen Besitzergreifens liegt z.B. vor, wenn der Vermieter das Vermieterpfandrecht gem. § 562 BGB ausübt oder der Testamentsvollstrecker Nachlassgegenstände gem. § 2205 BGB in Besitz nimmt.

Die Begründung mittelbaren Besitzes ist aber auch gänzlich ohne Besitzergreifung denkbar. So erwirbt der Erbe mit der Eröffnung des Nachlasskonkurses den mittelbaren Besitz an Nachlasssachen, die er noch nicht in unmittelbaren Besitz genommen hat.[194]

2. Der unmittelbare Besitzer wird Besitzmittler

Der unmittelbare Besitzer wird Besitzmittler, wenn er den unmittelbaren Besitz behält und gleichzeitig mit einer anderen Person ein Besitzmittlungsverhältnis eingeht. Dies ist beispielsweise bei der Begründung des Sicherungseigentums nach § 930 BGB der Fall oder wenn ein Eigentümer eine Sache veräußert und sodann von dem Erwerber zurückmietet. In letzterem Fall müsste der Veräußerer eigentlich den Besitz an den Erwerber übertragen und dieser sodann den Besitz in Erfüllung des Mietvertrages zurückübertragen. Zur Vermeidung einer solchen doppelten Übertragung genügt der bloße Entschluss des Veräußerers, nunmehr für den Erwerber den Besitz mitteln zu wollen, um das Besitzkonstitut entstehen zu lassen.[195]

3. Der mittelbare Besitzer wird Besitzmittler

Auf gleiche Weise kann auch ein mittelbarer Besitzer Besitzmittler werden. Durch die Begründung des Besitzkonstituts verwandelt der mittelbare Besitzer seinen bisherigen mittelbaren Fremdbesitz in mittelbaren Eigenbesitz, ein mehrstufiges Besitzmittlungsverhältnis entsteht. Auf die Erkennbarkeit des Besitzkonstituts für Dritte kommt es nicht an, vielmehr genügt es, wenn der nunmehrige mittelbare Besitzer nach der Verkehrsanschauung davon ausgehen kann, dass bei dem neuen Besitzmittler ein Besitzmittlungswille vorliegt.[196]

---

194 *Gutzeit* in: Staudinger, BGB, § 868, Rn. 74; *Wieling*, Sachenrecht, Bd. 1, § 6 III 1 a.

195 *Gutzeit* in: Staudinger, BGB, § 868, Rn. 75; *Wieling*, Sachenrecht, Bd. 1, § 6 III 1 c.

196 BGH 18.11.1963, JZ 1964, S. 130, 130; *Gutzeit* in: Staudinger, BGB, § 868, Rn. 76; *Stadler* in: Soergel, BGB, § 868, Rn. 18; *Wieling*, Sachenrecht, Bd. 1, § 6 III 1 c a.E.

4. *Der Nichtbesitzer wird Besitzmittler*

Auch ein Nichtbesitzer kann mittelbaren Besitz erwerben. Hierzu muss der Nichtbesitzer vor oder spätestens gleichzeitig mit dem Erwerb unmittelbaren Besitzes ein Besitzmittlungsverhältnis begründen. Dies ist beispielsweise der Fall, wenn Eltern ein Sparbuch für ihr Kind anlegen und sich dieses aushändigen lassen oder wenn der Nießbraucher oder Pächter Inventarstücke anschafft und dem Inventar gem. § 1048 Abs. 1 BGB einverleibt. Gleiches gilt bei der Vereinbarung eines antizipierten Besitzkonstituts.[197] In diesem Fall – den WIELING als vermittelnden Besitz bezeichnet – ist einerseits der Besitzmittlungswille des Besitzmittlers, der Fremdbesitz erwerben wollen muss, und andererseits der Besitzerwerbswille des neuen mittelbaren Besitzers entscheidend.[198]

III. Die Übertragung des mittelbaren Besitzes

Die Übertragung des mittelbaren Besitzes richtet sich grundsätzlich nach § 870 BGB und erfolgt durch die Abtretung des Herausgabeanspruchs. Jedoch bestehen neben § 870 BGB weitere Fälle der Übertragung des mittelbaren Besitzes, so z.B. durch Erbfolge. Bei der Übertragung des mittelbaren Besitzes ist zu bedenken, dass dieser nur selten um seiner selbst willen übertragen wird, sondern vielmehr mit dessen Übertragung regelmäßig die Übertragung oder Belastung des Eigentums an beweglichen Sachen bezweckt werden soll.[199]

1. *Die Abtretung des Herausgabeanspruchs gem. § 870 BGB*

Gegenstand der Abtretung ist der Herausgabeanspruch aus dem Rechtsverhältnis, auf dem der mittelbare Besitz beruht. Ist der mittelbare Besitzer Eigentümer der Sache, kommt eine Abtretung des Herausgabeanspruchs aus § 985 BGB nicht in Betracht. Eine isolierte Abtretung dieses Anspruchs ist nicht möglich, da der Anspruch im Kern nichts anderes als das Eigentum selbst ist.[200]

---

197 *Gutzeit* in: Staudinger, BGB, § 868, Rn. 77.

198 *Wieling*, Sachenrecht, Bd. 1, § 6 III 1 b.

199 *Gutzeit* in: Staudinger, BGB, § 870, Rn. 2.

200 BGH 21.04.1959, NJW 1959, S. 1536, 1538; *Baur/Stürner*, Sachenrecht, § 7, Rn. 54; *Gursky* in: Westermann/Gursky/Eickmann (Hrsg.), Sachenrecht, § 18, Rn. 9; *Gutzeit* in: Staudinger, BGB, § 868, Rn. 3; *Joost* in: MüKo-BGB, § 870, Rn. 3.

a) *Die Voraussetzungen der Abtretung*

Die Abtretung kann nur durch den mittelbaren Besitzer selbst erfolgen und richtet sich nach den Vorschriften der §§ 398 ff. BGB.

aa) Die Abtretung durch den mittelbaren Besitzer

Beendet der Besitzmittler das Besitzmittlungsverhältnis und damit den mittelbaren Besitz, so kann die Abtretung eines eventuell noch bestehenden Herausgabeanspruchs durch den mittelbaren Besitzer an einen gutgläubigen Zessionar keinen mittelbaren Besitz mehr verschaffen, denn der gute Glaube eines vermeintlichen Zessionars an den Fortbestand des Besitzmittlungsverhältnisses wird durch § 870 BGB nicht geschützt.[201]

bb) Die Abtretung gem. §§ 398 ff. BGB

Nach überwiegender Auffassung unterliegt die Abtretung nach § 870 BGB den Vorschriften der §§ 398 ff. BGB, so dass es eines Abtretungsvertrags zwischen dem Veräußerer und dem Erwerber des mittelbaren Besitzes bedarf.[202] Diese Auffassung wird von Wieling kritisiert, der ausgehend von dem Verständnis des mittelbaren Besitzes als fingierte Sachherrschaft zu dem Schluss kommt, dass es sich bei der Übertragung nach § 870 BGB um einen rein tatsächlichen, nicht aber rechtsgeschäftlichen Vorgang handele und es damit nicht auf die Geschäftsfähigkeit der Parteien, sondern lediglich auf deren natürliche Willensfähigkeit ankomme.[203] Anhand dieses Umstandes zeigt sich, dass die Abtretung kein schuldrechtliches, sondern ein allgemeines Rechtsinstitut ist.[204] Angesichts dieses allgemeinen Charakters der Abtretung können die Vorschriften der §§ 398 ff. BGB auch auf die Abtretung nach § 870 BGB angewandt werden.

Weiterhin ist zu berücksichtigen, dass der mittelbare Besitz zwar auf dem Besitzmittlungswillen des Besitzmittlers beruht, trotzdem aber gem. § 870 BGB der mittelbare Besitz gegen den Willen des Besitzmittlers von dem mittelbaren Besitzer auf den Zessionar übergehen kann. Eines Einverständnisses oder der Kenntnis des Besitzmittlers als unmittelbarem Besitzer bedarf es in Abweichung vom sachenrechtlichen Publizitätsgrundsatz nicht, da der unmittelbare

---

201 RG 23.11.1918, WarnR 1919, Nr. 95, S. 145, 147/148; *Gutzeit* in: Staudinger, BGB, § 870, Rn. 4.

202 *Baur/Stürner*, Sachenrecht, § 7, Rn. 54; *Gutzeit* in: Staudinger, BGB, § 870, Rn. 5; *Joost* in: MüKo-BGB, § 870, Rn. 4.

203 *Wieling*, Sachenrecht, Bd. 1, § 6 III 2 b a.E.

204 *Gursky* in: Westermann/Gursky/Eickmann (Hrsg.), Sachenrecht, § 18, Rn. 11.

Besitzer seinen Besitz in Kenntnis eines Oberbesitzers ausübt.[205] Auch dies wird von WIELING kritisiert, der zu dem Schluss kommt, dass ein entgegenstehender Wille des Besitzmittlers die Übertragung des mittelbaren Besitzes hindern könne.[206] Dem ist entgegenzuhalten, dass es eines Besitzmittlungswillens des Besitzmittlers bedarf: Dieser muss die Sache als Fremd- und nicht als Eigenbesitzer besitzen. Der Herausgabeanspruch kann sich jedoch auch aus einem unwirksamen Rechtsverhältnis ergeben, so dass es für die Übertragung des mittelbaren Besitzes nicht auf die Kenntnis des Besitzmittlers von der Person des mittelbaren Besitzers ankommen kann. Eine solche Abtretung erfolgt nicht gem. § 870 BGB, sondern nach den allgemeinen Vorschriften.[207]

b) Die Rechtsfolgen der Abtretung

Der Herausgabeanspruch und damit der mittelbare Besitz gehen im Zeitpunkt des Wirksamwerdens der Abtretung auf den Zessionar über. Erfolgt die Abtretung an mehrere Zessionare, so entsteht mittelbarer Mitbesitz, genauso wie im umgekehrten Fall bei der Abtretung durch mehrere Zedenten an einen Zessionar mittelbarer Alleinbesitz entsteht. Erfolgen mehrere selbständige Abtretungen durch den Zedenten und ist nur die erste Abtretung wirksam, so erwirbt nur der erste Zessionar mittelbaren Besitz.[208]

2. Andere Übertragungsvorgänge

Neben der Übertragung des mittelbaren Besitzes gem. § 870 BGB existieren weitere Tatbestände, die zu einem Wechsel des mittelbaren Besitzers führen.

a) Die Erbfolge

Der mittelbare Besitz kann durch Erbfolge gem. § 1922 BGB bzw. gem. § 857 BGB erworben werden. In diesem Fall geht nicht nur der Herausgabeanspruch auf den Erben über – was für die Übertragung des mittelbaren Besitzes bereits ausreichend wäre – sondern der Erbe rückt als mittelbarer Besitzer in das Rechtsverhältnis zwischen Besitzmittler und mittelbarem Besitzer ein.[209]

---

205 RG 11.10.1902, RGZ 52, S. 273, 277; *Gursky* in: Westermann/Gursky/Eickmann (Hrsg.), Sachenrecht, § 18, Rn. 11; *Gutzeit* in: Staudinger, BGB, § 870, Rn. 5; *Joost* in: MüKo-BGB, § 870, Rn. 3.

206 *Wieling*, Sachenrecht, Bd. 1, § 6 III 2 b.

207 *Gutzeit* in: Staudinger, BGB, § 870, Rn. 5 a.E.

208 *Gutzeit* in: Staudinger, BGB, § 870, Rn. 7; *Joost* in MüKo-BGB, § 870, Rn. 5.

209 *Gutzeit* in: Staudinger, BGB, § 870, Rn. 11.

b) *Handelsrechtliche Traditionspapiere*

Bei handelsrechtlichen Traditionspapieren, die an Order lauten – also bei Inhaberpapieren, die durch bloße Einigung und Übergabe übertragen werden – geht in Folge des Indossaments gem. § 364 HGB der Anspruch auf Herausgabe der Ware auf den Erwerber über, der damit mittelbaren Besitz an der Ware erwirbt. Anders als bei anderen Papieren, die wie beispielsweise der Frachtbrief einen Bezug zu der Sache aufweisen, aber keine Traditionspapiere sind, entfaltet bei diesen die Übergabe des Papieres dieselben Wirkungen wie die Übergabe der Sache. Im Falle des Frachtbriefes gem. § 408 HGB kommt es auf die Abtretung und damit auf § 870 BGB an.[210]

c) *Der gesetzliche Anspruchsübergang*

Im Falle eines gesetzlich angeordneten Anspruchsübergangs, z.B. im Falle des Mietvertrages gem. § 566 BGB, hängen die besitzrechtlichen Wirkungen vom Inhalt der jeweiligen Norm ab.[211] Nach Gutzeit soll es sich dabei in jedem Fall um eine Abtretung handeln.[212]

d) *Die Einzelrechtsnachfolge*

Eine rechtsgeschäftliche Einzelnachfolge in das Rechtsverhältnis zwischen Besitzmittler und mittelbarem Besitzer ist im Gesetz nicht vorgesehen. Sie ist nur im Einverständnis aller Beteiligten, also auch des Besitzmittlers, denkbar und hat die Folgen einer Abtretung.[213]

e) *Die Pfändung des Herausgabeanspruchs*

Wird ein gepfändeter Herausgabeanspruch gem. § 835 Abs. 2 ZPO an Zahlungs statt überwiesen, führt dies zum Forderungsübergang und damit zum Übergang des mittelbaren Besitzes.[214] Wird der gepfändete Herausgabeanspruch gem. §§ 835, 846 ZPO zur Einziehung überwiesen, bewirkt dies keine Übertragung des Herausgabeanspruches. Der Vollstreckungsschuldner bleibt Anspruchsinhaber

210 *Joost* in: MüKo-BGB, § 870, Rn. 6.
211 *Gutzeit* in: Staudinger, BGB, § 870, Rn. 12; *Joost* in: MüKo-BGB, § 870, Rn. 7.
212 *Gutzeit* in: Staudniger, BGB, § 870, Rn. 7.
213 *Gutzeit* in: Staudinger, BGB, § 870, Rn. 12.
214 *Gutzeit* in: Staudinger, BGB, § 870, Rn. 14; *Joost* in: MüKo-BGB, § 870, Rn. 8.

und damit mittelbarer Besitzer, während der Gläubiger lediglich zur Einziehung ermächtigt wird.[215]

f) Die Änderung des Besitzmittlungswillens

Keine Übertragung, sondern eine Neubegründung des mittelbaren Besitzes liegt vor, sofern der Besitzmittler beschließt, nicht mehr für den bisherigen, sondern für einen neuen Oberbesitzer besitzen zu wollen, und diesen Willen kundtut.[216] Dies gilt auch für den Fall, dass der bisherige mittelbare Besitzer den Besitzmittler anweist, dieser möge nun für einen neuen mittelbaren Besitzer besitzen wollen.[217] Die von WIELING vorgetragene Auffassung, es handele sich in diesem Fall um eine Übertragung mittelbaren Besitzes,[218] vermag nicht zu überzeugen, da sie verkennt, dass es dafür auch der Begründung eines Besitzmittlungsverhältnisses zwischen dem neuen mittelbaren Besitzer und dem Besitzmittler bedarf.

IV. Der Verlust des mittelbaren Besitzes

Für die Beendigung des mittelbaren Besitzes gilt nicht § 856 BGB, der vorsieht, dass der Besitz mit dem Verlust der tatsächlichen Sachherrschaft endet. Vielmehr wird der mittelbare Besitz durch den Wegfall seiner Voraussetzungen beendet.[219] Dies kann einerseits der Wegfall des unmittelbaren Besitzes des Besitzmittlers sein oder andererseits die Beendigung des Besitzmittlungsverhältnisses.

1. Die Beendigung des Besitzes des Besitzmittlers

Verliert der Besitzmittler seinen unmittelbaren Besitz, endet damit der mittelbare Besitz des mittelbaren Besitzers. Insoweit muss zwischen dem unfreiwilligen Besitzverlust und der freiwilligen Besitzaufgabe differenziert werden. Dies ist zwar für den Fortbestand des mittelbaren Besitzes irrelevant, jedoch ist der Willen des Besitzmittlers für das Abhandenkommen der Sache und die an dieses Kriterium anknüpfenden Rechtsfolgen entscheidend.

---

215 RG 25.04.1906, RGZ 63, S. 214, 218; *Gutzeit* in: Staudinger, BGB, § 870, Rn. 14; *Joost* in: MüKo-BGB, § 870, Rn. 8.

216 *Gutzeit* in: Staudinger, BGB, § 870, Rn. 13; *Joost* in: MüKo-BGB, § 870, Rn. 10.

217 BGH 21.04.1959, NJW 1959, S. 1536, 1539; *Gursky* in: Westermann/Gursky/Eickmann (Hrsg.), Sachenrecht, § 18, Rn. 12; *Gutzeit* in: Staudinger, BGB, § 870, Rn. 13; *Joost* in: MüKo-BGB, § 870, Rn. 10; *Stadler* in: Soergel, BGB, § 870, Rn. 3.

218 *Wieling*, Sachenrecht, Bd. 1, § 6 III 2 a.

219 *Gutzeit* in: Staudinger, BGB, § 868, Rn. 80; *Joost* in: MüKo-BGB, § 868, Rn. 27.

Verliert der Besitzmittler den Besitz unfreiwillig, gilt die Sache für den mittelbaren Besitzer als abhanden gekommen; gibt der Besitzmittler seinen Besitz freiwillig auf, verliert der mittelbare Besitzer seinen Besitz.[220] In letzterem Fall liegt zwar ein unfreiwilliger Besitzverlust i.S. der §§ 1007, 940 Abs. 2 BGB vor, die Sache ist dem mittelbaren Besitzer jedoch – anders als bei einem unfreiwilligen Besitzverlust bei dem Besitzmittler – nicht abhanden gekommen.[221]

Die Aufgabe des mittelbaren Besitzes ohne die Übertragung auf einen anderen kann dazu führen, dass der mittelbare Besitzer zum unmittelbaren Besitzer wird. Dies ist beispielsweise der Fall, wenn der Mieter oder Pächter das Grundstück verlässt.[222] Joost kritisiert insoweit, dass die tatsächliche Sachherrschaft in diesem Fall fehle und somit kein unmittelbarer Besitz bestehen könne.[223] Diese Kritik ist jedoch zurückzuweisen, da nach der hier vertretenen Auffassung der mittelbare Besitz einen Fall der tatsächlichen Sachherrschaft darstellt, so dass der mittelbare Besitzer in die Position des unmittelbaren Besitzers aufrückt.

2. Die Beendigung des Besitzmittlungsverhältnisses

Das Besitzmittlungsverhältnis endet, sobald eine seiner Voraussetzungen nicht mehr gegeben ist. Dies ist der Fall, sofern der Herausgabeanspruch erlischt, eine Änderung des Besitzmittlungswillens erfolgt oder ein Besitzaufgabewillen bei dem mittelbaren Besitzer vorliegt.

a) Das Erlöschen des Herausgabeanspruchs

Ein Erlöschen des Herausgabeanspruchs führt zwingend zur Beendigung des Besitzmittlungsverhältnisses. Die Beendigung kann sowohl durch einen Erlassvertrag, durch Zeitablauf oder durch Eintritt einer auflösenden Bedingung herbeigeführt werden. Der Herausgabeanspruch erlischt jedoch nicht zwingend mit der einseitigen oder vertraglichen Aufhebung des dem Besitzmittlungsverhältnis zugrunde liegenden Rechtsverhältnisses. So fällt der Herausgabeanspruch z.B. weder infolge der Kündigung des Miet- oder Pachtvertrages noch des Todes des Nießbrauchers weg.[224]

---

220 *Gutzeit* in: Staudinger, BGB, § 868, Rn. 81; *Joost* in: MüKo-BGB, § 868, Rn. 28.

221 *Gursky* in: Westermann/Gursky/Eickmann (Hrsg.), Sachenrecht, § 18, Rn. 4; *Gutzeit* in: Staudinger, BGB, § 868, Rn. 81; *Wieling*, Sachenrecht, Bd. 1, § 6 III 3 a.

222 *Gutzeit* in: Staudinger, BGB, § 868, Rn. 82; *Stadler* in: Soergel, BGB, § 868, Rn. 19.

223 *Joost* in: MüKo-BGB, § 868, Rn. 28.

224 *Gutzeit* in: Staudinger, BGB, § 868, Rn. 85; *Joost* in: MüKo-BGB, § 868, Rn. 29.

b) Die Änderung des Besitzmittlungswillens

Das Besitzmittlungsverhältnis und damit der mittelbare Besitz enden ebenfalls, sobald der Besitzmittler beschließt, nicht mehr für den mittelbaren Besitzer besitzen zu wollen und diesen Willen betätigt. Entscheidend ist, dass er dieser Willensänderung nach außen durch sein tatsächliches Verhalten Ausdruck verleiht.[225] Dem Willen kann beispielsweise durch Entfernen des Pfandsiegels,[226] durch Zulassung der Pfändung[227] oder durch Kennzeichnung eines entliehenen Buches mit dem eigenen Namen Ausdruck verliehen werden.[228] Es kommt insoweit nicht darauf an, dass die Willensänderung gegenüber dem bisherigen mittelbaren Besitzer zum Ausdruck gebracht wird, vielmehr genügt es, dass diese für ihn erkennbar ist.[229]

c) Der Aufgabewillen des mittelbaren Besitzers

Der mittelbare Besitzer kann das Besitzmittlungsverhältnis darüber hinaus durch Herbeiführung einer einverständlichen Aufhebung als auch durch einseitige Aufkündigung beenden. Entscheidend ist die Betätigung des Aufgabewillens: Wer das Besitzmittlungsverhältnis bloß vergisst oder sich insgeheim vorbehält, den Herausgabeanspruch nicht geltend zu machen, betätigt seinen Aufgabewillen nicht.[230] Joost schließt hingegen von seinem Verständnis des mittelbaren Besitzes als Rechtsverhältnis und seiner Auffassung, dass es eines Besitzerwerbswillens nicht bedürfe, darauf, dass sich auch der Aufgabewillen nicht auf die Besitzlage auswirken könne.[231] Angesichts des erforderlichen Besitzerwerbswillens überzeugt dieses Argument jedoch nicht.[232]

V. Der mehrstufige mittelbare Besitz

Aus § 871 BGB ergibt sich die Möglichkeit des mehrstufigen mittelbaren Besitzes. Der mehrstufige mittelbare Besitz ist durch die Vereinbarung mehrerer

225 RG 18.03.1904, RGZ 57, S. 323, 326; RG 05.12.1922, RGZ 105, S. 413, 415; RG 29.11.1927, RGZ 119, S. 152, 153/154; RG 05.02.1932, RGZ 135, S. 75, 78; BGH 19.01.1955, NJW 1955, S. 499, 499; BGH 12.05.1999, NJW-RR 1999, S. 1239, 1239; *Gutzeit* in: Staudinger, BGB, § 868, Rn. 86; *Joost* in: MüKo-BGB, § 868, Rn. 30.

226 RG 18.03.1904, RGZ 57, S. 323, 326.

227 RG 05.12.1922, RGZ 105, S. 413, 415.

228 *Gutzeit* in: Staudinger, BGB, § 868, Rn. 86.

229 BGH 10.11.1965, WM 1965, S. 1254, 1254.

230 *Gutzeit* in: Staudinger, BGB, § 868, Rn. 87.

231 *Joost* in MüKo-BGB, § 868, Rn. 31; vgl. auch S. 62 und 41 dieser Arbeit.

232 Vgl. S. 41 dieser Arbeit.

Besitzmittlungsverhältnisse gekennzeichnet, in deren Folge zwischen den unmittelbaren Besitzer und den obersten mittelbaren Besitzer weitere Personen geschaltet werden, die zugleich mittelbarer Besitzer und Besitzmittler sind.

1. Die Entstehung mehrstufigen mittelbaren Besitzes

Der Fall, dass mehrstufiger mittelbarer Besitz aufgrund zeitgleich entstandener Besitzmittlungsverhältnisse entsteht, ist selten. Ein typisches Beispiel für diese Konstellation ist die Pfändung einer Sache durch den Gerichtsvollzieher, bei der der Gläubiger zeitgleich mit dem Gerichtsvollzieher mittelbaren Besitz erlangt.[233] Wesentlich häufiger tritt eine Person am oberen oder unteren Ende der den mehrstufigen mittelbaren Besitz bildenden „Besitzleiter"[234] hinzu oder tritt zwischen den mittelbaren und den unmittelbaren Besitzer.

a) Das Hinzutreten eines neuen unmittelbaren oder mittelbaren Besitzers auf unterster oder oberster Stufe

Voraussetzung für das Hinzutreten eines neuen unmittelbaren Besitzers ist die Übergabe der Sache an einen Dritten und die Vereinbarung eines Besitzkonstituts mit diesem. Typischerweise geschieht dies, wenn eine gemietete Sache in Reparatur gegeben wird. Grundlage für das Hinzutreten eines neuen obersten mittelbaren Besitzers bildet ein zwischen diesem und dem weiteren mittelbaren Besitzer vereinbartes Besitzkonstitut, wie beispielsweise bei der Sicherungsübereignung einer gemieteten Sache durch den Vermieter an einen Dritten.[235]

b) Das Dazwischentreten eines Dritten

Getrennt davon zu betrachten ist das Dazwischentreten eines Dritten. Hierbei ist zu unterscheiden zwischen einem Dazwischentreten, das durch den mittelbaren Besitzer und einem, das durch den unmittelbaren Besitzer ausgelöst wird.

aa) Auslösung durch den mittelbaren Besitzer

Der oberste mittelbare Besitzer kann das Dazwischentreten eines Dritten bewirken, indem er dem Dritten seinen Herausgabeanspruch abtritt und mit diesem ein Besitzmittlungsverhältnis vereinbart. Dies ist beispielsweise bei der Verpfändung einer Mietsache durch den Vermieter gem. § 1205 Abs. 2 BGB der Fall.[236]

---

233 *Gutzeit* in: Staudinger, BGB, § 871, Rn. 3.
234 Vgl. *Gutzeit* in: Staudinger, BGB, § 871, Rn. 1.
235 *Gutzeit* in: Staudinger, BGB, § 871, Rn. 4/5; *Joost* in: MüKo-BGB, § 871, Rn. 2.
236 *Gutzeit* in: Staudinger, BGB, § 871, Rn. 6.

bb) Auslösung durch den unmittelbaren Besitzer

Ob hingegen auch der unmittelbare Besitzer das Hinzutreten eines weiteren Besitzmittlers, der zugleich mittelbarer Besitzer ist, bewirken kann, ist unklar. Typischerweise ist dies der Fall, wenn ein Vorbehaltskäufer sein Anwartschaftsrecht gem. § 930 BGB zur Sicherung an einen Dritten zu übertragen sucht oder wenn bei einem gutgläubigen Erwerb gem. § 934 Alt. 2 BGB der unmittelbare Besitzer dem Erwerber mittelbaren Besitz einräumt. Nach allgemeiner Auffassung wird im ersten Fall der Dritte mittelbarer Besitzer ersten Grades und der bisherige erststufige mittelbare Besitzer mittelbarer Besitzer zweiten Grades.[237]

(1) Nebenbesitz

Dieses Ergebnis erfährt von verschiedener Seite Kritik, da der bisherige alleinige mittelbare Besitzer und Vorbehaltsverkäufer ohne jedwedes eigenes Zutun seinen bisherigen Rang verliert und vom Besitzmittlungswillen des Hinzutretenden abhängig wird. Mithin sei davon auszugehen, dass der Dritte als Nebenbesitzer auf der Stufe des unmittelbaren Besitzers und Vorbehaltskäufers hinzutrete.[238]

(2) Unzulässigkeit

Richtigerweise ist jedoch ein solcher Nebenbesitz abzulehnen und die Begründung neuen alleinigen mittelbaren Besitzes anzunehmen.[239] Angesichts der Ausschließlichkeit des Besitzes ist ein Nebenbesitz – der keinen Mitbesitz darstellt – mit den Rechtsfolgen des Besitzes, insbesondere der Eigentumsvermutung aus § 1006 BGB oder der Ersitzung gem. § 937 BGB unvereinbar.[240]

2. *Die Wirkungen mehrstufigen mittelbaren Besitzes*

Aus § 871 BGB ergibt sich, dass den obersten mittelbaren Besitzer die gleichen Besitzwirkungen treffen, wie alle anderen Besitzer auch. Die Eigentumsvermutung aus § 1006 BGB gilt nur für den als Eigenbesitzer besitzenden obersten mittelbaren Besitzer, da alle anderen Besitzer Fremdbesitzer sind.[241] Aus gleichem Grund ist nur dem mittelbaren Besitzer auf oberster Stufe die Ersitzung möglich.[242] Der

---

237 BGH 24.06.1958, BGHZ 28, S. 16, 27; *Stadler* in: Soergel, BGB, § 871, Rn. 2.

238 *Flume*, AcP 161 (1962), S. 389; *Westermann*, NJW 1956, S. 1298.

239 RG 05.02.1932, RGZ 135, S. 75, 79–81.

240 *Joost* in: MüKo-BGB, § 868, Rn. 20.

241 *Gutzeit* in: Staudinger, BGB, § 871, Rn. 8; *Joost* in: MüKo-BGB, § 871, Rn. 3; *Stadler* in: Soergel, BGB, § 871, Rn. 3.

242 RG 04.12.1912, RGZ 81, S. 64, 66; *Gutzeit* in: Staudinger, § 871, Rn. 8.

Anspruch wegen Besitzentziehung aus § 861 BGB wird gem. § 869 Satz 2 BGB dahingehend beschränkt, dass der mittelbare Besitzer Herausgabe an sich selbst nur verlangen kann, wenn kein Besitzmittler zur Wiederinbesitznahme bereit oder in der Lage ist. Gleiches gilt für den Abholanspruch des mittelbaren Besitzers gem. §§ 869 Satz 3, 867 BGB.

VI. Die Rechtsnatur des mittelbaren Besitzes

Über die Rechtsnatur des mittelbaren Besitzes wird bis heute kontrovers diskutiert. Ein Verständnis für das Wesen des mittelbaren Besitzes kann nur vor dem historischen Hintergrund seiner Entstehung und der Abgrenzung von dem im Außenverhältnis ähnlich wirkenden Konstrukt der Besitzdienerschaft sowie von der Stellvertretung entwickelt werden.

1. Historischer Hintergrund

Der mittelbare Besitz bürgerlichen Rechts kann einerseits auf die *possessio* des römischen Rechts und andererseits auf die *Gewere* des germanischen Rechts zurückgeführt werden.

a) Die possessio *römischen Rechts*

Nach dem römischen Recht war den Tatbeständen des Besitzes gemein, dass jemand die tatsächliche Gewalt über eine Sache ausübte.[243] Die *possessio* erwuchs aus zwei Wurzeln: Dies waren der als *possessio civilis* bezeichnete Besitz nach *ius civile* und der als *possessio ad interdicta* bezeichnete Besitz nach *ius honorarium*.[244] Davon abzugrenzen war die *possessio naturalis*, die rechtlich nicht geschützt war und das äußere körperliche Verhältnis einer Person zu einer Sache bezeichnete.[245]

aa) Die *possessio civilis*

Die *possessio civilis* (Ersitzungsbesitz) umfasste den Besitz als Voraussetzung des Eigentumserwerbs, auch *possessio ad usucapionem* genannt.[246] Sie beruhte auf dem *usus* des altrömischen Rechts. Der Erwerb der *possessio civilis* bedurfte eines bestimmten Erwerbsgrundes, der *iusta causa possessionis*, der einen Eigentumserwerb durch *usucapio* rechtfertigte.[247] Bestand ein solcher Erwerbsgrund

243 *Kaser*, Römisches Privatrecht, § 94 I 1.
244 Kaser, Römisches Privatrecht, § 94 I 2.
245 *Kaser*, Römisches Privatrecht, § 94 II 1; *Riccobono*, SZ Rom.Abt. 31 (1910), S. 325/338.
246 *Wieling* in: FS 100 Jahre Japanisches ZGB (2004), S. 364.
247 *Kaser*, Römisches Privatrecht, § 94 II 1; *Riccobono*, SZ Rom.Abt. 31 (1910), S. 331.

nicht, so handelte es sich lediglich um die – von der *possessio civilis* abzugrenzende – *possessio naturalis*.[248] Neben den Erwerbsgrund bedurfte es nach der Regel *corpore et animo* der Herstellung der tatsächlichen Gewalt mit dem Willen, die Sache zu beherrschen.[249]

bb) Die *possessio ad interdicta*

Von der *possessio civilis* abzugrenzen war die *possessio ad interdicta*, die den Besitz als Voraussetzung des Besitzschutzes bezeichnete.[250] Die *possessio ad interdicta* war die durch *ius honorarium* – im Gegensatz zum durch Richter (*iudex*) ausgeübten *ius civile* durch die Magistraten ausgeübtes Recht – geschützte Beziehung einer Person zu einer Sache, gleichgültig, ob der Grund, auf den sich das Haben stützte, ein gerechter oder ungerechter war.[251] Diese entstand, sobald die körperliche Beziehung zur Sache und die Absicht, diese besitzen zu wollen, zusammentrafen.[252] Ursprünglich war dies die Gewalt, die der Einzelne am *ager publicus* – dem in Staatseigentum befindlichen Land – hatte und der durch das *ius honorarium* Schutz gegen verbotene Eigenmacht gewährt wurde. Später wurde die *possessio ad interdicta* auch auf den *ager privatus*, also das in privatem Eigentum stehende Land ausgedehnt, so dass schließlich Grundstücke in privatem wie öffentlichem Eigentum sowie bewegliche Sachen erfasst waren.[253]

Mit der *possessio ad interdicta* wurden zum ersten Mal neben dem Eigenbesitzer auch bestimmte Fremdbesitzer geschützt. Eigenbesitzer war, wer den Willen besaß, die Sache für sich zu haben und zu behalten, also kein Recht eines anderen auf Herausgabe anzuerkennen. Dies traf auf den selbst besitzenden Eigentümer zu, aber auch auf den *bonae fidei possessor*, also den gutgläubigen Eigenbesitzer, und auf den *malae fidei possessor*, den bösgläubigen Eigenbesitzer.[254] Darüber hinaus erfasste die *possessio ad interdicta* auch bestimmte Fälle des Fremdbesitzes. Dies war zunächst der Besitz am *ager publicus*.[255] Weiterhin erfasst waren aber auch der Prekarist, der eine bewegliche oder unbewegliche Sache vom Geber auf dessen Widerruf zur Nutzung erhielt, sowie der Pfandgläubiger und der

248 *Kaser*, Römisches Privatrecht, § 94 II 2.
249 *Kaser*, Römisches Privatrecht, § 95 II 1.
250 *Wieling* in: FS 100 Jahre Japanisches ZGB (2004), S. 364.
251 *Riccobono*, SZ Rom.Abt. 31 (1910), S. 336.
252 *Riccobono*, SZ Rom.Abt. 31 (1910), S. 336.
253 *Kaser*, Römisches Privatrecht, § 94 III 1.
254 *Kaser*, Römisches Privatrecht, § 94 III 2 a.
255 *Kaser*, Römisches Privatrecht, § 94 III 2 b.

sequester, der bei einem Streit die Sache für die um sie streitenden Parteien zu verwahren und sie dem Sieger herauszugeben hatte.[256]

b) Die Gewere *germanischen Rechts*

Die *Gewere* des germanischen Rechtes kann nicht mit der *possessio* des römischen Rechtes gleichgesetzt werden. Im Gegensatz zu der als tatsächliche Sachherrschaft zu verstehenden *possessio* ist die *Gewere* die Erscheinungsform eines Rechtes. Die *Gewere* schützt nicht den Besitz, sondern lediglich das Recht zum Besitz. Im Ergebnis gewährt aber auch die *Gewere* dem Inhaber der tatsächlichen Gewalt einen Schutz gegenüber Eingriffen eines Dritten.[257]

aa) Der Begriff der *Gewere*

Die genaue Bedeutung des Begriffs der *Gewere* ist ungewiss, jedoch ist sicher, dass unter dem Ausdruck *„die Einkleidung des Erwerbers mit dem Besitz der Sache"* zu verstehen ist.[258] Im Laufe der Zeit löste sich der Begriff der *Gewere* von dem bloßen Tatbestand der körperlichen Herrschaft über eine Sache und entwickelte sich zu einem eigenständigen Rechtsbegriff, der zwischen der *Fahrnisgewere* und der *Liegenschaftsgewere* differenzierte.[259]

(1) Die Fahrnisgewere

Gewere an Fahrnis hatte nur derjenige, der die tatsächliche Herrschaft über die Sache ausübte. Dies bedeutete, dass die *Fahrnisgewere* nur durch Erwerb der tatsächlichen Sachherrschaft erworben werden konnte und der Verlust der tatsächlichen Sachherrschaft zum Erlöschen der *Fahrnisgewere* führte. An der Fahrnis konnte also weder eine mehrfache, noch eine ideelle oder anwartschaftliche *Gewere* bestehen.[260]

---

256 *Kaser*, Römisches Privatrecht, § 94 III 2 c – e; *Wieling* in: FS Sanfilippo (1982), S. 716.

257 *O. Gierke*, Deutsches Privatrecht, Bd. 2, § 113 II a.E.; *Wieling* in: FS Sanfilippo (1982), S. 719.

258 *O. Gierke*, Deutsches Privatrecht, Bd. 2, § 113 I; *Ogris* in: Erler/Kaufmann (Hrsg), HRG, Bd. 1, Sp. 1659.

259 *O. Gierke*, Deutsches Privatrecht, Bd. 2, § 113 I; *Ogris* in: Erler/Kaufmann (Hrsg.), HRG, Bd. 1, Sp. 1659/1660.

260 *Ogris* in: Erler/Kaufmann (Hrsg.), HRG, Bd. 1, Sp. 1660/1661.

(2) Die Liegenschaftsgewere

Anders als bei der *Fahrnisgewere* kam die Sachherrschaft bei der auch *leibliche Gewere* genannten *Liegenschaftsgewere* nicht in einem „Haben", sondern in einem „Nutzen" oder „Brauchen" zum Ausdruck. Dies führte zu einer Differenzierung zwischen unmittelbarer und mittelbarer *Gewere*. Unmittelbare *Gewere* hatte derjenige, der als dinglich Berechtigter Grund und Boden nutzte. Mittelbare *Gewere* hatte dagegen derjenige, der – ebenfalls als dinglich Berechtigter – Anspruch auf Abgaben oder Dienste aus dem Grundstück hatte. Dies führte im Mittelalter zu einer zwei- oder sogar dreifachen *Gewere* an einem Grundstück.[261] Das mittelalterliche Recht ging aber noch weiter, indem es auch eine sog. *ideelle Gewere* anerkannte. Diese konnte z.B. infolge eines Erbfalls oder durch Urteil entstehen. Als besondere Fälle der *ideellen Gewere* waren die *ruhenden* und die *anwartschaftlichen Gewere* zu betrachten, die ohne jede nach außen erkennbare Sachnutzung entstanden.[262]

bb) Die Wirkungen der *Gewere*

Da das dingliche Recht als abstrakter Begriff für eine primitive Rechtsordnung nicht erkennbar war, bedurfte es der Kundbarmachung der Herrschaftsverhältnisse an einer Sache durch eine nach außen sichtbare Form. Diesem Publizitätsprinzip diente die *Gewere*, in dem sie das nach außen erkennbare *„Kleid des Sachenrechts"* bildete.[263] Die *Gewere* entfaltete sowohl Rechtsverteidigungs-, Rechtsverwirklichungs- und Rechtsübertragungswirkung.[264] Die Rechtsverteidigungswirkung kam dem Inhaber der *leiblichen Gewere* zu Gute und berechtigte diesen, Angriffe auf seine *Gewere* durch Selbstverteidigung oder durch deliktische Klage abzuwehren. Die Rechtsverwirklichungswirkung ermöglichte dem besser Berechtigten, die fehlerhafte *leibliche Gewere* eines schlechter Berechtigten durch „Urteil und Recht" zu brechen.[265] Die Rechtsübertragungswirkung ergab sich aus der Tatsache, dass das hinter der *Gewere* stehende dingliche Recht nur durch die *Gewere* in Erscheinung trat und daher auch nur durch Übertragung der *Gewere* wirksam übertragen werden konnte.[266]

---

261 *Ogris* in: Erler/Kaufmann (Hrsg.), HRG, Bd. 1, Sp. 1662.

262 *Ogris* in: Erler/Kaufmann (Hrsg.), HRG, Bd. 1, Sp. 1663/1664.

263 *O. Gierke*, Deutsches Privatrecht, Bd. 2, § 113 II; *Ogris* in: Erler/Kaufmann (Hrsg.), HRG, Bd. 1, Sp. 1666.

264 *Ogris* in: Erler/Kaufmann (Hrsg.), HRG, Bd. 1, Sp. 1665/1666.

265 *Ogris* in: Erler/Kaufmann (Hrsg.), HRG, Bd. 1, Sp. 1665.

266 *Ogris* in: Erler/Kaufmann (Hrsg.), HRG, Bd. 1, Sp. 1666.

c) *Das kanonische Recht*

Das kanonische Recht entwickelte im Mittelalter mit der *actio spolii* eine besondere besitzschützende Klageart. Diese hat ihren Hintergrund in der Auseinandersetzung der Bischöfe mit den weltlichen Herrschern. Wurde ein Bischof von seinem Besitz vertrieben oder seiner Ländereien beraubt, so war er seinen Widersachern schutzlos ausgeliefert. In dieser Situation traten die sog. pseudoisidorischen Dekretalen auf, die im weiteren Verlauf der Jahrhunderte auch Aufnahme in den *corpus iuris canonici* fanden. Danach war allen Bischöfen, die man gewaltsam aus ihren Ämtern vertrieb oder ihres Besitzes beraubte, eine Einrede gegen jede Klage des Täters gegeben, die sog. *exceptio spolii*. War diese erhoben, konnte erst nach der Rückerstattung des Weggenommenen – des *Spolium* – über die Rechtsfrage entschieden werden.[267] Mit dem Schutz des Sachbesitzes durch die *actio spolii* dehnte das kanonische Recht den Besitzschutz auf *Detentoren* genannte Fremdbesitzer aller Art aus. Durch die Anerkennung des Besitzes an Rechten wurde aber auch ein possessorischer Schutz beispielsweise des Miet- oder des Pachtrechts geschaffen. Damit schuf das kanonische Recht einen umfassenden possessorischen Schutz aller Fremdbesitzer.[268]

d) *Die Rezeption des römischen Rechts*

Die gegen Ende des Mittelalters einsetzende Rezeption des römischen Rechts verdrängte langsam das germanische Rechtsinstitut der *Gewere*. Der römische Begriff der *possessio* hielt Einzug in das deutsche Recht, jedoch nicht in seiner klassischen Gestalt, sondern in der Form, die er durch die italienische Doktrin unter Einfluss des kanonischen Rechts erfahren hatte. Der Besitz i.S. der *possessio* wurde als die reale Herrschaft über die Sachgüter verstanden.[269] Grundsätzlich war nur der (Eigen-)Besitz geschützt, jedoch erfuhr beispielsweise auch der *sequester* Schutz, der eine Sache zwar nicht für sich, aber doch unabhängig von anderen besaß. Hingegen galt der Mieter nicht als *possessor*, dem nach dem klassischen römischen Recht Interdiktenschutz gewährt wurde, sondern nur als befugt, die Spolienklage kanonischen Rechts zu erheben.[270] Die Rezeption des römischen Rechts führte im Ergebnis zu einer Vereinigung des Besitzschutzes des Interdiktenbesitzers mit dem in Deutschland hergebrachten Schutz des Fremdbesitzers, den man durch die aus dem kanonischen Recht übernommene

---

267 *Wieling* in: FS 100 Jahre Japanisches ZGB (2004), S. 382/383.

268 *Wieling* in: FS 100 Jahre Japanisches ZGB (2004), S. 384.

269 *Dernburg*, Pandekten, § 169 1; *Windscheid* Pandektenrecht, Bd. 1, S. 732–734.

270 *O. Gierke*, Deutsches Privatrecht, Bd. 2, § 114 I.

Spolienklage schützte. Im Innenverhältnis genoss der *Detentor* gegenüber dem mittelbaren Besitzer Besitzschutz.[271]

e) Der Weg zum Bürgerlichen Gesetzbuch

Die Differenzierung zwischen *Detentor* und Besitzer fand Niederschlag sowohl im preußischen Allgemeinen Landrecht, als auch im österreichischen Allgemeinen Bürgerlichen Gesetzbuch.

So differenzierte das Allgemeine Landrecht zwischen dem Inhaber der tatsächlichen Gewalt und dem Besitzer, der den Willen hatte, die Sache für sich selbst zu besitzen. Wer eine in fremdem Eigentum stehende Sache im eigenen Interesse innehatte, wurde unvollständiger Besitzer genannt, während nur der Eigenbesitzer als vollständiger Besitzer galt. So war beispielsweise der Mieter unvollständiger, der Vermieter vollständiger Besitzer. Da das Allgemeine Landrecht aber auch den Rechtsbesitz kannte, war der Mieter auch vollständiger Besitzer des schuldrechtlichen Rechtes zum Besitz. Sowohl der Mieter, als auch der Vermieter konnten Besitzschutz gegen Dritte geltend machen.[272]

Das ABGB unterscheidet bis zum heutigen Tage ebenfalls zwischen dem Inhaber der tatsächlichen Gewalt und dem Besitzer, der die Sache als eigene besitzt: Der Mieter ist Sachinhaber, der Vermieter Sachbesitzer. Der Besitzschutz steht nur dem Besitzer zu, jedoch anerkannt das ABGB ebenfalls den Rechtsbesitz, welcher dem Sachbesitz vorgeht. Im Ergebnis kann also der Sachbesitzer den Besitzschutz gegenüber Dritten und der Mieter gegenüber dem Vermieter geltend machen.[273]

aa) Der erste Entwurf

Die gemeinrechtliche Auffassung, dass Besitzschutz nur dem Inhaber zu gewähren sei, fand sich auch im ersten Entwurf zum Bürgerlichen Gesetzbuch wieder. Nach § 793 des Entwurfes war Inhaber, wer die tatsächliche Gewalt innehatte, Besitzer aber nur der Eigenbesitzer. Aus § 815 und §§ 819, 820 ergab sich, dass die Gewaltrechte und die Besitzklagen nur dem Inhaber zustanden. Insoweit war dieser Entwurf durch das Konzept der *Gewere* geprägt. Lediglich in § 821 fanden sich Rudimente des römischen Interdiktenschutzes: § 821 öffnete auch für den Eigenbesitzer den Zugang zu den Besitzklagen.[274] An dieser Lösung übte

271 *Gutzeit* in: Staudinger, BGB, § 868, Rn. 3.
272 *Wieling* in: FS Sanfilippo (1982), S. 721/722.
273 *Wieling* in: FS Sanfilippo (1982), S. 721/722.
274 *Wieling* in: FS Sanfilippo (1982), S. 724.

insbesondere Gierke dahingehend Kritik, dass der tatsächliche Inhaber nicht als Besitzer bezeichnet werde, obwohl er genau dies nach allgemeinem Verständnis sei.[275]

bb) Der zweite Entwurf

Die Kritik Gierkes blieb nicht ungehört: Die zweite Kommission nahm eine entsprechende, von ihr selbst als terminologisch bezeichnete Änderung vor.[276] Der Abschnitt über den Besitz bezog sich nunmehr nur noch auf den als Interdiktenschutz verstandenen Besitzschutz, während die weiteren Wirkungen des Besitzes, insbesondere auch der Ersitzungsbesitz, an der jeweils relevanten Stelle des Gesetzes geregelt wurden. Besitzer war nunmehr der vorherige Inhaber oder *Detentor*, während für den bisherigen Besitzer die Bezeichnung des mittelbaren Besitzers eingeführt wurde.

2. Die Abgrenzung des mittelbaren Besitzes von der Besitzdienerschaft und der Stellvertretung

Es ist nicht möglich, ein vertieftes Verständnis von der Rechtsnatur des mittelbaren Besitzes zu gewinnen, ohne diesen zuvor von den auf den ersten Blick ähnlich erscheinenden Rechtsinstituten der Besitzdienerschaft und der Stellvertretung abzugrenzen.

a) Die Besitzdienerschaft

Im Falle der Besitzdienerschaft gem. § 855 BGB hat der Besitzherr unmittelbare Sachherrschaft, obwohl ihm – ebenso wie dem mittelbaren Besitzer gem. § 868 BGB – der unmittelbare Zugriff auf die Sache fehlt. Der Besitzdiener hat jedoch die auf die Sache bezogenen Weisungen des Besitzherrn auszuführen, so dass der Besitzherr jederzeit ohne Rücksicht auf den Willen des Besitzdieners auf die Sache zugreifen kann. Der mittelbare Besitzer hingegen ist gegenüber dem unmittelbaren Besitzer nicht weisungsbefugt, sondern kann einen Herausgabeanspruch gegen diesen geltend machen, für dessen Ausübung das zwischen den beiden Parteien vereinbarte Besitzmittlungsverhältnis maßgebend ist.[277]

---

275 *O. Gierke*, Entwurf eines bürgerlichen Gesetzbuchs, S. 295.

276 Prot. bei *Mugdan*, Materialien, Bd. 3, S. 502.

277 *Joost* in: MüKo-BGB, § 868, Rn. 7.

b) Die Stellvertretung

Der mittelbare Besitz ist kein Fall der Stellvertretung, vielmehr stellt die Besitzausübung durch den Besitzmittler tatsächliches und nicht rechtsgeschäftliches Handeln dar. Die Begründung oder Übertragung des mittelbaren Besitzes eröffnet jedoch für den mittelbaren Besitzer die Möglichkeit des Besitzerwerbs durch einen Stellvertreter. Dieser Umstand ist auch für den Eigentumserwerb durch Stellvertreter gem. §§ 930, 931 BGB von Bedeutung.[278]

3. Theorien zur Rechtsnatur des mittelbaren Besitzes

Nach § 868 BGB ist der mittelbare Besitz das Verhältnis einer Person zu einem Besitzer, kraft dessen dieser ihr gegenüber zum Besitz auf Zeit berechtigt oder verpflichtet ist. Diese Formulierung lässt offen, welcher Art die Beziehung des mittelbaren Besitzers zu der Sache ist, so dass die Rechtswissenschaft verschiedene Ansätze zur Rechtsnatur des mittelbaren Besitzes entwickelt hat. Der Streit über diese verschiedenen Ansätze wird seit der Entstehung des Bürgerlichen Gesetzbuches mit mehr oder minder denselben Argumenten geführt.

a) Der mittelbare Besitz als Fiktion des Besitzes

Bereits vor Inkrafttreten des BGB vertrat Wendt unter Bezug auf das römische Recht und dessen Konzeption von *possessio* als *corpus* und *animus* die Auffassung, dass der mittelbare Besitz eine bloße Fiktion des Besitzes sei. Kern des mittelbaren Besitzes sei ein subsidiäres Klagerecht, das dem Eigentümer die Möglichkeit der possessorischen Klage eröffne, sofern der Besitz des unmittelbaren Besitzers durch verbotene Eigenmacht verletzt werde. Besitz und mittelbarer Besitz seien getrennt voneinander zu betrachten, da der mittelbare Besitz nur die in § 869 BGB angeordneten Rechtsfolgen zeitige.[279] Diese Auffassung wird bis zum heutigen Tage von Wieling vertreten, der zu dem Schluss kommt, dass es sich bei dem mittelbaren Besitz um fingierten Besitz handele, der lediglich in bestimmten Beziehungen der tatsächlichen Sachherrschaft gleichgestellt werde.[280]

b) Der mittelbare Besitz als Besitzrecht ohne Sachherrschaft

Auch Gierke und Siebert sehen den mittelbaren Besitz nicht als Besitz an, sondern wollen den Begriff des mittelbaren Besitzes von dem der Sachherrschaft

---

278 *Gutzeit* in: Staudinger, BGB, § 868, Rn. 6; *Joost* in: MüKo-BGB, § 868, Rn. 7.

279 *Wendt*, AcP 87 (1897), S. 50–52.

280 *Wieling*, Sachenrecht, Bd. 1, § 6 I 2 a.

lösen. Der mittelbare Besitz sei ein reines Herrschafts- oder Besitzrecht ohne Sachherrschaft.[281] SIEBERT begründet dies mit einem Vergleich der Folgen des Verlustes des unmittelbaren Besitzes für das Bestehen der Sachherrschaft und des mittelbaren Besitzes: Der Verlust des unmittelbaren Besitzes führe erst bei Kenntnis durch den mittelbaren Besitzer und die Allgemeinheit zum Verlust der Sachherrschaft, während der Verlust des mittelbaren Besitzes selbst sofort aus dem Verlust des unmittelbaren Besitzes folge. Die Sachherrschaft komme somit als Grundlage des mittelbaren Besitzes nicht in Betracht.[282]

c) Der mittelbare Besitz als Rechtsverhältnis

Jüngeren Datums ist die Ansicht, die den mittelbaren Besitz ebenfalls von dem Begriff der Sachherrschaft trennt und als Rechtsverhältnis ansieht.[283] Dies wird damit begründet, dass der mittelbare Besitz durch die sich aus § 869 BGB ergebenden Ansprüche und nicht durch Gewaltrechte geschützt werde. Der mittelbare Besitz gründe auf den in § 868 BGB aufgezählten Rechtsverhältnissen und beruhe daher entgegen § 854 Abs. 1 BGB nicht auf tatsächlicher Sachherrschaft. Entscheidend sei, dass der mittelbare Besitz für seine Existenz zwingend eines Herausgabeanspruchs bedürfe und damit personengebunden sei. Die Annahme, dass es neben diesem Anspruch noch auf tatsächliche Sachherrschaft ankomme, sei ohne weiteren Erkenntnisgewinn, da sich aufgrund der Sachherrschaft keine weiteren Rechtsfolgen ergeben würden. Soweit Regelungen des Besitzes auf den mittelbaren Besitz Anwendung fänden, handele es sich um einen Fall der Rechtsfolgenerstreckung.[284]

d) Der mittelbare Besitz als tatsächliche (gemittelte) Sachherrschaft

Die mittlerweile in der Lehre vorherrschende Auffassung begreift den mittelbaren ebenso wie den unmittelbaren Besitz als die tatsächliche Herrschaft einer Person über eine Sache. Anders als beim unmittelbaren Besitz übe der mittelbare Besitzer die Sachherrschaft nicht selbst oder durch einen Besitzdiener aus, sondern durch einen unmittelbaren Besitzer – den sog. Besitzmittler[285] – der kraft eines besonderen Rechtsverhältnisses die Sachherrschaft für den mittelbaren Besitzer für einen bestimmten Zeitraum innehabe. Dies zeige sich in einem

---

281 *J. v. Gierke*, Sachenrecht, § 5 III 2 b; *Siebert*, ZHR 93 (1929), S. 20/21.
282 *Siebert*, ZHR 93 (1929), S. 20.
283 *Hartung*, Besitz und Sachherrschaft, S. 281; *Joost* in: MüKo-BGB, § 868, Rn. 6.
284 *Joost* in: MüKo-BGB, § 868, Rn. 6.
285 *Bekker*, JherJB 34 [1895], S. 26/42.

Herausgabeanspruch des mittelbaren Besitzers, den dieser früher oder später gegenüber dem unmittelbaren Besitzer geltend machen könne. Es handele sich daher um echte bzw. vergeistigte Sachherrschaft.[286]

4. Ergebnis

Der Besitz des Bürgerlichen Gesetzbuchs wird über den Begriff der tatsächlichen Sachherrschaft definiert, welcher nicht auf einen im Sinne des Strafrechts verengten Gewahrsamsbegriff beschränkt werden darf. Der Begriff der tatsächlichen Sachherrschaft im Sinne der Verkehrsanschauung ist weit auszulegen. Das Bestehen von Besitz bedarf notwendig der Ausübung von tatsächlicher Sachherrschaft, wenn auch die Ausübung der tatsächlichen Gewalt und die Person des Besitzers nicht zwingend in einer Person zusammenfallen. Dies zeigt sich am Besitzdiener, der unmittelbaren Zugriff auf die Sache genießt, ebenso wie an der allgemein vertretenen Auffassung, dass unmittelbarer Besitz an einem Grundstück oder einem Fahrzeug bestehen kann, auch wenn der Besitzer über keine unmittelbare Zugriffsmöglichkeit verfügt. Vor diesem Hintergrund lässt sich auch der Besitz des mittelbaren Besitzers als Ausübung unmittelbarer Sachherrschaft und damit als Besitz verstehen, da er von dem Willen des die unmittelbare Sachherrschaft ausübenden Besitzmittlers getragen wird.

VII. Die Funktionen des mittelbaren Besitzes

Geht man davon aus, dass mittelbarer und unmittelbarer Besitz auf der tatsächlichen Sachherrschaft des jeweiligen Besitzers beruhen, bedeutet dies eine weitgehende Gleichstellung dieser beiden Formen des Besitzes.[287] Diese Gleichordnung darf jedoch nicht darüber hinwegtäuschen, dass bei der Anwendung jeder einzelnen, auf dem Besitz beruhenden Vorschrift geprüft werden muss, ob deren Anwendung auf den mittelbaren Besitz auch dem Sinn und Zweck des Gesetzes entspricht.[288] Dies führt dazu, dass zwischen den Wirkungen des mittelbaren Besitzes gegenüber Dritten und den Wirkungen im Verhältnis von mittelbarem und unmittelbarem Besitzer unterschieden werden muss. Weiterhin ist die Funktion des mittelbaren Besitzes als sachenrechtlicher Zuordnungsfaktor

---

286 *Gursky* in: Westermann/Gursky/Eickmann (Hrsg.), Sachenrecht, § 1, Rn. 6; *Gutzeit* in: Staudinger, BGB, § 868, Rn. 5; *Raiser* in: Enneccerus/Kipp/Wolff (Hrsg.), Sachenrecht, § 8 I 1.

287 *Gursky* in: Westermann/Gursky/Eickmann (Hrsg.), Sachenrecht, § 17, Rn. 3.

288 *Gutzeit* in: Staudinger, BGB, § 868, Rn. 11.

zu berücksichtigen, die nicht immer mit der auf dem unmittelbaren Besitz beruhenden Zuordnung gleichläuft.

1. Die Wirkungen des mittelbaren Besitzes gegenüber Dritten

Hinsichtlich der Besitzschutzansprüche gegenüber Dritten gilt die Gleichstellung des mittelbaren mit dem unmittelbaren Besitz weitestgehend ohne Einschränkungen. Die Anwendbarkeit der Gewaltrechte ist allerdings umstritten.

a) Die Besitzschutzansprüche

§ 869 BGB erstreckt den Anwendungsbereich der Besitzschutzansprüche gem. §§ 861, 862, 867 BGB auch auf den mittelbaren Besitzer. Jedoch kann gem. § 869 Satz 2 BGB aufgrund der besonderen Natur des mittelbaren Besitzes nur die Wiedereinräumung des unmittelbaren Besitzes beim unmittelbaren Besitzer verlangt werden, sofern dieser nicht die Übernahme des Besitzes verweigert.[289] Dem mittelbaren Besitzer steht ebenfalls der Anspruch aus § 1007 BGB zu.[290]

b) Die Gewaltrechte

Anders sieht dies im Falle der sich aus § 859 BGB ergebenden Gewaltrechte aus: § 869 BGB verweist explizit nicht auf diese Vorschrift. Aus den Protokollen über die Entstehung des Bürgerlichen Gesetzbuchs ergibt sich, dass dem mittelbarem Besitzer gerade keine Gewaltrechte zustehen sollten, da die sich aus §§ 227 ff. BGB ergebenden Selbsthilferechte als ausreichend erachtet wurden.[291] Angesichts der unterschiedlichen Auffassungen über die Rechtsnatur des Besitzes[292] ist dennoch umstritten, ob sich der mittelbare Besitzer entgegen den Überlegungen des historischen Gesetzgebers auf die Gewaltrechte gem. § 859 BGB berufen kann. So wird von den Vertretern der Ansicht, es handele es sich bei dem mittelbaren Besitz um einen Fall der tatsächlichen Sachherrschaft befürwortet, § 859 BGB auf den mittelbaren Besitzer anzuwenden, so dass er sich gegenüber dem unmittelbaren Besitzer verübter verbotener Eigenmacht mit Gewalt erwehren kann.[293] Diejenigen, die – wie Joost – zu dem Schluss gelangen, dass es sich bei

289 *Gursky* in: Westermann/Gursky/Eickmann (Hrsg.), Sachenrecht, § 25, Rn. 3; *Joost* in. MüKo-BGB, § 869, Rn. 2.

290 *Gutzeit* in: Staudinger, BGB, § 868, Rn. 11.

291 Prot. bei *Mugdan*, Materialien, Bd. 3, S. 516; vgl. *Joost* in MüKo-BGB, § 869, Rn. 6.

292 Vgl. S. 61–63 dieser Arbeit.

293 *Gursky* in: Westermann/Gursky/Eickmann (Hrsg.), Sachenrecht, § 25, Rn. 6; *Gutzeit* in: Staudinger, BGB, § 869, Rn. 2.

dem mittelbaren Besitz um ein Rechtsverhältnis handele, lehnen eine derartige Anwendbarkeit ab und betrachten die Beschränkung auf die sich aus § 869 BGB ergebenden Rechte als systemgerecht. Der mittelbare Besitz sei im Rechtsverkehr nicht erkennbar, so dass die Befriedungsfunktion des auf die tatsächlichen Herrschaftsverhältnisse zugeschnittenen § 859 BGB leicht fehlgehen könne.[294] Ausgehend von der Annahme, dass mittelbarer Besitz die Ausübung – durch eine andere Person vermittelter – Sachherrschaft und damit echter Besitz sei, gibt es jedoch keinen Grund dem mittelbaren Besitzer die Ausübung der Selbsthilferechte mit Ziel, dem unmittelbaren Besitzer wieder unmittelbaren Besitz zu verschaffen, zu verwehren. Insoweit verfängt auch der Vorwurf nicht, dass die Befriedungsfunktion der tatsächlichen Sachherrschaft verfehlt werde, da auch für den jeweiligen Täter angesichts der tatsächlichen Umstände im Regelfall erkennbar sein wird, dass die tatsächliche Sachherrschaft des unmittelbaren Besitzers und Besitzmittlers verteidigt wird.

2. *Die Wirkungen des mittelbaren Besitzes zwischen mittelbarem und unmittelbarem Besitzer*

Im Verhältnis von mittelbarem und unmittelbarem Besitzer entfaltet der mittelbare Besitz keine Wirkungen. So bleibt dem mittelbaren Besitzer gegenüber dem unmittelbaren Besitzer jedweder Besitzschutz verwehrt, da er sich weder auf die Besitzschutzansprüche, noch auf die Gewaltrechte berufen kann. Dies erscheint sachgerecht, da es dem unmittelbaren Besitzer nicht möglich ist, gegen seinen eigenen Besitz und damit auch gegen den Besitz des mittelbaren Besitzers verbotene Eigenmacht gem. § 858 BGB zu verüben. Soweit der unmittelbare Besitzer die Grenzen seines Besitzrechts überschreitet, kann der mittelbare Besitzer aus dem Rechtsverhältnis gegen diesen vorgehen. Ferner stehen dem mittelbaren Besitzer die Selbsthilferechte der §§ 227 ff. BGB zu.[295] Der unmittelbare Besitzer genießt jedoch auch gegenüber dem mittelbaren Besitzer den vollen Schutz der §§ 858 ff. BGB. Der mittelbare Besitz stellt also keine Beschränkung der durch den unmittelbaren Besitzer ausgeübten tatsächlichen Sachherrschaft dar, anders als dies beispielsweise beim Mitbesitz der Fall ist.[296]

---

294 *Joost* in: MüKo-BGB, § 869, Rn. 7.

295 *Gursky* in: Westermann/Gursky/Eickmann (Hrsg.), Sachenrecht, § 25 Rn. 6 a.E.; *Gutzeit* in: Staudinger, BGB, § 869, Rn. 11; *Joost* in: MüKo-BGB, § 869, Rn. 10.

296 *Gutzeit* in: Staudinger, BGB, § 869, Rn. 10; *Joost* in: MüKo-BGB, § 869, Rn. 9.

3. *Der mittelbare Besitz als Zuordnungsfaktor*

Dem mittelbaren Besitz kommt ebenfalls Bedeutung als Zuordnungsfaktor zu, jedoch gilt auch in diesem Fall, dass unmittelbarer und mittelbarer Besitz nicht gleichgeordnet sind. Mittelbarer Besitz genügt für den Erwerb durch Besitzkonstitut gem. § 930 BGB, die Ersitzung gem. § 937 BGB und den Erwerb durch den gutgläubigen Eigenbesitzer gem. § 955 BGB.[297] Für die Verpfändung einer beweglichen Sache gem. §§ 1205, 1206 BGB reicht aufgrund der besonderen Bedeutung der Offenkundigkeit mittelbarer Besitz nicht in jedem Fall aus. Auch beim gutgläubigen Erwerb beweglicher Sachen gem. §§ 933, 934 BGB bedarf es in der Regel des unmittelbaren Besitzes.[298] Für den Fruchterwerb gem. § 956 Abs. 1 Satz 1 Alt. 1 BGB genügt mittelbarer Besitz nur, sofern der Gestattende selbst nicht im unmittelbaren Besitz der Muttersache bleibt.[299] Auch ist der mittelbare Besitzer richtiger Vindikationsbeklagter. Wird die Klage gegen den Besitzmittler gerichtet, so kann dieser gem. § 76 ZPO den mittelbaren Besitzer als Urheber benennen.[300]

B. Das *Bailment*

Im *Common Law* existiert ebenfalls eine Form des Besitzes, die ohne unmittelbare Herrschaft (*physical control*) seitens ihres Inhabers auskommt. Dies ist die *immediate constructive possession*, die sich sowohl auf ein *bailment*, einen *trust* oder einen Fall des Wrack- und Schatzfundes (*wreck and treasure trove*) gründen kann.[301] Hauptanwendungsfall der *constructive possession* ist das *bailment*. Bei dem *bailment* handelt es sich sowohl um ein eigenständiges, neben dem *tort law* und dem *law of property* stehendes Rechtsgebiet,[302] als auch um verschiedene Rechtsverhältnisse, die den Gegenstand dieses Rechtsgebiets bilden. Die als *bailment* bezeichneten Rechtsverhältnisse sind dadurch gekennzeichnet, dass der *bailee* den Besitz an einer beweglichen Sache erhält, an der der *bailor* ein besseres Recht innehat.[303] Das *bailment* umfasst dabei so unterschiedliche Rechtsverhältnisse wie z.B. die Miete,

297 *Gursky* in: Westermann/Gursky/Eickmann (Hrsg.), Sachenrecht, § 16, Rn. 2.
298 *Gursky* in: Westermann/Gursky/Eickmann (Hrsg.), Sachenrecht, § 16, Rn. 2.
299 BGH 30.05.1958, BGHZ 27, S. 360, 362.
300 *Gutzeit* in: Staudinger, BGB § 868, Rn. 12.
301 Vgl. S. 21/22 dieser Arbeit.
302 *Chitty*, on contracts, Bd. 2, Rn. 1-001; *Palmer*, on bailment, Rn. 1-001.
303 *Bell*, personal property, S. 86; *Chitty*, on contracts, Bd. 2, Rn. 33-001, *Palmer*, on bailment, Rn. 1-001.

die Leihe, die Verwahrung, den Transport oder das Pfand, ist jedoch auf das Recht der *personal property* beschränkt.[304]

Das Verständnis des modernen *bailment* wird wesentlich durch die Entscheidung *The Pioneer Container*[305] aus dem Jahr 1994 geprägt. LORD GOFF OF CHIEVELEY kommt darin zu dem Schluss, dass ein *bailment* entsteht, wenn eine Person willentlich die *possession* an einer Sache innehat, die einer anderen Person gehört.[306] Allen Arten des *bailment* ist gemein, dass der *bailee* eine Verpflichtung übernimmt, da die Inbesitznahme als Vermutung des Willens, für die Sache verantwortlich zu sein, angesehen wird. Der gegen den *bailee* bestehende Anspruch des *bailor* wird als auf der *possession* des *bailee* an der Sache beruhender *claim sui generis* betrachtet.[307]

I. Die Voraussetzungen des *bailment*

Die Entstehung eines *bailment* setzt eine Rechtsgrundlage, die *possession* des *bailee* sowie ein besseres Recht des *bailor* voraus.

1. Die Rechtsgrundlage

Für die Besitzübertragung an den *bailee* bedarf es einer Rechtsgrundlage, von BELL *authority* genannt.[308]

a) Die Klassifizierungen der Rechtsgrundlage

Die Ansichten darüber, auf welcher Rechtsgrundlage ein *bailment* beruhen kann, haben sich im Laufe der Jahrhunderte geändert. JONES und mit ihm die Rechtsprechung bis Ende des 19. Jahrhunderts gingen von einem „*contract express or implied*", also einem ausdrücklich oder konkludent geschlossenen Vertrag als Rechtsgrundlage aus.[309] Aufgrund des für das *contract law* des *Common Law* charakteristischen Verständnisses, dass es sich nur bei einem gegenseitigen

---

304 *Bell*, personal property, S. 86, *Palmer*, on bailment, Rn. 1-001.

305 *The Pioneer Container* [1994] 2 AC 324 (PC).

306 *The Pioneer Container* [1994] 2 AC 324 (PC), 341/342 durch LORD GOFF OF CHIEVELEY; *Palmer*, on bailment, Rn. 1-012.

307 *Building and Civil Engineering Holidays Scheme Management Ltd v Post Office* [1966] 1 QB 247 (CA), 261, CA durch DENNING MR; *Palmer* in: Halsbury's Laws of England, Bd. 3(1), bailment, Rn. 1.

308 *Bell*, personal property, S. 89.

309 *R v Ashwell* (1885) 16 QB 190, 198/199; *Jones*, law of bailments, S. 117; vgl. S. 85–88 dieser Arbeit.

Vertrag um einen Vertrag handelt – so wird die Schenkung in Abwesenheit einer Gegenleistung (*consideration*) nicht als Vertrag verstanden – wandelte sich das Verständnis des *bailment* hin zu einem lediglich auf der Zustimmung des *bailee* (*consent*) gründenden Rechtsverhältnis: POLLOCK und WRIGHT sprechen insoweit von einem „*undertaking with the other person*".[310]

Heute ist anerkannt, dass sich ein *bailment* auf verschiedene Rechtsgrundlagen stützen kann. Diese werden im *Common Law* in verschiedene Klassen gruppiert, an die teils unterschiedliche Rechtsfolgen anknüpfen. Ausgangspunkt dieser Klassifizierung ist die Entscheidung *Coggs v Bernard* aus dem Jahr 1703.[311]

aa) Die Entscheidung *Coggs v Bernard*

Der Entscheidung *Coggs v Bernard* lag folgender Sachverhalt zugrunde: Der Kläger und der Beklagte hatten einen Vertrag geschlossen, nach dem es der Beklagte unternahm, für den Kläger mehrere Fässer Brandy von einem in einen anderen Keller um- und dort einzulagern. Bei der Einlagerung wurde eines der Fässer beschädigt, so dass der Brandy auslief. Der Kläger ging in diesem Fall aus einer sog. *action on the case*, einem Vorläufer des heutigen *trespass to goods* bzw. der *conversion* vor.[312] Richter HOLT definierte in dieser Entscheidung zum ersten Mal sechs Klassen des *bailment*: Erstens die Verwahrung einer Sache durch den *bailee* (*depositum*); zweitens die Leihe einer Sache zur Nutzung durch den *bailee* auf Zeit (*commodatum*); drittens die Miete gegen ein Entgelt (*locatio et conductio*); viertens das als Pfand (*vadium*; auch: *pawn* oder *pledge*); fünftens die Übergabe einer Sache zwecks Transport oder Vornahme einer Werkleistung gegen ein Entgelt und sechstens die Übergabe zwecks Transport oder Vornahme einer Werkleistung ohne Entgelt (*mandatum*).[313]

bb) Die Entwicklungen seit der Entscheidung *Coggs v Bernard*

Der Begriff des *bailment* entwickelte sich in der Folgezeit weiter. In Anlehnung an die Kategorien HOLTS definierte JONES Anfang des 19. Jahrhunderts fünf Kategorien des *bailment*: Erstens das *depositum*, zweitens das *mandatum*, drittens

---

310 *Pollock/Wright*, possession, S. 163.

311 *Coggs v Bernard* (1703) 92 ER 107.

312 *Coggs v Bernard* (1703) 92 ER 107, 107, 109; zur *action on the case* vgl. S. 127 dieser Arbeit.

313 *Coggs v Bernard* (1703) 92 ER 107, 109.

das *commodatum*, viertens die *pledge* und fünftens das *locatum*, das nach JONES Ansicht die dritte und fünfte Kategorie HOLTS umfasst.[314]

Etwa 50 Jahre später beschränkte STORY das *bailment* auf nur noch drei Kategorien: STORY sieht als erste Kategorie diejenigen *bailments*, die zugunsten des *bailor* oder eines Dritten bestehen, als zweite Kategorie diejenigen *bailments*, die ausschließlich den *bailee* begünstigen, und als dritte Kategorie alle *bailments*, die beide Parteien, beide Parteien und einen Dritten oder eine Partei und einen Dritten begünstigen. *Depositum* und *mandatum* seien von der ersten Kategorie erfasst, die zweite Kategorie bilde das *commodatum* und die dritte Kategorie die *pledge* und die *locatio et conductio* ab.[315]

cc) Die moderne Definition

Heutzutage hat sich im Schrifttum eine nur noch auf zwei Kategorien abstellende Klassifikation durchgesetzt. Unterschieden wird dabei nach *bailments for valuable consideration*, auch *bailments for reward* genannt, und *gratuitous bailments*. Einziges Unterscheidungskriterium ist das Vorliegen einer Gegenleistung, *consideration* genannt, die bei einem *gratuitous bailment* nicht erforderlich ist.[316] Für den Abschluss eines Vertrages ist nach *Common Law* neben der Abgabe entsprechender Willenserklärungen eine Gegenleistung (*consideration*) notwendig, sofern der Vertrag nicht als *deed* beurkundet wird. Diesem Erfordernis liegt der Gedanke der Gegenseitigkeit zugrunde. Eine Schenkung ist nach *Common Law* nicht als Vertrag anzusehen, da eine Leistung nur in eine Richtung erfolgt und es an der erforderlichen Gegenleistung fehlt.[317]

b) *Die Arten des* bailment

Es gilt daher zwischen den *bailments for valuable consideration* und den *gratuitous bailments* zu unterscheiden. Darüber hinaus existieren weitere *bailments*, die sich keiner dieser beiden Kategorien zuordnen lassen.

aa) Die *bailments for valuable consideration*

Ein *bailment for valuable consideration* unterscheidet sich von einem *gratuitous bailment* durch das Erfordernis einer Gegenleistung, die sich aus der *doctrine of*

---

314 *Jones*, law of bailments, S. 40/41.

315 *Story*, bailment, Rn. 3.

316 *Chitty*, on contracts, Bd. 2, Rn. 33-008; *Palmer* in: Halsbury's Laws of England, Bd. 3(1), bailment, Rn. 2; *Palmer*, on bailment, Rn. 3-004.

317 *Treitel*, on the law of contract, Rn. 3-001–3-003.

consideration ergibt. Von den *bailments for valuable consideration* werden verschiedene Rechtsverhältnisse umfasst: Erstens die *custody for reward*, zweitens die *locatio et conductio*, drittens die *hire of work and labour*, viertens das *vadium*, fünftens die *carriage* und sechstens die *innkeeper's liability*. Die *custody for reward* bezeichnet einen Vertrag, bei dem es der *bailee* unternimmt, die ihm gelieferte Sache aufzubewahren.[318] Im Fall der *locatio et conductio*, auch *hire* genannt, erhält der *bailee* nicht nur den Besitz an der beweglichen Sache, sondern auch das Recht, diese für seine Zwecke zu nutzen.[319] Bei der *hire of work and labour* erhält der *bailee* ebenfalls den Besitz an der Sache, jedoch nicht, um diese zu nutzen, sondern um eine Arbeit an dieser auszuführen.[320] Im Falle des *vadium* erfolgt die Übergabe der Sache an den *bailee* als Sicherheit für eine Schuld oder eine andere Verpflichtung.[321] Bei der *carriage* und den Fällen des *common carrier* handelt es sich um Verträge, bei denen dem *bailee* eine Sache zum Transport an einen anderen Ort übergeben wird.[322] Schließlich kann sich im als *innkeeper's liability* bezeichneten Fall abhängig von den konkreten Umständen ein *bailment* für die von einem Gast bei einem Gastwirt eingebrachten Gegenstände ergeben.[323]

bb) Die *gratuitous bailments*

Ein *gratuitous bailment* kann zwei Formen annehmen: Einerseits kann der Nutzen ausschließlich auf Seiten des *bailor* liegen, wie in den Fällen des *depositum* oder *mandatum*. Andererseits kann es auch ausschließlich dem *bailee* dienen, wie im Falle des *commodatum*.[324]

Unter dem *depositum* ist die Verwahrung einer beweglichen Sache durch den *bailee* ohne Gegenleistung zu verstehen, die von dem *bailor* jederzeit heraus verlangt werden kann.[325] Im Gegensatz zu dem *depositum* steht im Falle des *mandatum* nicht die Verwahrung im Mittelpunkt des Rechtsverhältnisses, sondern das Versprechen, eine Handlung an der Sache vorzunehmen oder einen Dienst in Verbindung mit der Sache zu erbringen.[326] Das *commodatum* – auch *gratuitous*

---

318 *Ashby v Tolhurst* [1937] 2 KB 242 (CA), 250; *Tinsley v Dudley* [1951] 2 KB 18 (CA), 28; *Chitty*, on contracts, Bd. 2, Rn. 33-048.

319 *Chitty*, on contracts, Bd. 2, Rn. 33-063.

320 *Palmer* in: Halsbury's Laws of England, Bd. 3(1), bailment, Rn. 63.

321 *Palmer* in: Halsbury's Laws of England, Bd. 3(1), bailment, Rn. 81.

322 *Palmer*, on bailment, Rn. 16-001/27-027.

323 *Palmer*, on bailment, Rn. 27-001.

324 *Palmer*, on bailment, Rn. 1-033.

325 *Chitty*, on contracts, Bd. 2, Rn. 33-032.

326 *Palmer* in: Halsbury's Laws of England, Bd. 3(1), bailment, Rn. 20.

loan for use genannt – bezeichnet die Leihe einer beweglichen Sache zum exklusiven Nutzen des Leihenden unter der Bedingung, dass die Sache dem Verleiher zurückgegeben wird.[327]

Soweit ein *gratuitous bailment* mit dem Recht des *bailor* verbunden ist, dieses *bailment* zu jeder Zeit bedingungslos oder durch Eintritt einer von ihm selbst zu erfüllenden Bedingung zu widerrufen, wird es auch – wie beispielsweise im Falle des *commodatum* oder *depositum* – als *bailment at will* bezeichnet.[328] Das Vorliegen eines *bailment at will* und damit eines *immediate right to possession* bei dem *bailor* wirkt sich entscheidend auf dessen Möglichkeit aus, Rechtsbehelfe gegenüber Dritten geltend zu machen.[329]

cc) Andere *bailments*

Über die Kategorien *bailment for valuable consideration* und *gratuitous bailment* hinaus existieren weitere Formen des *bailment*, die keiner dieser beiden Gruppen zugeordnet werden können. Dies sind insbesondere der Fund sowie die Fälle der *unrequested keepers*.

(1) Der Fund

Der Fund stellt nach heutigem Verständnis des *Common Law* einen Fall des *bailment* dar.[330] Diese Qualifikation erfolgt vor dem Hintergrund, dass der Finder in Bezug auf die Sache die gleichen Pflichten schuldet wie ein *bailee*, dessen *bailment* auf einer Vereinbarung der Parteien beruht.[331] Offen bleibt die Antwort auf die Frage, wer der *bailor* des Finders ist. Grundsätzlich wird dies der *owner* sein, sollte jedoch eine andere Person ebenfalls ein Recht an der Sache geltend machen, wird dies nach den Umständen des Falles zu bestimmen sein.[332] Die Qualifikation des Fundes als *bailment* ist in einer Hinsicht einzuschränken: Im

---

327 *Palmer*, on bailment, Rn. 12-001.

328 *Chitty*, on contracts, Bd. 2, Rn. 33-022; *Clerk/Lindsell*, on torts, Rn. 17-61; *Palmer*, on bailment, Rn. 4-013.

329 Vgl. *in extenso* S. 128–149 dieser Arbeit.

330 *Morris v C. W. Martin & Sons Ltd* [1966] 1 QB 716 (CA), 731/732 durch Diplock; *Gilchrist, Watt and Sanderson Pty Ltd v York Products Pty Ltd* [1970] 1 WLR 1262 (PC), 1270 durch Lord Pearson; *Palmer*, on bailment, Rn. 1-037.

331 *Parker v British Airways Board* [1982] 1 QB 1004 (CA), 1017 durch Donaldson; *The Captain Gregos (No. 2)* [1990] 2 Lloyd's Rep 395 (CA), 405 durch Bingham; *Palmer*, on bailment, Rn. 26-087.

332 *Palmer*, on bailment, Rn. 1-037.

Falle des Fundes gilt die sich sonst aus dem *bailment* ergebende Regel nicht, dass der *bailee* nicht das Recht des *bailor* an der Sache bestreiten darf.[333]

(2) Andere *bailments* ohne Vereinbarung

Der Fund ist zwar der offensichtlichste, jedoch nicht der einzige Fall eines *bailment*, das ohne Vereinbarung zwischen *bailee* und *bailor* zustande kommt. So liegt auch dann ein *bailment* vor, sofern eine Person einen Koffer aus einem Zug in dem Glauben mitnimmt, es handele sich um den Koffer eines Freundes[334] oder sofern einem Patienten bei Eintritt in die Psychiatrie Gegenstände abgenommen werden.[335] Gleiches gilt im Falle der sogenannten *unrequested keepers*, nach denen auch eine Person, die die *possession* an einer Sache durch Diebstahl oder Betrug erlangt hat, als *bailee* qualifiziert wird.[336]

dd) Die Bedeutung der Klassifizierung

Die Klassifizierung der *bailments* in die dargestellten Gruppen ist für die Haftung des *bailee* und den von ihm erwarteten Sorgfaltsstandard, aber auch für den *possessory title* und damit für die Rechtsbehelfe des *bailor* von entscheidender Bedeutung.[337]

Nach überkommener Auffassung hängt das Maß der vom *bailee* im Umgang mit der Sache aufzuwendenden Sorgfalt vom Maß und der Aufteilung des Vorteils (*benefit*) zwischen dem *bailee* und dem *bailor* ab. So soll der Leihnehmer einer Sache schon für leichte Fahrlässigkeit haften, während der Verwahrer nur für grobe Fahrlässigkeit verantwortlich sein soll.[338] Diese Auffassung hat sich heute dahingehend verändert, dass der für den *bailee* geltende Sorgfaltsmaßstab grundsätzlich unabhängig von der Zuordnung des *benefit* ist, da es auf die Umstände des Einzelfalls ankommt.[339] Im Zuge der Bestimmung der Umstände des Einzelfalles ist jedoch das Fehlen einer Gegenleistung – und damit die Klassifikation des *bailment* als *bailment for a valuable consideration* oder als *gratuitous bailment* – als ein derartiger Umstand zu berücksichtigen.[340]

---

333 *Palmer*, on bailment, Rn. 1-037.

334 *McCowan v McCulloch* (1926) 1 DLR 312, 313.

335 *Martin v London City Council* [1947] 1 KB 628, 631.

336 *Palmer*, on bailment, Rn. 26-095.

337 *Chitty*, on contracts, Bd. 2, Rn. 33-008; *Palmer*, on bailment, Rn. 9-002–9-006.

338 *Coggs v Bernard* (1703) 92 ER 107, 110 durch Holt.

339 *Houghland v RR Low (Luxury Coaches) Ltd* [1962] 1 QB 694 (CA), 698; *Sutcliffe v Chief Constable of West Yorkshire* [1996] R.T.R. 86 (CA), 90.

340 *Chaudhry v Prabhakar* [1989] 1 WLR 29 (CA), 34.

2. *Die wissentliche und willentliche* possession *des* bailee

Das *bailment* beruht auf der *possession* des *bailee*. Über die *possession* hinaus bedarf es auf Seiten des *bailee* des Wissens um die *possession* und des Willens zur *possession*.

a) Die possession *des* bailee

Der *bailee* muss über *possession* an der dem *bailment* unterliegenden Sache verfügen. Der Begriff der *possession*, der dem *bailment* zugrundeliegt, ist derselbe, der auch im allgemeinen Recht der *personal property* verwandt wird. Der *bailee* wird regelmäßig in Gestalt von *actual* oder *symbolic possession* die *physical control* über die Sache ausüben.[341] Einen Sonderfall bildet insoweit das *sub-bailment*, bei dem auch die Ausübung von *constructive possession* genügt.[342]

aa) Der Erwerb der *possession* durch den *bailee*

Darauf, wie der *bailee* die *possession* an der Sache erlangt, kommt es nicht an. Dies kann im Wege der Übergabe (*delivery*) oder auf anderem Wege geschehen, beispielsweise durch den Empfang als Nichtberechtigter, durch ein *attornment* oder im Wege der *constructive delivery*.[343]

(1) Der Fund

Im Falle des Fundes erlangt der Finder die *possession* an der Sache und ist verpflichtet, sorgfältig mit dieser umzugehen. Dies gilt auch für den Fall, dass dies nicht dem Willen des *owner* entspricht, oder dass dieser von der Existenz der Sache nicht weiß.[344] Für die Erlangung der *possession* durch den Finder genügt es nicht, dass dieser eine verlorene Sache aufnimmt und inspiziert, diese aber nicht mitnimmt.[345]

(2) Die Übergabe an einen Nichtberechtigten

Erlangt ein Nichtberechtigter die *possession*, wird dieser partiell als *bailee* betrachtet. Einerseits gelten für den Nichtberechtigten die sich aus dem *bailment*

---

341 *Palmer*, on bailment, Rn. 1-133; vgl. zur *actual possession* S. 19/20 und zur *symbolic possession* S. 23–24 dieser Arbeit.

342 *Palmer* in: Halsbury's Laws of England, Bd. 3(1), bailment, Rn. 1.

343 *Chitty*, on contracts, Bd. 2, Rn. 3-001, Fn. 7; *Palmer*, on bailment, Rn. 1-024.

344 *Palmer*, on bailment, Rn. 1-024.

345 *Pollock/Wright*, possession, S. 58.

ergebenden strengen Sorgfaltspflichten und andererseits muss er sich das bessere Recht (*better title*) des *bailor* entgegenhalten lassen.[346]

(3) Das *bailment by attornment*

Nach Pollock und Wright liegt ein *bailment* auch vor, wenn ein *bailee* sich bereits für einen *bailor* im Besitz der Sache befindet und nun mit einem neuen *bailor* vereinbart, die Sache für diesen besitzen zu wollen (*attornment*). Auf gleiche Art und Weise ist es auch einem *servant* oder sogar einer Person, die die Sache durch *trespass* erlangt hat, möglich, in die Position eines *bailee* aufzurücken.[347]

(4) Die *constructive delivery*

Bei der *constructive delivery* bleibt – entgegen des Namens – eine tatsächliche Übergabe aus. Bleibt beispielsweise ein Verkäufer nach dem Verkauf der Sache weiter im Besitz derselben und hält diese als *bailee* für den Käufer, beeinträchtigt dies nicht die bei dem Verkäufer bestehende *possession*.[348]

bb) Die Abgrenzung zur *custody* und zur *possession* von Subunternehmern

Die *possession* des *bailee* wird nicht notwendigerweise dadurch beeinflusst, dass sich die Sache in der Hand einer anderen Person als des *bailee* befindet. Dies gilt jedoch nicht für die Fälle der *custody* von Angestellten und die Beauftragung von Subunternehmern. Die *custody* stellt *per definitionem* keinen Fall der *possession* dar.[349]

(1) Die *custody* von Angestellten

Ein Angestellter kann als *custodian* die *possession* für den *bailee* ausüben, solange er im Rahmen seines Anstellungsverhältnisses handelt.[350] Kommt es zu einem Verlust der *possession* durch den Angestellten, kann sich der *bailee* im Verhältnis zum *bailor* entlasten, sofern er nachweisen kann, dass der Angestellte die Grenzen dieses Anstellungsverhältnisses überschritten hat.[351] Transportiert beispielsweise ein

---

346 *Folkes v King* [1923] 1 KB 282, 294/295.

347 *Pollock/Wright*, possession, S. 134.

348 *Michael Gerson (Leasing) Ltd v Wilkinson* [2001] QB 514 (CA), 526.

349 Vgl. S. 25 dieser Arbeit.

350 *Newman v Bourne and Hollingsworth* (1915) 31 TLR 208, 209; vgl. S. 25 dieser Arbeit.

351 *Bell*, personal property, S. 87/88.

Postkutscher ein Paket auf eigene Rechnung und verliert dieses, ist eine Haftung der Postgesellschaft abzulehnen.[352]

(2) Die *possession* eines Subunternehmers

Anders liegt der Fall bei der Beschäftigung von Subunternehmern. Der Besitz des Subunternehmers wird dem Unternehmer nicht zugerechnet. Beauftragt z.B. ein Spediteur einen Frachtführer, die Sache bei dem Auftraggeber abzuholen, besteht das *bailment* zwischen Frachtführer und Auftraggeber, nicht aber zwischen Auftraggeber und Spediteur, die lediglich ein Vertragsverhältnis verbindet.[353]

b) Das Wissen um die possession *und der Willen zur* possession

Über die *possession* hinaus bedarf es des Wissens des *bailee* von der *possession* und seines Willens zur *possession*. Fehlen diese Voraussetzungen, wie in den Fällen des *unconcious bailee* und des *involuntary bailee*, so liegt kein *bailment* vor.

aa) Der *unconcious bailee*

Der Begriff *unconscious bailee* – teilweise auch *unwitting bailee* genannt – bezeichnet einen *bailee*, dem entweder nicht bewusst ist, dass er überhaupt *possession* an der Sache hat, oder der zwar von seiner *possession* weiß, aber annimmt, dass die in seinem Besitz befindliche Sache auch in seinem Eigentum steht. In beiden Fällen führt die Bezeichnung als *unconcious bailee* in die Irre, da angesichts der fehlenden Kenntnis des *bailee* kein Fall echten *bailments* vorliegt.[354]

bb) Der *involuntary bailee*

Gleiches gilt für den sogenannten *involuntary bailee*. Dieser Begriff bezeichnet einen *bailee*, der *possession* an einer Sache hat und dem diese bewusst ist, der aber nicht in die Inbesitznahme eingewilligt hat.[355] Auch dieser Fall wird mangels des erforderlichen Willens nicht als Fall echten *bailment* verstanden. Ein *involuntary bailee* nimmt die Sache nicht in Besitz, vielmehr wird sie ihm

---

352 *Butler v Basing* (1827) 172 ER 278/279 (279).

353 *Jones v European & General Express Co Ltd* (1920) 4 Lloyd's Rep 127, 127.

354 *AVX Ltd v EGM Solders Ltd*, The Times 7. Juli 1982, S. 16, 16; *Palmer* in: Halsbury's Laws of England, Bd. 3(1), bailment, Rn. 1, Fn. 2; *Palmer u.a.* in: Halsbury's Laws of England, Bd. 45(2), tort, Rn. 607.

355 *Lethbridge v Phillips* (1819) 171 ER 731, 731; *Neuwith v Over Darwen Industrial Co-operative society* (1894) 63 L.J.Q.B. 290, 292/293; *Palmer u.a.* in: Halsbury's Laws of England, Bd. 45(2), tort, Rn. 606.

ohne oder gegen seinen Willen aufgezwungen.[356] Der *involuntary bailee* ist daher regelmäßig nur verpflichtet, die Sache zurückzugeben, wenn ein Anspruch aus *conversion* gegen ihn besteht. Dies setzt voraus, dass der *bailor* ihn zunächst aufgefordert hat, die Sache zurückzugeben, und dass er dieser Aufforderung nicht nachgekommen ist.[357]

3. Das bessere Recht des bailor

Neben der bewussten und willentlichen *possession* des *bailee* bedarf es für das Bestehen eines *bailment* eines gegenüber der *possession* des *bailee* besseren Rechts (*better title*) des *bailor*. Diesem besseren Recht des *bailor* liegt die Pflicht des *bailee* zur Rückgabe der Sache zugrunde; es wird innerhalb des *Common Law* als Fall der *ownership* verstanden. Entscheidender als dieser etwas vage Begriff von *ownership* ist der *possessory title*, der die Grundlage der Ansprüche des *bailor*, aber auch des *bailee* gegenüber Dritten bildet. Den in Bezug auf die *ownership* des *bailor* und die *possession* des *bailee* auch verwendeten Begriffen der *general* und *special property* kommt lediglich terminologische Bedeutung zu.

a) Die ownership des bailor *und die Rückgabepflicht des* bailee

Das *bailment* ist durch die Übertragung der *possession* an den *bailee* gekennzeichnet.[358] Das nach der Übertragung bei dem *bailor* verbleibende Recht wird *ownership* genannt[359] und ist je nach Art des zwischen den Parteien bestehenden *bailments* von unterschiedlichem Umfang. Die *ownership* spiegelt sich in der Pflicht des *bailee* wieder, die Sache an den *bailor* zurückzugeben, sofern nicht ein guter Grund besteht, diese weiter zu behalten.[360] Nach dem alten *Common Law* kam es insoweit darauf an, dass sich der *bailee* verpflichtete, die identische, wenn auch unter Umständen be- oder verarbeitete Sache zurückzugeben.[361] Diese Auffassung hat sich dahingehend gewandelt, dass es heute lediglich darauf ankommt, ob der *bailee* nach Vertragsende mit der Sache nach Weisung des *bailor* verfahren muss oder frei in seiner Entscheidung ist.[362] Kommt der *bailee*

---

356 *Palmer*, on bailment, Rn. 1-045.

357 *Clayton v Le Roy* [1911] 2 KB 1031, 1045/1046 durch Scrutton.

358 Vgl. S. 73–75 dieser Arbeit.

359 Vgl. S. 26 dieser Arbeit.

360 *British Crane Hire Corp Ltd v Ipswich Plant Hire Corp Ltd* [1975] QB 303(CA), 311–313; *Chitty*, on contracts, Bd. 2, Rn. 33-010.

361 *Palmer* in: Halsbury's Laws of England, Bd. 3(1), bailment, Rn. 1; *Paton*, bailment, S. 25.

362 *Bell*, personal property, S. 92.

der Rückgabepflicht nicht nach, besteht sowohl ein Schadenersatzanspruch, als auch ein – im Ermessen des Gerichtes stehender – Anspruch auf Herausgabe der Sache *in natura*.[363]

b) Der possessory title

Neben dem Begriff der *ownership* steht der Begriff des *possessory title*. Der *possessory title* ist als Anknüpfungspunkt für bestimmte Rechtsbehelfe von Bedeutung und liegt abhängig von der Art des zugrundeliegenden *bailment* bei dem *bailor* oder dem *bailee*. Der Begriff des *possessory title* entstammt dem *tort law*. Er findet sich in *sec. 7(1)(a) des Torts (Interference with Goods Act) 1977* und ermöglicht seinem Inhaber ein Vorgehen aus den *torts* von *conversion*, *trespass* und *negligence*.[364] Ein *possessory title* besteht sowohl für den Inhaber von *possession*, als auch für den Inhaber des *immediate right to possession*.[365] Abzugrenzen von dem Begriff des possessory title ist der Begriff des *deferred right to possession*, der – auch wenn er in begrenztem Maße den Zugang zu Rechtsbehelfen eröffnet – keinen *possessory title* i.S.d. *sec. 7(1)(a) des Torts (Interference with Goods Act) 1977* darstellt.[366] Während die *possession* bei einem *bailment* jeweils bei dem *bailee* liegt, hängt die Zuordnung des *immediate right to possession* von der Kategorie des vorliegenden *bailment* ab und variiert zwischen *bailor* und *bailee*.

Im Falle eines *bailment for valuable consideration*, das mit einer Gegenleistung verbunden und für einen bestimmten Zeitraum abgeschlossen ist, liegen sowohl *possession*, als auch das *immediate right to possession* für diesen Zeitraum bei dem *bailee*, so dass dieser der einzige Inhaber eines *possessory title* ist.[367] Dem *bailor* verbleibt lediglich ein *reversionary interest* aufgrund eines *deferred* oder *suspendend right to possession*.[368]

Im Falle eines *gratuitous bailment* bzw. eines *bailment at will* bleibt der *bailor* Inhaber eines *immediate right to possession*, da er das *bailment* jederzeit

---

363 *Chitty*, on contracts, Bd. 2, Rn. 33-011–33-013; vgl. *in extenso* S. 128–149 dieser Arbeit.

364 *The Jag Shakti* [1986] 1 AC 337 (PC), 345; *The Winkfield* [1902] P 42 CA, 60.

365 *Government of the Islamic Republic of Iran v The Barakat Galleries Ltd* [2009] QB 22 (CA), 36; *Palmer*, on bailment, Rn. 4-003; vgl. S. 17–18 dieser Arbeit.

366 *HSBC Rail (UK) Ltd v Network Rail Infrastructure Ltd (formerly Railtrack plc)* [2006] 1 WLR 643 (CA), 654; *Palmer*, on bailment, Rn. 4-004.

367 *Chitty*, on contracts, Bd. 2, Rn. 33-021.

368 *Government of the Islamic Republic of Iran v The Barakat Galleries Ltd* [2009] QB 22 (CA), 32 durch Lord Matravers; *Palmer*, on bailment, Rn. 4-007/4-012.

bedingungslos oder durch Eintritt einer von ihm selbst zu erfüllenden Bedingung widerrufen kann.[369]

c) Von general *und* special property

Die vom *bailor* zurückbehaltene *ownership* ist ein *proprietary interest*, teilweise wird sie im Gegensatz zur *„special property"* des *bailee* als *„general property"* bezeichnet.[370] Ausgangspunkt dieses Verständnisses ist die Gleichsetzung von *general property* und *ownership* sowie von *special property* und *possession*.[371] Die Differenzierung von *general* und *special property* findet sich in *sec. 61(1)* des *Sale of Goods Act 1979*.[372] Dort wird die *property* des Verkäufers als *general property* und die *property* des Pfandgläubigers als *special property* bezeichnet. Vor diesem Hintergrund wird manchmal das *possessory right* eines *bailee*, das gegenüber dem *owner* gilt, aber nicht dem Maßstab von *ownership* entspricht, als *special property* bezeichnet.[373] Dieses Verständnis der *special property* des *bailee* stößt auf berechtigte Kritik, da die *special property* immer *ownership* darstellt, nie aber *possession*.[374] Insgesamt scheint der Streit um *general* und *special property* für das *bailment* lediglich von terminologischer Bedeutung zu sein.

II. Die Beendigung des *bailment*

Die Beendigung des *bailment* bedarf entweder der Rückübertragung der *possession* an den *bailor* oder des Erlöschens des besseren Rechtes des *bailor*.

1. Die Beendigung der possession *des* bailee

Regelmäßig erfolgt die Beendigung des *bailment* durch die Rückübertragung der *possession* an den *bailor* – im Falle eines zeitlich befristeten *bailment for a term* verbunden mit dem Wiederaufleben des *immediate right to possession* des *bailor* – oder durch den Verlust des *possessory title* des *bailee*.

---

369 *The Okehampton* [1913] P 178 (CA), 182 durch HAMILTON; *Transcontainer Express Ltd v Custodian Security Ltd* [1988] 1 Lloyd's Rep. 128 (CA), 134 durch SLADE LJ; *East West Corpn v DKBS AF 1912 A/S* [2003] QB 1509 (CA), 1531 durch LORD MANCE; *Chitty*, on contracts, Bd. 2, Rn. 33-022; *Palmer*, on bailment, Rn. 4-009; *Pollock/Wright*, possession, S. 166.

370 *Chitty*, on contracts, Bd. 2, Rn. 33-015.

371 *Bridge*, personal property, S. 30.

372 Sec. 61(1) Sale of Goods Act 1979, ch. 54.

373 *Bridge*, personal property, S. 31.

374 *Curwen*, (2000) 20 Legal Studies, S. 182.

a) Das Wiederaufleben des immediate right to possession *des* bailor

Im Falle des *bailment at will* ist der *bailor* ohnehin der Inhaber des *immediate right to possession*. Im Falle eines *bailment for a term* bedarf es für die Beendigung des *bailment* neben der Rückübertragung der *possession* des Wiederauflebens des *immediate right to possession* bei dem *bailor*. Das Wiederaufleben des *immediate right to possession* kann seinen Grund einerseits in einer vertragsgemäßen Vereinbarung, z.B. dem Ablauf einer von den Parteien bestimmten Frist, haben oder anderseits auf ein massives Fehlverhalten des *bailee* oder auf einen Fall der Unmöglichkeit (*frustration*) zurückzuführen sein.[375]

Das Wiederaufleben des *immediate right to possession* geht dabei nicht zwangsläufig mit dem Ende der Sorgfaltspflicht des *bailee* und dem Ende des *bailment* einher. Sofern der *bailee* sich einer bestimmten Methode der Rückübertragung bedient, beispielsweise des Transports der Sache an den Wohnsitz des *bailor*, endet seine Sorgfaltspflicht erst, wenn der *bailor* in *possession* ist oder die Anweisungen des *bailor* hinsichtlich der Rückübertragung vollständig und endgültig erfüllt sind.[376] Jedoch muss die Rückübertragung nicht durch eine Übergabe seitens des *bailee* erfolgen. Die Sorgfaltspflicht endet auch, sofern der *bailor* sich durch einseitiges Tätigwerden in Besitz setzt.[377]

b) Der Verlust des possessory title

Das *bailment* endet ebenfalls, wenn der *bailee* seinen *possessory title* verliert, indem er diesen an einen Dritten überträgt[378] oder indem seine *possession* durch die Entscheidung eines Gerichts einer anderen Partei zugeordnet wird.[379] Im Falle eines *bailment by finding* soll der *bailee* sogar seinen *possessory title* verlieren, sofern er selbst die Sache verliert.[380] Ebenfalls zu einem Verlust des *possessory title* des *bailee* führt ein Fehlverhalten desselben, das einer *deviation* gleichkommt.[381]

---

375 *Palmer*, on bailment, Rn. 1-140.

376 *Becker v Lavender & Co Ltd* (1946) 62 TLR 504, 504.

377 *Palmer*, on bailment, Rn. 1-140.

378 *Palmer*, on bailment, Rn. 4-015.

379 *Irving v National Provincial Bank Ltd* [1962] 2 QB 73 (CA), 79 durch Holroyd Pearce.

380 *Palmer*, on bailment, Rn. 4-015.

381 *Palmer*, on bailment, Rn. 4-015; vgl. S. 150 dieser Arbeit.

2. Weitere Beendigungsgründe

Das *bailment* findet auch dann ein Ende, wenn das bessere Recht des *bailor* an der Sache nicht mehr besteht. Der *bailor* kann seine *property* oder sein *possessory interest* an der Sache aufgeben oder darauf verzichten.[382] Ebenfalls erlischt das *bailment*, sofern sich die Beendigung aus Gesetz ergibt[383] oder sofern der *bailor* für den Verlust oder die Beschädigung der Sache Schadenersatz nach *sec. 5* des *Torts (Interference with Goods Act) 1977* erhält.[384]

III. Das *sub-bailment*

Der *bailee* kann seine *possession* an eine andere Person übergeben. Dies führt zur Entstehung eines *substitutionary bailment* oder eines *sub-bailment*. Im Falle des *substitutionary bailment* tritt der neue *bailee* an die Stelle des alten *bailee*, während bei einem *sub-bailment* der neue *bailee* als untergeordneter *bailee* des bisherigen alleinigen *bailee* wirkt.[385]

1. Die Ermächtigung des bailee *zum Abschluss eines* bailment

Entscheidend für die Entstehung des *sub-bailment* ist das Recht des *bailee*, die Sache einem Dritten anzuvertrauen, die regelmäßig vorliegt, sofern es sich nicht ein sogenanntes *personal bailment* handelt.

Handelt es sich bei dem Haupt- oder *principal bailment* um ein *personal bailment*, ist der *bailee* regelmäßig nicht berechtigt, ein *sub-bailment* einzugehen. Explizit anerkannt ist, dass es sich bei einem auf einem entgeltlichen Verwahrvertrag beruhenden *bailment* um einen Fall des *personal bailment* handelt.[386] Regelmäßig wird von den Umständen des Einzelfalles abhängen, ob ein derartiger Fall vorliegt. Als Umstand kann z.B. die Art der dem *bailment* zugrundeliegenden Sache berücksichtigt werden. So ist das Vorliegen eines *personal bailment* für den Fall angenommen worden, dass die Parteien einen Vertrag über den Transport von Kupferdraht abschließen, der als besonders diebstahlsgefährdet gilt.[387] Allerdings steht es den Parteien eines *personal bailment* frei, eine Vereinbarung

382 *Big Top Hereford Pty Ltd v Thomas* [2006] NSWSC 1159, Rn. 53 durch Brereton.
383 *Palmer*, on bailment, Rn. 4-014.
384 Sec. 5 Torts (Interference with Goods Act) 1977, ch. 32.
385 *Bell*, personal property, S. 126/127; *Chitty*, on contracts, Bd. 2, Rn. 33–026; *Palmer*, on bailment, Rn. 1-038.
386 *Edwards v Newland & Co* [1950] 2 KB 534 (CA), 538/539 durch Somervell.
387 *Garnham, Harris & Elton Ltd v Alfred W Ellis (Transport) Ltd* [1967] 1 WLR 940, 946 durch Paull.

darüber zu treffen, ob dem *bailee* das Eingehen eines *sub-bailment* erlaubt sein soll. Typischerweise ist dies bei Transportverträgen der Fall, während in Mietverträgen regelmäßig ein Ausschluss erfolgt.[388]

Ist die Möglichkeit der vertraglichen Vereinbarung eines *sub-bailment* von den Parteien nicht ausgeschlossen worden und handelt es sich nicht um ein *personal bailment*, reicht die Ermächtigung des *bailee*, ein *sub-bailment* einzugehen, nur so weit, wie sie dem Zweck des *bailment* entspricht.[389]

2. *Das berechtigte* sub-bailment

Im Falle des berechtigten *sub-bailment* haftet der *bailee* für Fahrlässigkeit bei der Auswahl des *sub-bailee* sowie dafür, dass dieser seine Pflichten gegenüber dem *bailor* erfüllt.[390] Der *sub-bailee* gilt gegenüber dem *bailee* als *bailee* im herkömmlichen Sinne, während dieser als Stellvertreter für den *bailor* ein sog. *collateral bailment* zwischen dem *bailor* und dem *sub-bailee* abschließt, auf dem das *sub-bailment* beruht.[391] Der Begriff *collateral bailment* täuscht insoweit, als dieses *collateral bailment* kein *bailment*, sondern eine Vereinbarung darstellt, auf der wiederum ein neues *bailment* errichtet wird.

3. *Das unberechtigte* sub-bailment

Gibt der *bailee* den Besitz ohne Berechtigung an einen Dritten weiter, stellt dies einen Fall der *deviation* dar, an den entsprechende Rechtsfolgen anknüpfen.[392] Darüber hinaus ist der *bailee* – ebenso wie im Falle des berechtigten *sub-bailments* – auch für den Umgang des *sub-bailee* mit der Sache verantwortlich.[393] Die weitergehenden Rechtsfolgen hängen davon ab, ob dem *sub-bailee* bekannt ist, dass ein *bailor* existiert.

a) *Der* bailor *ist dem* sub-bailee *bekannt*

Ist dem potentiellen *sub-bailee* die Existenz eines *bailor* bekannt, entsteht nach Bell kein *collateral bailment* und damit kein *sub-bailment*, es sei denn der *bailor* genehmigt dieses. In Konsequenz sei der potentielle *sub-bailee* kein *sub-bailee*.

---

388 *Bell*, personal property, S. 127.

389 *Bell*, personal property, S. 127/128.

390 *British Road Services Ltd v Arthur V Crutchley & Co Ltd* [1968] 1 All E.R. 811 (CA), 824 durch Lord Pearson.

391 *Bell*, personal property, S. 128.

392 *Bell*, personal property, S. 130; vgl. S. 150 dieser Arbeit.

393 *McElwee v MacDonald* [1969] IR 437, 489.

Eine Haftung des potentiellen *sub-bailee* ergibt sich nach dieser Auffassung nur aus dem allgemeinen *tort law*.[394] Diese Auffassung erscheint – auch vor dem Hintergrund der Entscheidung *The Pioneer Container*[395] – wenig zustimmungsbedürftig: Da es lediglich der wissentlichen und willentlichen *possession* an einer Sache bedarf, um ein *bailment* zu begründen, hindert die Kenntnis des *sub-bailee* von der Existenz des *bailor* die Begründung eines *sub-bailment* nicht.[396]

b) Der bailor *ist dem* sub-bailee *unbekannt*

Ist die Existenz des *bailor* dem *sub-bailee* unbekannt, weiß er in Bezug auf dessen Person nicht, dass er die Sache für diesen besitzt, so dass er in Bezug auf den *bailor* – nicht in Bezug auf den *bailee* – als *involuntary bailee* zu charakterisieren ist.[397]

IV. Die Rechtsnatur des *bailment*

Die Rechtsnatur des *bailment* wird – ähnlich wie die Rechtsnatur des mittelbaren Besitzes – rege diskutiert. Die Ursprünge des *bailment* lassen sich bis in das 13. Jahrhundert zurückverfolgen,[398] so dass es auch bei einer Analyse des *bailment* in seiner heutigen Form eines Rückblicks auf seine Ursprünge im mittelalterlichen englischen Recht bedarf. Allen Ansätzen, die in den vergangenen Jahrhunderten hinsichtlich der Rechtsnatur des *bailment* entwickelt worden sind, ist gemein, dass dem *bailment* die *possession* des *bailee* zugrundegelegt wird.

1. Das bailment *im mittelalterlichen englischen Recht*

Das Wort *bailment* leitet sich von dem französischen Verb *bailler* – „zur Verfügung stellen“[399] – ab.[400] Nach mittelalterlichem Verständnis war jede Person, der ein *owner* die *possession* an einer beweglichen Sache zu einem bestimmten

394 *Bell*, personal property, S. 131.
395 *The Pioneer Container* [1994] 2 AC 324 (PC).
396 *Chitty*, on contracts, Bd. 2, Rn. 33-026; *Palmer*, on bailment, Rn. 1-038.
397 *Bell*, personal property, S. 135.
398 *Holdsworth*, History of English law, Bd. 3, S. 336/337; *Pollock/Maitland*, English law, Bd. 2, S. 169 ff.; *Winfield*, law of tort, S. 92.
399 *Doucet/Fleck*, Wörterbuch der Rechts- und Wirtschaftssprache, Bd. 1, S. 82.
400 *Palmer* in: Halsbury’s Laws of England, Bd. 3(1), bailment, Rn. 1; *Pollock/Maitland*, English law, Bd. 2, S. 169; Story, Rn. 2.

Zweck übergab, als *bailee* anzusehen.[401] Dies führte dazu, dass auch solche Fälle als *bailment* verstanden wurde, bei denen der *owner* der Sache – beispielsweise beim Verkauf oder dem *loan for consumption* – unzweifelhaft sein Eigentum an der Sache aufgab.[402] Dieser Begriff von *ownership* darf nicht mit dem heutigen Begriff gleichgesetzt werden, sie ist zu verstehen als besseres Recht (*better right*) gegenüber dem *bailee*, das sich auf Herausgabe des Besitzes richtete. Diesen Anspruch auf Durchsetzung seines besseren Rechts an der Sache konnte der *owner* und *bailor* mittels der *action of detinue* gegenüber dem *bailee* durchsetzen. Bis zur Wiedererlangung des unmittelbaren Besitzes profitierte der *bailor* in keiner Weise von den Früchten seines Eigentums, während der *bailee* gegenüber aller Welt – mit Ausnahme des Verhältnisses zwischen ihm und dem *bailor* – als *owner* anzusehen war.[403]

2. Das bailment *auf Grund von* delivery

Ausgehend von dem semantischen und historischen Verständnis des *bailment* als Vorgang der Besitzverschaffung (*delivery*) gibt es bis in die jüngere Gegenwart hinein immer wieder Entscheidungen, die einen Vorgang tatsächlicher Besitzverschaffung als Voraussetzung des *bailment* fordern.[404]

a) Die delivery *als die Verschaffung von* possession

Das Konzept von *delivery* sieht vor, dass der *owner* oder der bisherige *possessor* seine *actual* oder *constructive possession*[405] zugunsten des zukünftigen *bailee* aufgibt, und dass der *bailee* neue *actual* oder *constructive possession* an der Sache erlangt.[406] Die *delivery* soll dabei nach der Entscheidung *Shogun Finance Ltd v Hudson*[407] sowohl von einem subjektiven, als auch einem objektiven Element getragen werden, nämlich einerseits von dem Willen, einer anderen Person *possession* zu verschaffen und andererseits von der Besitzübergabe als tatsächlichem Akt.[408] Ob es für die *delivery* über diesen tatsächlichen Akt hinaus eines subjektiven Elements bedarf, ist

401 *Holdsworth*, History of English law, Bd. 3, S. 336; *Pollock/Maitland*, English law, Bd. 2, S. 169.

402 *Pollock/Maitland*, English law, Bd. 2, S. 169.

403 *Holdsworth*, History of English law, Bd. 3, S. 337.

404 *The Captain Gregos (No. 2)* [1990] 2 Lloyd's Rep 395 (CA), 405; *Re S Davis and Company Ltd* [1945] Ch 402, 405.

405 Vgl. zu den Arten der *possession* S. 19–24 dieser Arbeit.

406 *Palmer* in: Halsbury's Laws of England, Bd. 3(1), bailment, Rn. 1.

407 *Shogun Finance Ltd v Hudson* [2004] 1 AC 919 (HL).

408 *Shogun Finance Ltd v Hudson* [2004] 1 AC 919 (HL), 945.

im *Common Law* längst nicht unumstritten. Das Erfordernis eines subjektiven Elements wird wesentlich auf Grund strafrechtlicher Entscheidungen hergeleitet, die für die zivilrechtliche Definition der *delivery* keine Präzedenzwirkung entfalten.

aa) Strafrechtliche Entscheidungen

Strafrechtliche Entscheidungen setzen für die Annahme von *possession* regelmäßig einen bestimmten Grad an Wissen auf Seiten des potentiellen *possessor* voraus.

Erstmalig ergibt sich dieses subjektive Element aus der Entscheidung *Merry v Green.*[409] Der wegen *larceny* Angeklagte hatte einen Schreibtisch erworben, welcher in einem – dem Beklagten unbekannten – Geheimfach eine größeren Betrag Bargeld enthielt. Die *possession* an dem Geld erlangte der Angeklagte nach Auffassung des Gerichtes erst, als er das Geld entdeckte und nicht bereits bei Inbesitznahme des Schreibtisches. Das Gericht befand, dass für die Verurteilung wegen *larceny* erst der Zeitpunkt der Entdeckung des Geldes entscheidend war.

Das sich aus der Entscheidung *Merry v Green* ergebende subjektive Element ist in jüngerer Zeit durch die ebenfalls strafrechtlichen Entscheidungen *Russell v Smith*[410] und *R v Lambert (Steven)*[411] bestätigt und konkretisiert worden: In der Sache *R v Lambert (Steven)* hatte der Angeklagte auf einem Bahnhof einen Behälter mit zwei Kilogramm Kokain in Empfang genommen und berief sich darauf, von dem Inhalt des Behälters nichts gewusst zu haben. Das Gericht kam durch Lord Holt zu dem Schluss, dass subjektiv von einem potentiellen *possessor* zu erwarten sei, dass er von der Inhalt des Behälters an sich wissen müsse und davon, dass der Inhalt sich in seinem Besitz befinde, ohne dass es aber der Kenntnis über die genaue Art des Inhalts bedürfe.[412]

bb) Die Anwendbarkeit auf das *bailment*

Die Übertragung des subjektiven Elements auf zivilrechtliche Sachverhalte stößt auf Kritik, da es zwar selbstverständlich sei, dass ein Dieb wissen müsse, welche Sache er stiehlt, es aber ansonsten für das Vorliegen von *possession* nicht darauf

---

409 *Merry v Green* (1841) 151 ER 916.

410 *Merry v Green* (1841) 151 ER 916, 920.

411 *R v Lambert (Steven)* [2002] 2 AC 545 (HL).

412 *R v Lambert (Steven)* [2002] 2 AC 545 (HL), 580–583 durch Lord Holt.

ankommen könne, ob eine Person von der Natur, dem Lageort oder gar der Existenz der Sache wisse.[413]

b) *Die* delivery *als überholtes Kriterium*

Im Ergebnis kommt es jedoch auf die Frage, ob *delivery* erfolgt ist, gar nicht an. Eine derart enge Auslegung des Begriffes *bailment* ist – auch mit dem historischen – *Common Law* nicht vereinbar: So kann der *bailee* die *possession* durch den Fund einer Sache begründen, es kann die Übergabe an einen Nichtberechtigten erfolgen oder es kann ein Fall des sog. *bailment by attornment* oder der sog. *constructive delivery* vorliegen.[414] In all diesen Fällen fehlt es bereits an dem objektiven Element der Übergabe der Sache von einer Person an eine andere Person, so dass der Akt der Besitzübergabe (*delivery)* für das Bestehen des *bailment* nicht entscheidend ist.

3. *Das* bailment *als Vertrag*

Nach einem anderen Ansatz soll ein *bailment* nur auf Grundlage eines ausdrücklich oder konkludent geschlossenen Vertrages begründet werden können und damit selbst als Vertrag verstanden werden.[415] Diese Auffassung findet bis in die jüngere Vergangenheit auch in der Rechtsprechung Widerhall.[416] Die Qualifizierung des *bailment* als Vertrag scheint allerdings bereits aus historischen Gründen fragwürdig, da das *law of bailment* deutlich länger im *Common Law* verwurzelt ist als das *law of contract.*[417] Darüber hinaus zeigt eine Reihe von Fallgruppen, dass ein *bailment* unabhängig von einem Vertrag bestehen kann.

a) *Geschäftsfähigkeit*

Die Entstehung eines rechtswirksamen *bailment* ist – anders als die eines rechtswirksamen Vertrages – nicht an die Geschäftsfähigkeit der Parteien gekoppelt. Dies gilt insbesondere für den *bailor*: So schadet es nicht, wenn dieser

---

413 *Harris* in: Guest (Hrsg.), Oxford Essays, S. 105/106; *Palmer*, on bailment, Rn. 6-001 a.E.

414 *Chitty*, on contracts, Bd. 2, Rn. 3-001, Fn. 7; *Palmer*, on bailment, Rn. 1-024; vgl. S. 74/74 dieser Arbeit.

415 *Jones*, law of bailments, S. 117.

416 *R v Ashwell* (1885) 16 QBD 190 (223) durch Coleridge; *Martin v Town 'n' Country Delicatessen Ltd* (1963) 42 DLR 449, 453 durch Miller CJ.

417 *Carnegie*, (1966) 3 Adel. L.R., S. 7.

betrunken,[418] geistig behindert[419] oder als Minderjähriger noch geschäftsunfähig ist.[420] Hinsichtlich einer möglichen Geschäftsunfähigkeit des *bailee* muss zwischen der *legal* und der *mental incapacity* unterschieden werden. Erstere hindert die Entstehung eines *bailment* nicht: So kann ein Minderjähriger ebenso *bailee* sein,[421] wie es die Ehefrau sein konnte, als diese nach englischem Recht noch als in vertraglichen Angelegenheiten geschäftsunfähig angesehen wurde.[422] Im Hinblick auf die *mental incapacity* kommt es darauf an, wie ein *bailment* nach heutiger Auffassung zu verstehen ist. Betrachtet man ein *bailment* lediglich als die Beziehung zwischen einem *owner* und einer Person, die sich im Besitz der Sache befindet, so kann auch das Vorliegen von *mental incapacity* nicht schaden. Folgt man jedoch der heute üblichen Definition des *bailment* als einer Beziehung zwischen einem *owner* und jeder Person, die bewusst und willentlich den Besitz an der Sache hält, so kommt es für das Bestehen des *bailment* in Bezug auf Wissen und Willen des *bailee* sehr wohl auf dessen *mental capacity* an.

b) *Vertragsrecht*

Nach der heute von der Rechtsprechung vertretenen Auffassung kann ein *bailment* bestehen, auch wenn der dem *bailment* ursprünglich zugrundeliegende Vertrag unwirksam oder beendet ist, wenn es den Parteien an Rechtsbindungswillen fehlt oder wenn *bailor* oder *bailee* nicht Partei des dem *bailment* zugrundeliegenden Vertrages sind.

aa) Der beendete oder unwirksame Vertrag

Aus der Entscheidung *The Span Terza (No. 2)*[423] ergibt sich, dass die Beendigung eines Vertrages – sei es infolge Zeitablauf, Erfüllung oder Unmöglichkeit – zu einem *bailment* führt, sofern die Sache im Besitz einer Vertragspartei verbleibt.[424] Ebenso kann ein *bailment* bestehen, wenn der Vertrag in Ermangelung des Eintritts einer vereinbarten Bedingung nicht wirksam geworden ist. Die Annahme, dass im Falle des Nicht-Eintritts einer vorab vereinbarten Bedingung ein *bailment* als *involuntary bailment* zu qualifizieren sei, ist zurückzuweisen, da die

418 *Palmer*, on bailment, Rn. 1-027.
419 *Martin v London City Council* [1947] 1 KB 628, 630–632.
420 *Stevenson v Toronto Board of Education* (1919) 49 DLR 673.
421 *R v McDonald* (1885) 15 QB 323, 327/328.
422 *Palmer*, on bailment, Rn. 1-027.
423 *The Span Terza (No 2)* [1984] 1 WLR 27 (HL).
424 *The Span Terza (No 2)* [1984] 1 WLR 27 (HL), 33.

Vereinbarung einer Bedingung das Bewusstsein der Parteien demonstriert, dass diese Bedingung womöglich nicht eintreten werde.[425]

bb) Fehlender Rechtsbindungswillen

Auch wenn es den Parteien an Rechtsbindungswillen fehlt und damit ein *contract* zwischen ihnen nicht zustande kommt, ändert dies nichts an ihrem Verhältnis als *bailor* und *bailee.*[426] Aus der Entscheidung *Khan v Grocutt* ergibt sich, dass ein Vertrag zwar eine Möglichkeit ist, ein *bailment* zu begründen, ein *bailment* aber auch aus einem bloßen *social agreement* erwachsen kann.[427]

cc) *Lack of privity*

Selbst wenn zwar ein *contract* in Bezug auf die Sache existiert, aber *bailor* oder *bailee* nicht Partei dieses Vertrages sind (*lack of privity*), kann ein *bailment* bestehen. So kann der *bailor* gegen den *bailee* als Besitzer der Sache vorgehen, während dieser ihm gegenüber alle sich aus einem *bailment* ergebenden Pflichten einhalten muss.[428]

dd) Gesetzes- und Sittenwidrigkeit

Grundsätzlich ist ein *bailment*, mit dem ein gesetzes- oder sittenwidriger Zweck verfolgt wird, als nichtig zu qualifizieren,[429] jedoch entfaltet das nichtige *bailment* bestimmte Fortwirkungen: Erstens wird ein *bailor* seine Sache auch im Falle eines als nichtig einzustufenden *bailment* herausverlangen können, sofern er einen von dem nichtigen *bailment* unabhängigen Titel nachweisen kann.[430] Zweitens erlangt der *bailee* ein wirksames Besitzrecht, auf das er sich gegenüber dem *bailor* und gegenüber Dritten berufen kann.[431] Drittens wird der *bailee* daran gehindert, den Anspruch des *bailor* zu bestreiten, sofern nicht die Berufung auf diesen Titel ihre Grundlage in der gesetzes- oder sittenwidrigen Vereinbarung hat.[432] Viertens kann unter Umständen der *bailee* aus *tort* oder aus dem *bailment*

---

425 *Palmer*, on bailment, Rn. 1-028; vgl. auch *Bentworth Finance Ltd v Lubert* [1968] 1 QB 680 (CA), 685.

426 *Palmer*, on bailment, Rn. 1-030.

427 *Khan v Grocutt* [2002] EWCA Civ 1945, Rn. 16/20.

428 *Andrews v Home Flats Ltd* [1945] 2 All ER 698 (CA), 699 durch Scott; *Morris v C. W. Martin & Sons Ltd* [1966] 1 QB 716 (CA), 728–730 durch Lord Denning.

429 *Palmer*, on bailment, Rn. 1-032.

430 *Bowmakers Ltd v Barnet Instruments Ltd* [1944] 1KB 65 (CA), 70 durch Du Parcq LJ.

431 *Taylor v Chester* (1868/69) 4 L.R.Q.B. 309, 313/314.

432 *Palmer*, on bailment, Rn. 1-032.

selbst für den Verlust der Beschädigung der Sache in Anspruch genommen werden.[433] Dies gilt jedoch beispielsweise nicht, wenn beide Parteien wussten, dass der von ihnen geschlossene Transportvertrag geltendes Recht verletzt.[434]

c) Fehlende Gegenleistung

Der fehlende vertragliche Charakter wird besonders deutlich in den Fällen, in denen es an einer Gegenleistung fehlt. Dies sind die Fälle des *gratuitous bailment*.[435]

4. Das bailment *als* trust

Sofern das *bailment* als ausdrücklich oder konkludent geschlossener Vertrag verstanden wird, ist dieser Vertrag mit einem *trust* verbunden, unter dem die Sachen im Original oder in verarbeiteter Form zurückzugeben sind, sobald der *trust* durch Zeitlablauf oder durch Bedingungseintritt endet.[436] Die Definition des *bailment* selbst als *trust* stößt heute auf erhebliche Kritik. Die Entscheidung *MCC Proceeds Inc v Lehman Bros International (Europe)* hat im Jahr 1998 klargestellt, dass es für ein Vorgehen aus *conversion* eines *legal interest* und nicht lediglich eines *equitable interest* an der Sache bedarf.[437] Vor diesem Hintergrund ist ein Verständnis des *bailment* als *trust* ebenso abzulehnen wie vor dem Hintergrund der aufgrund einer anderen Rechtsgrundlage als des Vertrags entstehenden *bailments*.

5. Das bailment *als konsensuale Vereinbarung*

Angesichts der Schwierigkeiten, das *bailment* über die *delivery* oder als Vertrag zu definieren, entwickelte sich ein auf Pollock und Wright zurückzuführender Ansatz, der das *bailment* lediglich auf eine Vereinbarung oder einen Konsens der Parteien zurückzuführen suchte.[438] Diese Auffassung fand bis Mitte des 20. Jahrhunderts starken Widerhall, so bei Winfield und Paton, aber auch in Teilen der

---

433 *Palmer*, on bailment, Rn. 1-032.

434 *Ashmore, Benson, Pease & Co Ltd v. A.V. Dawson Ltd* [1973] 1 WLR 828 (CA), 833 durch Lord Denning.

435 Vgl. S. 70 dieser Arbeit.

436 *Re S Davis and Company Ltd* [1945] Ch 402, 405; *Jones*, law of bailments, S. 117, *Story*, bailment, Rn. 2.

437 *MCC Proceeds Inc v Lehman Bros International (Europe)* [1998] 4 All ER 675(CA), 687 u. 691 durch Mummery LJ; *Chitty*, on contracts, Bd. 2, Rn. 33-005; *Palmer* in: Halsbury's Laws of England, Bd. 3(1), bailment, Rn. 1, Fn. 1.

438 *Pollock/Wright*, possession, S. 163.

Rechtsprechung.[439] Die Entwicklung des *Common Law* hat jedoch dazu geführt, dass heute auch Rechtsverhältnisse als *bailment* betrachtet werden, denen keine Vereinbarung der Parteien zugrundeliegt.[440]

6. *Das moderne Verständnis des* bailment *als willentlicher Besitz*

Das moderne *Common Law* versteht das bailment als einen Fall des willentlichen Besitzes an einer Sache, an der eine andere Partei ein höherrangiges Recht besitzt.

a) Die Entscheidung The Pioneer Container

Dieses Verständnis beruht im Wesentlichen auf der im Jahr 1994 durch das *Privy Council* ergangenen Entscheidung *The Pioneer Container*,[441] der folgender Sachverhalt zugrundeliegt: Die drei Berufungskläger hatten Güter auf ein im Eigentum der Berufungsbeklagten stehendes Schiff verladen, welches nach einer Kollision sank. Während der Berufungskläger zu 1 ein im Namen der Berufungsbeklagten ausgestelltes Konnossement (*bill of lading*) vorweisen konnte, verfügten die Berufungskläger zu 2 und 3 nur über Konnossemente anderer Reedereien. Damit fehlte es an einer direkten vertraglichen Beziehung zwischen den Berufungsklägern zu 2 und 3 und den Berufungsbeklagten.[442] LORD GOFF OF CHIEVELEY kam in der Entscheidung zu dem Schluss, dass nicht nur zwischen dem Berufungskläger zu 1 und den Berufungsbeklagten ein *bailment* bestand, sondern auch zwischen den Berufungsklägern zu 2 und 3 und dem Berufungsbeklagten. Für die Entstehung eines *bailment* kommt es nach LORD GOFF OF CHIEVELEY ausschließlich darauf an, dass eine Person willentlich die *possession* an einer Sache übernimmt, die einer anderen Person gehört.[443]

b) Die Abgrenzung zum bloß wissentlichen Besitz

Die Rechtsprechung kennt einen sich auf das Wissen des *bailee* stützenden Ansatz bereits länger.[444] So versteht auch Professorin TAY den von der heutigen

---

439 *Turner v Stallibrass* [1898] 1 QB 56 (CA), 58/59; *Parastatidis v Kotaridis* [1978] VR 449, 54/455; *Paton*, bailment, S. 4/5; *Winfield*, law of tort, S. 97–99.

440 Vgl. S. 71/72 dieser Arbeit.

441 *The Pioneer Container* [1994] 2 AC 324 (PC).

442 *The Pioneer Container* [1994] 2 AC 324 (PC), 333/334.

443 *The Pioneer Container* [1994] 2 AC 324 (PC), 341/342 durch LORD GOFF OF CHIEVELEY; *Palmer*, on bailment, Rn. 1-012.

444 *The Captain Gregos (No. 2)* [1990] 2 Lloyd's Rep 395 (CA), 405 durch BINGHAM.

Rechtsprechung verfolgten Ansatz nicht als neu, sondern sieht in ihm eine Rückkehr zu den Wurzeln des *bailment*.[445] Nach ihrer Auffassung waren *bailment* und *detinue* zunächst inhaltsgleich; erst die spätere Differenzierung in *detinue sur trover* und *detinue sur bailment*[446] habe zu dem Verständnis des *bailment* als einer vertraglichen Verpflichtung geführt. Tatsächlich sei das *bailment* jedoch auf den Begriff des *undertaking* im Sinne der Übernahme einer Pflicht zurückzuführen.[447] Das *bailment* sei damit als die Beziehung einer Person – des *bailee* – zu einer Sache zu verstehen.[448]

Diese Auffassung ist schon aus historischen Gründen fragwürdig, nicht zuletzt wenn man die Herkunft des Wortes *bailment* betrachtet,[449] auch ist offen, ob das *bailment* die einzige Quelle der *action of detinue* war.[450] Die Ansicht von Professorin Tay unterscheidet sich zudem in einem wesentlichen Punkt von dem gegenwärtigen Ansatz des *Common Law*: Nach Auffassung von Professorin Tay kommt es lediglich auf das Wissen und nicht auf den Willen des *possessor* an. Damit versteht sie entgegen der Rechtsprechung auch die Fälle des *involuntary bailment* als echtes *bailment*.[451]

V. Die Funktionen des *bailment*

Die Funktion des *bailment* innerhalb des *Common Law* ist angesichts der historischen Entwicklung und der sich mit anderen Rechtsgebieten überlappenden Position des *bailment* schwierig zu bestimmen. Jedoch kann dem *bailment* sowohl eine Zuordnungs- als auch eine Schutzfunktion zugeordnet werden.

1. Die Schutzfunktion

Das *bailment* übernimmt eine Schutzfunktion, die ihre Wirkungen sowohl im Verhältnis von *bailee* und *bailor*, als auch gegenüber Dritten entfaltet.

a) Der Schutz im Verhältnis von bailee *und* bailor

An das vertraglich oder konsensual geschlossene *bailment* knüpfen Rechtsbehelfe aus dem *contract law*, insbesondere ein Anspruch auf Schadenersatz (*damages*)

445 *Tay*, (1966) 5 Syd. L.R., S. 240.
446 Vgl. S. 126 dieser Arbeit.
447 *Tay*, (1966) 5 Syd. L.R., S. 240–242.
448 *Tay*, (1966) 5 Syd. L.R., S. 253.
449 Vgl. S. 82 dieser Arbeit.
450 *Fifoot*, Common Law, S. 29; vgl. S. 125 dieser Arbeit.
451 *Tay*, (1966) 5 Syd. L.R., S. 252; vgl. S. 75 dieser Arbeit.

an. Im Übrigen kann eine Abweichung von der vereinbarten Art und Weise der Vertragserfüllung in besonderen Fällen einen Fall der *deviation* darstellen, die die dem *bailee* obliegende Sorgfaltspflicht verschärft und zu einem Wiederaufleben des *immediate right to possession* und damit des *possessory title* des *bailor* führt.[452] Daneben kann nach der jüngeren Rechtsprechung wohl auch aus dem *bailment* selbst eine *action for breach of bailment* hergeleitet werden, die einen Anspruch des *bailor* auf Schadenersatz begründet.[453] Auch bestehen im Verhältnis von *bailee* und *bailor* Ansprüche aus ungerechtfertigter Bereicherung in Gestalt eines *restitutionary claim*.[454]

b) Der Schutz gegenüber Dritten

Neben den das Verhältnis von *bailee* und *bailor* betreffenden Rechtsbehelfen gewährt das *bailment* durch die Zuweisung von Rechtspositionen aus dem *property law* Rechtsschutz gegenüber Dritten. Abhängig von der Art des jeweils vorliegenden *bailment* kann der Inhaber des *possessory title* – also der Inhaber der *possession* oder des *immediate right to possession* – Rechtsbehelfe aus dem *tort law* geltend machen, die mittlerweile umfänglich durch den *Torts (Interference with Goods) Act 1977* geregelt sind und deren Kern die sogenannte *conversion* ausmacht.[455] Dem Inhaber eines *deferred right to possession* wird dagegen die Möglichkeit eröffnet, aus den *quasi-torts* der *reversionary injury* vorzugehen.[456]

2. Die Zuordnungsfunktion

Darüber hinaus bestimmt das *bailment* abhängig von der Rechtsgrundlage, auf der es gründet, durch Zuweisung des *possessory title* und eines *deferred right to possession* die Aufteilung der *property* zwischen den Parteien *bailor* und *bailee*. Im System der relativen, besseren Rechte des *Common Law* kommt es darauf an, die verschiedenen Aspekte der *ownership*, insbesondere die Rückgabepflicht den verschiedenen, an der *ownership* partizipierenden Parteien zuzuweisen. Insoweit bildet das *bailment* den Rechtsgrund für die Zuweisung des jeweiligen Rechts, während die *possession* als Teil des *possessory title* einen Teil der *ownership* abbildet.

452 Vgl. S. 150 dieser Arbeit.
453 Vgl. S. 152/153 dieser Arbeit.
454 Vgl. S. 154/155 dieser Arbeit.
455 Vgl. *in extenso* S. 128–149 dieser Arbeit.
456 Vgl. S. 137–140 dieser Arbeit.

C. Zusammenfassung und Rechtsvergleich

Die Voraussetzungen des mittelbaren Besitzes und des *bailment* gleichen einander in vieler Hinsicht, ebenso wie dessen Funktionen. In ihrer Rechtsnatur unterscheiden sich die beiden Rechtsinstitute jedoch deutlich: Der mittelbare Besitz ist aufgrund der durch eine Mittelsperson ausgeübten Sachherrschaft als echter Besitz zu qualifizieren, während die dem *bailor* durch das *immediate right to possession* oder das *deferred right to possession* eingeräumte Rechtsposition ein Recht zum Besitz darstellt.

I. Die Voraussetzungen des Besitzes ohne unmittelbare Sachherrschaft

In beiden Rechtsordnungen entsprechen die Voraussetzungen des Besitzes ohne unmittelbare Sachherrschaft einander in ihrem Kern: Sowohl nach deutschem Recht, als auch nach *Common Law* bedarf es der unmittelbaren Sachherrschaft, d.h. der tatsächlichen Sachherrschaft des unmittelbaren Besitzers bzw. der *physical control* des *bailee*. Darüber hinaus verlangt das deutsche Recht ein Besitzmittlungsverhältnis, während das *bailment* – welches selbst als Besitzmittlungsverhältnis verstanden werden kann – einer Rechtsgrundlage bedarf, aus der sich das bessere Recht des *bailor* ergibt. Im Kern vergleichbar sind auch der sich aus dem Besitzmittlungsverhältnis deutschen Rechts ergebende Herausgabeanspruch des mittelbaren Besitzers und das *immediate* oder *deferred right to possession* des *bailor*, kraft dessen dieser zu einem bestimmten Zeitpunkt die Wiedereinräumung von *possession* beanspruchen kann. Keine Übereinstimmung besteht jedoch zwischen dem deutschen Recht und dem *Common* Law, soweit es um die Anerkennung des Herausgabeanspruchs des Besitzers ohne unmittelbare Sachherschaft geht. Das deutsche Recht erwartet auf Seiten des unmittelbaren Besitzers einen Besitzmittlungswillen, während nach dem *Common Law* das *bailment* nicht von dem subjektiven Willen des *bailee* abhängt, wie die Fälle der *unrequested keepers* zeigen.

1. Die Ausübung unmittelbarer Sachherrschaft

Sowohl der mittelbare Besitz, als auch das *bailment* setzen voraus, dass eine Partei des Rechtsinstituts die unmittelbare Sachherrschaft in Gestalt der tatsächlichen Sachherrschaft bzw. der *physical control* über die dem jeweiligen Rechtsverhältnis zugrundeliegende Sache ausübt.

Beide Rechtsordnungen verfolgen in Hinblick auf das Maß der erforderlichen physischen Kontrolle einen Ansatz, der die Natur der Sache berücksichtigt und nicht an einem Verständnis der bloß körperlich verstandenen Sachherrschaft festhält. So verliert beispielsweise in keiner der beiden Rechtsordnungen ein Besitzer den Besitz an seinem Fahrrad, wenn er dieses kurzzeitig auf der Straße vor einem Geschäft zurücklässt, um dort einzukaufen. Gleichermaßen ist beiden Rechtsordnungen gemein, dass der unmittelbare Besitz ausschließlich sein muss, der Besitzer also andere Personen von der Einflussnahme auf die Sache ausschließen können muss. Gleichwohl kann er sich zur Besitzausübung anderer, seiner Herrschaft untergeordneter Personen in Form der Besitzdiener bzw. *servants* bedienen oder den Besitz gemeinsam mit ihm gleichrangig berechtigten Personen, den Mitbesitzern oder *joint possessors*, ausüben. Schließlich kommt es in keiner der beiden Rechtsordnungen darauf an, auf welche Weise der unmittelbare Besitzer an seinen Besitz gelangt oder ob er zu dem Besitz berechtigt ist.

Beachtenswert ist, dass sowohl im deutschen Recht, als auch im *Common Law* ein subjektives Element in Form des Besitzerwerbswillens bzw. der *intention to control* gefordert wird. Jedoch bedarf es nach dem deutschen Recht des Willens ausschließlich im Moment des Besitzerwerbs gem. § 854 BGB. Ob dem Besitzerwerbswillen auch ein Besitzerhaltungswillen folgt, ist unerheblich, da der Besitzer seinen Besitz nur unter den Voraussetzungen des § 856 BGB verliert.[457] Hat nach *Common Law* der Inhaber der *possession* die *possession* einmal erlangt, bedarf es neben der *physical control* weiterhin der *intention to control*. Die *possession* geht verloren, sobald eine Person ihre *intention to control* aufgibt.[458]

2. Die Rechtsgrundlage

Die Rechtsgrundlage des mittelbaren Besitzes ist das Besitzmittlungsverhältnis. Das *bailment* beruht hingegen nur auf dem Besitz des *bailee* sowie auf dem besseren Recht des *bailor*, doch setzt genau dieses bessere Recht ebenfalls eine Rechtsgrundlage voraus, die je nach Art des *bailment* verschiedene Formen annehmen kann.

a) Vertrag und Vereinbarung als Rechtsgrundlage

Die Rechtsgrundlage kann in beiden Rechtsordnungen in einem Vertrag oder einer Vereinbarung der Parteien über den Übergang des unmittelbaren Besitzes liegen. Während das deutsche Recht nur einen einheitlichen Vertragsbegriff kennt, der lediglich auf den Willensbekundungen der Parteien beruht und keine Gegenleistung erfordert, erlangt unter dem *Common Law* die *doctrine of consideration* eine besondere Bedeutung. Ein Vertrag liegt demnach nur vor, sofern

---

457 Vgl. S. 5 dieser Arbeit.

458 Vgl. S. 20 dieser Arbeit.

zwischen den Parteien Leistung und Gegenleistung (*consideration*) erfolgen. Insoweit muss zwischen dem *contract law* und dem *law of bailment* differenziert werden, da spätestens seit der Entscheidung *ENE Kos 1 Ltd v Petroleo Brasileiro SA (No 2)*[459] anerkannt ist, dass ein *bailment* auch lediglich aufgrund eines Konsenses zwischen *bailee* und *bailor* entstehen kann. Die Entstehung des *bailment* bedarf nicht zwingend der *consideration*, so dass – ebenso wie im deutschen Recht die Leihe ein Besitzmittlungsverhältnis darstellt – der *gratuitous loan of use* die Rechtsgrundlage eines *bailment* bildet. Im Ergebnis können daher in beiden Rechtsordnungen sowohl mit einer Gegenleistung verbundene Vereinbarungen, als auch Vereinbarungen ohne Gegenleistung eine geeignete Rechtsgrundlage für den Besitz ohne unmittelbare Sachherrschaft bilden.

aa) Mit einer Gegenleistung verbundene Vereinbarungen

Die Miete beweglicher Sachen (*hire of chattels*) stellt ein den Besitz ohne Sachherrschaft begründendes Rechtsverhältnis dar.[460] Im deutschen Recht ist sie eines der Legalbeispiele des mittelbaren Besitzes nach § 868 BGB. Gleiches gilt für die Verwahrung (*hire of custody*), ebenfalls ein Legalbeispiel des § 868 BGB,[461] den Werkvertrag (*hire of work and labour*)[462] und das Pfand (*pledge*) bei dem der Verpfänder Besitzer ohne unmittelbare Sachherrschaft und der Pfandnehmer unmittelbarer Besitzer ist.[463]

Im Falle eines Frachtvertrages liegt nach deutschem Recht regelmäßig ein Besitzmittlungsverhältnis zwischen dem Absender und dem Frachtführer als Besitzmittler vor, sofern nicht der Frachtführer eine Vertrauensperson des Empfängers und damit dessen Besitzmittler ist.[464] Im Falle des Speditionsvertrages liegt ebenfalls ein Besitzmittlungsverhältnis zwischen dem Versender und dem Spediteur als Besitzmittler vor.[465] Das *Common Law* spricht insoweit von *carriage* und differenziert zwischen dem *common* und dem *private carrier*, je nachdem ob

---

459 *ENE Kos 1 Ltd v Petroleo Brasileiro SA (No 2)* [2012] 2 WLR 976 (UKSC).

460 *Gutzeit* in: Staudinger, BGB, § 868, Rn. 48; *Palmer* in: Halsbury's Laws of England, Bd. 3(1), bailment, Rn. 50.

461 *Gutzeit* in: Staudinger, BGB, § 868, Rn. 66; *Palmer* in: Halsbury's Laws of England, Bd. 3(1), bailment, Rn. 38.

462 *Gutzeit* in: Staudinger, BGB, § 868, Rn. 70; *Palmer* in: Halsbury's Laws of England, Bd. 3(1), bailment, Rn. 63.

463 *Gutzeit* in: Staudinger, BGB, § 868, Rn. 55; *Palmer* in: Halsbury's Laws of England, Bd. 3(1), bailment, Rn. 81.

464 *Gutzeit* in: Staudinger, BGB, § 868, Rn. 35.

465 *Gutzeit* in: Staudinger, BGB, § 868, Rn. 61.

der *carrier* einen Dienst für die Öffentlichkeit anbietet oder in privatem Auftrag tätig wird. Der Fall des *common carrier* wird als ein Fall der *hire of work and labour* verstanden,[466] doch auch im Falle des *private carrier* kommt ein *bailment* mit dem Absender als *bailor* zustande.[467]

Keinen Fall des Besitzes ohne Sachherrschaft stellt regelmäßig der Kauf bzw. *sale* dar.[468] Angesichts des Abstraktionsprinzip und der Trennung von Verpflichtungs- und Verfügungsgeschäft kann nach deutschem Recht ein sog. Besitzkonstitut neben den Kaufvertrag treten, sofern die Sache bei dem Verkäufer verbleiben, der Käufer jedoch mittelbaren Besitz erhalten soll.[469] Im Falle eines Verkaufes unter Eigentumsvorbehalt behält der Verkäufer mittelbaren Besitz.[470] Während der erste Fall im *Common Law* undiskutiert bleibt, kann im Falle eines *conditional sale* bzw. einer *retention of title* für die Zeit zwischen Lieferung und endgültiger Kaufpreiszahlung ebenfalls ein *bailment* entstehen, sofern ein *legal* und nicht lediglich ein *equitable title* durch den Verkäufer zurückbehalten wird.[471]

bb) Vereinbarungen ohne Gegenleistung

Ebenso wie die entgeltliche Verwahrung bildet in beiden Rechtsordnungen auch die unentgeltliche Verwahrung (*depositum*) einen Fall des Besitzes ohne Sachherrschaft.[472] Gleiches gilt für die Leihe (*gratuitous loan for use*)[473] und den Auftrag (*mandate*).[474]

b) Andere Rechtsgrundlagen

Darüber hinaus existieren nach deutschem Recht als auch nach *Common Law* Fälle des Besitzes ohne unmittelbare Sachherrschaft, die nicht auf einer Vereinbarung der Parteien beruhen.

---

466 *Palmer* in: Halsbury's Laws of England, Bd. 3(1), bailment, Rn. 63.

467 *Hudson/Palmer* in: Halsbury's Laws of England, Bd. 5(1), carriers, Rn. 507.

468 *Gutzeit* in: Staudinger, BGB, § 868, Rn. 42; *Palmer*, on bailment, Rn. 3-031.

469 *Gutzeit* in: Staudinger, BGB, § 868, Rn. 42.

470 *Gutzeit* in: Staudinger, BGB, § 868, Rn. 43.

471 *Hospital Products Ltd v United States Surgical Corporation* (1984) 156 CLR 41, 105 durch Mason J; *Palmer*, on bailment, Rn. 3-032 a.E.

472 *Gutzeit* in: Staudinger, BGB, § 868, Rn. 66; *Palmer* in: Halsbury's Laws of England, Bd. 3(1), bailment, Rn. 6.

473 *Gutzeit* in: Staudinger, BGB, § 868, Rn. 47; *Palmer* in: Halsbury's Laws of England, Bd. 3(1), bailment, Rn. 29.

474 *Gutzeit* in: Staudinger, BGB, § 868, Rn. 27; *Palmer* in: Halsbury's Laws of England, Bd. 3(1), bailment, Rn. 20.

aa) Der Fund

An erster Stelle ist der Fund zu nennen, der vom *Common Law* mittlerweile unumstritten als Fall des *bailment* verstanden wird.[475] Nach der in der deutschen Rechtswissenschaft vorherrschenden Auffassung stellt der Fund jedoch keinen Fall des mittelbaren Besitzes dar, auch wenn der Eigentümer von dem Besitz des Finders weiß oder umgekehrt. Der allgemeine Wille, die Sache wiederfinden zu wollen, genüge nicht als Besitzwille.[476] Diese Auffassung ist jedoch abzulehnen und der Fund als ein Fall des mittelbaren Besitzes zu qualifizieren. Aus § 966 BGB ergibt sich, dass der Finder zur Verwahrung der Sache verpflichtet ist. Der Besitzmittler muss den mittelbaren Besitzer nicht kennen, wie sich aus dem Falle des Besitzkonstituts bei Eigentümerwechsel nach §§ 566, 870 BGB ergibt.[477]

bb) Unberechtigte Besitzer

Nach deutschem Recht liegt mittelbarer Besitz allerdings nicht vor, sofern eine Person eine Sache findet, jedoch unredlich handelt und die Sache nicht für deren Eigentümer, sondern als ihre eigene besitzt. Hierin liegt ein deutlicher Unterschied zum *Common Law*, dem die Termini Eigen- und Fremdbesitz fremd sind und das ausschließlich auf den Besitzwillen des *bailee* und das bessere Recht des *bailor* abstellt, nicht aber darauf, dass der *bailee* dieses auch anerkennt. Insofern werden nach *Common Law* auch andere *unrequested keepers* als *bailee* betrachtet, so z.B. der Dieb oder der Betrüger,[478] während dies nach deutschem Recht nicht der Fall ist.

3. *Die Pflicht zur Herausgabe*

Der Besitz ohne unmittelbare Sachherrschaft ist ohne den Anspruch auf Herausgabe des Besitzers ohne unmittelbare Sachherschaft gegen den unmittelbaren Besitzer nicht vorstellbar. Dieser bildet das Recht des Besitzers ohne unmittelbare Sachherrschaft an der Sache ab, ohne dass sich der Besitz ohne unmittelbare Sachherrschaft in diesem Recht erschöpfen würde. Im deutschen Recht stellt der Herausgabeanspruch des mittelbaren gegen den unmittelbaren Besitzer den Kern

---

475 *Morris v C. W. Martin & Sons Ltd* [1966] 1 QB 716 (CA), 731/732 durch Diplock; *Gilchrist, Watt and Sanderson Pty Ltd v York Products Pty Ltd* [1970] 1 WLR 1262 (PC), 1270 durch Lord Pearson; vgl. S. 71 dieser Arbeit.

476 RG 04.02.1927, JR 1927, Nr. 1114; *Gursky* in: Westermann/Gursky/Eickmann, Sachenrecht, § 18, Rn. 2.

477 *Gutzeit* in: Staudinger, BGB, § 868, Rn. 34; *Joost* in: MüKo-BGB, § 868, Rn. 49.

478 *Palmer*, on bailment, Rn. 26-095.

des Besitzmittlungsverhältnisses dar. Einen derartigen Anspruch kennt auch das *bailment*, das insoweit zwischen dem *bailment for a term* und dem *bailment at will* unterscheidet. Während im ersten Fall die Herausgabe – ebenso wie im deutschen Recht – erst nach Ablauf des *term* verlangt werden kann, kann der Herausgabeanspruch im zweiten Fall jederzeit geltend gemacht werden.

4. Die Anerkennung des besseren Rechts des Besitzers ohne unmittelbare Sachherrschaft

Der Besitz ohne unmittelbare Sachherrschaft bedarf auf Seiten des unmittelbaren Besitzers ebenso wie des *bailee* eines subjektiven Elements.[479] Während sich dieses subjektive Element nach deutschem Recht in Gestalt des Besitzmittlungswillens auch auf die Anerkennung des besseren Rechts des Besitzers ohne unmittelbare Sachherrschaft erstrecken muss, kommt es nach *Common Law* hierauf gerade nicht an, so dass ein *bailment* auch besteht, wenn der *bailee* das bessere Recht des *bailor* nicht anerkennt.

Der mittelbare Besitz setzt als subjektives Element den Besitzmittlungswillen voraus. Dieser richtet sich auf die Anerkennung des Herausgabeanspruches des mittelbaren Besitzers. Beschließt der unmittelbare Besitzer, nicht mehr für den mittelbaren Besitzer besitzen zu wollen, endet der mittelbare Besitz.

Der Wille des *bailee* muss lediglich auf den Besitz an der Sache selbst gerichtet sein, die Fälle des *involuntary* und *unconcious bailment* sind aus dem Anwendungsbereich des *bailment* ausgeschlossen. Der Willen des *bailee* muss sich jedoch gerade nicht darauf erstrecken, für den *bailor* besitzen zu wollen. Auch zwischen dem Dieb und dem *owner* besteht ein *bailment*.[480] Das bessere Recht des *bailor* existiert unabhängig von diesem Besitzwillen des *bailee* und besteht fort, auch wenn der *bailee* das bessere Recht nicht mehr anerkennt.

II. Die Funktionen des Besitzes ohne unmittelbare Sachherrschaft

Dem mittelbaren Besitz und dem *bailment* werden in der jeweiligen Rechtsordnung vergleichbare Funktionen zugewiesen. Diese können als Schutzfunktion und als Zuordnungsfunktion umschrieben werden.

---

479 Vgl. S. 92 dieser Arbeit.

480 *Palmer*, on bailment, Rn. 26-095.

1. Die Schutzfunktion

Der durch den mittelbaren Besitz und das *bailment* eröffnete Besitzschutz unterscheidet sich hinsichtlich des eröffneten Anwendungsbereichs und der jeweils gewährten Rechtsbehelfe deutlich. Im Kern wird jedoch in beiden Rechtsordnungen der als Ausdruck des Eigentums verstandene Besitz gegenüber dem Zugriff von Unberechtigten in einem vergleichbaren Maße geschützt.

a) Der Schutz des Besitzes

Der mittelbare Besitzer kann die sich aus den §§ 861, 862, 867 BGB ergebenden Besitzschutzansprüche mit der Einschränkung gegenüber Dritten geltend machen, dass die Wiedereinräumung des unmittelbaren Besitzers regelmäßig nur bei dem Besitzmittler erfolgen darf. Unter der gleichen Einschränkung darf sich der mittelbare Besitzer nach der hier vertretenen Auffassung auch auf die aus § 859 BGB ergebenden Gewaltrechte berufen und sich gegenüber dem unmittelbaren Besitzer verübter verbotener Eigenmacht erwehren. Im Verhältnis von mittelbarem Besitzer und Besitzmittler bleibt dem mittelbaren Besitzer eine Geltendmachung der Besitzschutzansprüche und Gewaltrechte verwehrt, da das Verhältnis der Parteien des Besitzmittlungsverhältnisses durch das diesem zugrundeliegende Rechtsverhältnis umfänglich geregelt wird. Lediglich der Besitzmittler darf sich gegenüber verbotener Eigenmacht des mittelbaren Besitzers erwehren, da der mittelbare Besitz dessen Sachherrschaft nicht beschränkt.[481]

b) Der Schutz der possession

Anders als das deutsche Recht kennt das *Common Law* keinen sachenrechtlichen Besitzschutz, vielmehr wird dieser durch das *tort law* verwirklicht, das partiell besitzschutzrechtliche Züge aufweist. Die Inanspruchnahme der Rechtsbehelfe des *tort law* stützt sich entweder auf den sowohl die *possession* und das *immediate right to possession* umfassenden *possessory title* oder in Bezug auf den *quasi-tort* der *reversionary injury* auf das *deferred right to possession*. Aufgrund dieser Voraussetzungen können sowohl der *bailor*, als auch der *bailee* den Schutz des *tort law* in Anspruch nehmen, unabhängig davon, ob sie sich eines Eingriffs Dritter oder eines Eingriffs der jeweils anderen Partei erwehren wollen. Entscheidend ist jedoch, dass unter dem *Common Law* auch im Falle des Besitzentzugs regelmäßig

481 Vgl. S. 64–65 dieser Arbeit.

nur Schadenersatz und nicht die Wiedereinräumung des Besitzes verlangt werden kann.[482]

c) Ergebnis

Trotz dieser wesentlichen Unterschiede zwischen dem deutschen Recht und dem *Common Law* kommt in beiden Rechtsordnungen dem Besitz ohne unmittelbare Sachherrschaft eine wesentliche Schutzfunktion zu. Geschützt wird sowohl nach deutschem Recht, als auch nach *Common Law* nicht nur der individuelle Besitz oder das individuelle Recht zum Besitz, sondern insbesondere die öffentliche Ordnung, da die Besitzschutzansprüche nicht von einer schwer zu beweisenden Eigentumsposition abhängig gemacht werden, sondern den Umstand des Besitzes oder des Rechtes zum Besitzes – verbunden mit einem Herausgabeanspruch oder -interesse – zugrundelegen. So sehr dies bereits für das deutsche Recht gilt, so entscheidend ist dieser Schutz für das System des *Common Law*, das keinen absoluten Eigentumsbegriff kennt, sondern mit relativen *property rights* – beispielsweise dem *immediate right to possession* und dem *deferred right to possession* – operiert.

2. Die Zuordnungsfunktion

Sowohl dem mittelbaren Besitz, als auch dem *bailment* ist als Teil der Schutzfunktion auch eine Zuordnungsfunktion eigen. Grundsätzlich wird der Schutz durch das Besitzrecht oder das *tort law* nur dem unmittelbaren Besitzer bzw. dem *actual possessor* gewährt, der für jeden sichtbar die tatsächliche Sachherrschaft ausübt. Durch den mittelbaren Besitz und durch das *immediate right to possession* bzw. das *deferred right to possession* wird dieser Schutz einer weiteren Person, dem mittelbaren Besitzer bzw. dem *bailor* zugeordnet, so dass er diese Rechte für sich in Anspruch nehmen darf.[483]

III. Die Rechtsnatur des Besitzes ohne unmittelbare Sachherrschaft

Ihrer Rechtsnatur nach unterscheiden sich mittelbarer Besitz und *bailment*: Der mittelbare Besitzer ist echter Besitzer, der *bailor* lediglich Inhaber eines Rechts zum Besitz. Dieser Unterschied ergibt sich im Wesentlichen aus dem nach deutschem Rechtsverständnis erforderlichen Besitzmittlungswillen des unmittelbaren Besitzers. Dieser Willen setzt auf Seiten des unmittelbaren Besitzers ein

---

482 Vgl. S. 90 dieser Arbeit.

483 Vgl. S. 66 dieser Arbeit zum deutschen Recht und S. 91 dieser Arbeit zum *Common Law*.

Anerkenntnis der Rechtsposition des mittelbaren Besitzers voraus. Genau dies ist im *Common Law* nicht der Fall: Der *bailor* kann dem *bailee* sein *right to possession* auch dann entgegenhalten, wenn der *bailee* dieses bestreitet, ohne des Rechts verlustig zu gehen.

1. Zur Rechtsnatur des mittelbaren Besitzes

Nach heutigem Verständnis handelt es sich bei dem mittelbaren Besitz um die durch das Besitzmittlungsverhältnis vermittelte tatsächliche Sachherrschaft.[484] Insoweit stellt der mittelbare Besitz selbst kein Recht, sondern ein Faktum – nämlich Besitz – dar. Dem Besitzmittlungsverhältnis liegt ein Rechtsverhältnis zugrunde, das die Rechtsbeziehungen von Besitzmittler und mittelbarem Besitzer bestimmt.[485] Das Besitzmittlungsverhältnis und das Rechtsverhältnis sind nicht miteinander identisch.[486] Entscheidend für den Fortbestand des mittelbaren Besitzes ist allein das Bestehen eines Herausgabeanspruchs des mittelbaren Besitzers gegen den Besitzmittlers, unabhängig davon, ob sich dieser aus dem Rechtsverhältnis ergibt oder beispielsweise aus dem Recht der ungerechtfertigten Bereicherung.[487]

2. *Zur Rechtsnatur des* bailment

Das *bailment* gründet nach dem modernen, auf der Entscheidung *The Pioneer Container*[488] beruhenden Verständnis auf der vorsätzlichen Inbesitznahme einer Sache, an der eine andere Person ein besseres Recht innehat.[489] Regelmäßig bedarf das *bailment* einer Rechtsgrundlage, die die Beziehung von *bailor* und *bailee* definiert, jedoch kann ein *bailment* auch ohne Rechtsgrundlage bestehen. Dies zeigen sowohl die Qualifikation des Fundes als *bailment* als auch die Fälle der *unrequested keepers*.[490] Vor diesem Hintergrund stellt die entscheidende Grundlage des *bailment* das bessere Recht des *bailor* dar, kraft dessen dieser die Herausgabe der Sache beanspruchen kann.[491]

---

484 Vgl. S. 63 dieser Arbeit.
485 Vgl. S. 34–39 dieser Arbeit.
486 Vgl. S. 37 dieser Arbeit.
487 Vgl. S. 36/38 dieser Arbeit.
488 *The Pioneer Container* [1994] 2 AC 324 (PC).
489 Vgl. S. 89 dieser Arbeit.
490 Vgl. S. 71/72 dieser Arbeit.
491 Vgl. S. 76–78 dieser Arbeit.

3. Besitz und right to possession

Den Kern sowohl des mittelbaren Besitzes als auch des *bailment* bildet jeweils ein Recht des mittelbaren Besitzers und des *bailor*, kraft dessen diese die Herausgabe der Sache verlangen können. Trotzdem wird die sich aufgrund dieses Rechts ergebende Position des mittelbaren Besitzers als Besitz verstanden, da ihm die Wirkungen des Besitzes unmittelbar zugeschrieben werden, während der *bailor* je nach Art der Rechtsgrundlage des *bailment* lediglich Inhaber eines *immediate right to possession* oder eines *deferred right to possession* ist. Im Gegensatz zum deutschen Recht wird die Position des *bailor* regelmäßig nicht als die eines *possessor* verstanden – auch wenn missverständlich gelegentlich von einer *immediate* oder *qualified constructive possession* gesprochen wird – da die Rechtsposition des *bailor* unabhängig von dem Willen des *bailee* existiert. Das *right to possession* reiht sich insoweit nahtlos in das System relativer Rechte des *Common Law* ein.

IV. Ergebnis

Sowohl mittelbarer Besitz und das *bailment* stellen Verhältnisse der tatsächlichen Sachüberlassung dar, die durch den unmittelbaren Besitz einer Person an einer beweglichen Sache gekennzeichnet sind, die von einer anderen Person herausverlangt werden kann. Anders als im *Common Law* kommt es im deutschen Recht darauf an, dass der unmittelbare Besitzer sein Recht zum Besitz jedenfalls in der Vergangenheit aus einem Rechtsverhältnis zwischen ihm und dem mittelbaren Besitzer herleiten konnte und dass dieser gewillt ist, für den mittelbaren Besitzer zu besitzen. Nur insoweit ist die Qualifikation des mittelbaren Besitzes als echter Besitz gerechtfertigt. Mit dem mittelbaren Besitz und dem *bailment* werden in Gestalt eines Besitzes ohne unmittelbare Sachherrschaft die eigentlich nur an den Besitz bzw. die *possession* anknüpfenden Rechtsbehelfe gegenüber dem Zugriff unberechtigter Dritter auch einer Person zugeordnet, die an der Sache ein „besseres“ Recht als der unmittelbare Besitzer hat.

Teil 3: Der Schutz des Besitzers ohne unmittelbare Sachherrschaft im deutschen Recht und im *Common Law*

Der mittelbare Besitz und das *bailment* sind dadurch gekennzeichnet, dass eine besitzrechtlich berechtigte Person von dem unmittelbaren Besitzer die Herausgabe einer Sache beanspruchen kann. Während der Herausgabeanspruch nach deutschem Recht auf dem Besitzmittlungsverhältnis beruht, gründet er nach *Common Law* auf dem besseren Recht des *bailor*. Gleichwohl können beide Rechtsinstitute als im funktionalen Sinne vergleichbar betrachtet werden, da sie in beiden Rechtsordnungen der Zuordnung einer besitzrechtlichen Position zu einer Person dienen, die nicht selbst die unmittelbare Sachherrschaft ausübt. Die Rechtsbehelfe, die das jeweilige Recht an die Position des Besitzers ohne unmittelbare Sachherrschaft anknüpft, um dessen Besitz oder Besitzrecht an der Sache zu schützen, unterscheiden sich zwar sowohl hinsichtlich ihrer Rechtsgrundlage als auch hinsichtlich der Rechtsfolgen, gewährleisten aber dennoch ein vergleichbares Schutzniveau.

A. Der Schutz des mittelbaren Besitzers

Der mittelbare Besitz wird sowohl durch das Bürgerliche Gesetzbuch, als auch durch die Zivilprozessordnung und durch die Insolvenzordnung geschützt.

I. Der Schutz durch das bürgerliche Recht

Das Bürgerliche Gesetzbuch schützt den Besitz – nicht nur des mittelbaren Besitzers – sowohl durch das Sachenrecht selbst, als auch durch andere Rechtsgebiete, insbesondere das Delikts- und Bereicherungsrecht.

1. Der sachenrechtliche Besitzschutz

§ 868 BGB stellt grundsätzlich den mittelbaren Besitz dem unmittelbaren Besitz gleich, da auch dem mittelbaren Besitzer der sachenrechtliche Besitzschutz zuteilwerden soll. Die Gleichstellung von mittelbarem und unmittelbarem Besitzer ist jedoch nicht absolut, sondern wird durch § 869 BGB beschränkt. Der mittelbare Besitzer kann gegenüber Dritten sachenrechtlichen Besitzschutz geltend machen, nicht aber gegenüber dem unmittelbaren Besitzer.

a) Kein Besitzschutz im Verhältnis von mittelbarem und unmittelbarem Besitzer

Der Besitzschutz des mittelbaren Besitzers gegenüber dem unmittelbaren Besitzer ist grundsätzlich ausgeschlossen. Schutzobjekt des Besitzschutzes ist der unmittelbare Besitz, der nicht zur Disposition des mittelbaren Besitzers steht.[492] Die Gleichstellung von unmittelbarem und mittelbarem Besitz beruht auf dem Verständnis des mittelbaren Besitzes als Sachherrschaft.[493] Dies ergibt sich aus dem Umstand, dass ein Angriff Dritter auf den mittelbaren Besitz, der nicht auf einer Verletzung des unmittelbaren Besitzes beruht, sondern in einem Angriff auf das Besitzmittlungsverhältnis besteht, nicht denkbar ist.[494] Ein solcher Angriff würde in keinem Fall verbotene Eigenmacht darstellen: Nutzt der unmittelbare Besitzer die dem Besitzmittlungsverhältnis unterliegende Sache oder veräußert er sie, so kommt es darauf an, ob er dazu berechtigt war. Die Frage, ob er berechtigt ist, ist aber eine Rechtsfrage und keine tatsächliche.[495] Gegenstand des Besitzschutzes ist immer die unmittelbare Sachherrschaft, so dass auch der mittelbare Besitz nur durch den Schutz des unmittelbaren Besitzes geschützt wird.[496]

b) Der sachenrechtliche Besitzschutz gegenüber Dritten

Dem unmittelbaren Besitzer gewährt § 859 BGB ein Selbsthilferecht und darüber hinaus verschiedene Besitzschutzansprüche in- und außerhalb des Sachenrechts. Im Sachenrecht sind dies einerseits die possessorischen Besitzschutzansprüche der §§ 861, 862, 867 BGB – der sog. Besitzschutz im engeren Sinn – und der petitorische Schutz aus § 1007 BGB.

Diese Regelungen finden nicht uneingeschränkt, sondern nur nach Maßgabe des § 869 BGB Anwendung auf den mittelbaren Besitzer. Ausdrücklich regelt § 869 BGB nur die Anwendung der §§ 861, 862, 867 BGB. Ob sich der mittelbare Besitzer darüber hinaus auch auf die Gewaltrechte und insbesondere auf § 859 BGB berufen kann, ist bis zum heutigen Tage umstritten. Unbestritten ist jedoch, dass der mittelbare Besitzer trotz fehlender Verweisung in § 869 BGB auch den Anspruch aus § 1007 BGB geltend machen kann.

---

492 *Gutzeit* in: Staudinger, BGB, § 869, Rn. 1.

493 Vgl. S. 63 dieser Arbeit.

494 RG 16.05.1931, JW 1931, S. 2904, 2906; *Gutzeit* in: Staudinger, BGB, § 869, Rn. 1.

495 *Gutzeit* in: Staudinger, BGB, § 869, Rn. 1; *Wieling*, Sachenrecht, Bd. 1, § 6 IV 1; *Wieling*, AcP 184 [1984], S. 462–464.

496 *Gutzeit* in: Staudinger, BGB, § 858, Rn. 4 u. § 869, Rn. 1; *Joost* in: MüKo-BGB, § 869, Rn. 1.

aa) Der possessorische Besitzschutz

Der Begriff des possessorischen Besitzschutzes fasst die Ansprüche des Besitzers wegen Besitzentziehung aus § 861 BGB, wegen Besitzstörung aus § 862 BGB sowie den Abholanspruch aus § 867 BGB zusammen. Den Ansprüchen ist gemein, dass sie auf der Beeinträchtigung des Besitzes als solchem beruhen und nicht von einem Recht zum Besitz abhängig sind.[497] Dementsprechend ist es dem aus § 861 oder § 862 BGB Beklagten gem. § 863 BGB verwehrt, sich gegenüber dem Kläger auf ein Recht zum Besitz oder zur Vornahme der störenden Handlung zu berufen.[498]

(1) Die Ansprüche aus § 861 und § 862 BGB

Die Ansprüche aus § 861 und § 862 BGB stützen sich ebenso wie das Selbsthilferecht des Besitzers auf den Begriff der verbotenen Eigenmacht.[499]

(a) Die verbotene Eigenmacht

Der Begriff der verbotenen Eigenmacht ist in § 858 BGB gesetzlich als widerrechtliche Entziehung oder Störung des Besitzes gegen den Willen des Besitzers definiert, sofern nicht das Gesetz diese Beeinträchtigung gestattet. Die Abgrenzung zwischen den Fällen der Besitzentziehung und der Besitzstörung ist fließend und bleibt folgenlos. Vielmehr kommt es darauf an, dass die Sachherrschaft und die darin liegende Nutzungsmöglichkeit des unmittelbaren Besitzers beeinträchtigt wird. Die Frage der Schuldhaftigkeit der Beeinträchtigung ist nicht entscheidend, sie muss nur ohne den Willen des unmittelbaren Besitzers erfolgen.[500] Der durch die verbotene Eigenmacht erlangte Besitz wird als „fehlerhaft“ bezeichnet.[501]

(b) Die Besitzentziehung

§ 861 BGB gewährt dem Besitzer einen Anspruch auf Wiedereinräumung des verlorenen Besitzes.[502] Dieser besteht, sofern eine Besitzentziehung und damit

497 *Gutzeit* in: Staudinger, BGB, § 861, Rn. 1; *Joost* in: MüKo-BGB, § 861, Rn. 1.
498 *Gutzeit* in: Staudinger, BGB, § 863, Rn. 1/3; *Joost* in: MüKo-BGB, § 863, Rn. 1.
499 *Baur/Stürner*, Sachenrecht, § 9, Rn. 2.
500 *Baur/Stürner*, Sachenrecht, § 9, Rn. 4.
501 *Baur/Stürner*, Sachenrecht, § 9, Rn. 8.
502 *Gutzeit* in: Staudinger, BGB, § 861, Rn. 3; *Joost* in: MüKo-BGB, § 861, Rn. 4.

verbotene Eigenmacht i.S.d. § 858 BGB vorliegt und sofern der Kläger bis zur Verübung der verbotenen Eigenmacht unmittelbarer Besitzer war.[503]

§ 869 Satz 1 BGB erklärt den Anspruch aus § 861 BGB für auf den mittelbaren Besitzer anwendbar, jedoch kann dieser gem. § 861 Satz 2 Hs. 1 BGB zunächst nur die Wiedereinräumung des unmittelbaren Besitzes an den bisherigen unmittelbaren Besitzer verlangen. Nur in dem Fall, dass dieser die Sache nicht erneut in Besitz nehmen kann oder will, darf der mittelbare Besitzer gem. § 861 Satz 2 Hs. 2 BGB Herausgabe an sich selbst verlangen.[504] Ein Fall des Nichtkönnens liegt auch vor, sofern sich die Rechtslage ändert und das bisherige Recht zum Besitz des unmittelbaren Besitzers erlischt.[505] Im Falle von mehrstufigem mittelbaren Besitz kann der oberste Besitzer die Herausgabe an sich selbst nur beanspruchen, sofern keiner der Besitzmittler den unmittelbaren Besitz übernehmen kann oder will.[506]

Der Anspruch des mittelbaren Besitzers aus § 861 BGB ist ausgeschlossen, sofern der unmittelbare Besitzer der Entziehung des Besitzes zugestimmt hat, selbst wenn diese Zustimmung gegen die Pflichten aus dem Besitzmittlungsverhältnis verstößt.[507] Stimmt der unmittelbare Besitzer dem Eingriff aber erst nach Entstehung des Besitzschutzanspruchs zu, so erlischt der Anspruch nicht, sondern besteht fort.[508]

(c) Die Besitzstörung

Der Anspruch aus § 862 BGB stellt das Pendant zu § 861 BGB für den Fall der Besitzstörung dar.[509] Der Anspruch kann sowohl auf Beseitigung einer bestehenden, als auch auf Unterlassung einer künftigen Störung gerichtet sein und ist in dieser Form dem negatorischen Anspruch aus § 1004 BGB nachgebildet.[510] Der Beseitigungsanspruch setzt voraus, dass der störende Zustand als Dauerzustand

---

503 *Gutzeit* in: Staudinger, BGB, § 861, Rn. 5/6; *Joost* in: MüKo-BGB, § 861, Rn. 3/5.

504 *Gutzeit* in: Staudinger, BGB, § 869, Rn. 5; *Joost* in: MüKo-BGB, § 869, Rn. 3.

505 *Gursky* in: Westermann/Gursky/Eickmann, Sachenrecht, § 25, Rn. 5; *Gutzeit* in: Staudinger, BGB, § 869, Rn. 5.

506 *Gutzeit* in: Staudinger, BGB, § 869, Rn. 5; *Raiser* in: Enneccerus/Kipp/Wolff, Sachenrecht, Bd. 3, § 20, Fn. 3.

507 RG 16.05.1908, RGZ 86, S. 386, 389; *Gutzeit* in: Staudinger, BGB, § 869, Rn 6; *Joost* in: MüKo-BGB, § 869, Rn. 3; *Stadler* in: Soergel, BGB, § 869, Rn. 1.

508 *Gutzeit* in: Staudinger, BGB, § 869, Rn. 6; *Joost* in: MüKo-BGB, § 869, Rn. 3; *Stadler* in: Soergel, BGB, § 869, Rn. 1; *Wieling*, Sachenrecht, Bd. 1, § 6 IV 3 a.

509 *Gutzeit* in: Staudinger, BGB, § 862, Rn. 1.

510 *Gutzeit* in: Staudinger, BGB, § 862, Rn. 2, 4 u. 5; *Joost* in: MüKo-BGB, § 862, Rn. 5/6.

im Zeitpunkt der Klageerhebung besteht, während es beim Unterlassungsanspruch darauf ankommt, dass die konkrete Gefahr einer zukünftigen Störung vorliegt.[511]

Unabhängig davon, ob dieser Anspruch durch den unmittelbaren oder den mittelbaren Besitzer geltend gemacht wird, bleibt sein Inhalt gleich. Doch gilt auch in diesem Fall, dass eine vorherige Zustimmung des unmittelbaren Besitzers die Rechtswidrigkeit der Besitzstörung entfallen lässt, während die nachträgliche Zustimmung den Fortbestand des Anspruchs nicht tangiert.[512]

(d) Die Einwendungen aus § 861 Abs. 2 BGB und § 862 Abs. 2 BGB

Der Anspruch aus § 861 Abs. 1 BGB ist gem. § 861 Abs. 2 BGB ebenso ausgeschlossen wie der Anspruch aus § 862 Abs. 1 BGB gem. § 862 Abs. 2 BGB, sofern der Kläger dem Beklagten oder dessen Rechtsvorgänger gegenüber nach Maßgabe des § 858 Abs. 2 BGB fehlerhaft besitzt und die dem fehlerhaften Besitz zugrundeliegende Eigenmacht nicht mehr als ein Jahr vor der Störung zurückliegt.[513]

Diese Einwendungen stehen auch dem mittelbaren Besitzer zu.[514] Dies bedeutet für den mittelbaren Besitzer, dass – sofern ein Dritter dem unmittelbaren Besitzer die Sache entzogen und er selbst dem Dritten diese unter Anwendung verbotener Eigenmacht weggenommen hat – er die Besitzentziehungsklage des Dritten abwenden kann. Besitzt der Besitzmittler gegenüber einem Dritten fehlerhaft, kann dieser eine mögliche Klage des mittelbaren Besitzers ebenfalls abwenden.[515]

(2) Der Anspruch aus § 867 BGB

Anders als die §§ 861, 862 BGB setzt § 867 BGB nicht das Vorliegen verbotener Eigenmacht voraus, vielmehr schließt dieser Anspruch eine Lücke im Besitzschutzsystem. Gelangt nämlich eine Sache auf ein fremdes Grundstück, so versagen die dinglichen Besitzschutzansprüche – sowohl possessorischer, als auch petitorischer Natur – sofern der Besitzer des Grundstücks noch keinen Besitz an

---

511 *Gutzeit* in: Staudinger, BGB, § 862, Rn. 7; *Joost* in: MüKo-BGB, § 862, Rn. 2/3.

512 *Gutzeit* in: Staudinger, BGB, § 869, Rn. 7; *Joost* in: MüKo-BGB, § 869, Rn. 4.

513 *Gutzeit* in: Staudinger, BGB, § 861, Rn. 14–15 u. § 862, Rn. 11; *Joost* in: MüKo-BGB, § 861, Rn. 7–11 u. § 862, Rn. 10.

514 RG 18.09.1908, JW 1908, S. 681, 682; *Gutzeit* in: Staudinger, BGB, § 869, Rn. 9; *Raiser* in: Enneccerus/Kipp/Wolff, Sachenrecht, Bd. 3, § 20, Fn. 1; *Stadler* in: Soergel, BGB, § 869, Rn. 1.

515 *Gutzeit* in: Staudinger, BGB, § 869, Rn. 9.

der Sache erlangt hat. In diesem Fall gewährt § 867 BGB zwar kein Recht zum eigenmächtigen Betreten des Grundstücks, jedoch einen Anspruch darauf, die Sache aufzusuchen und wegzuschaffen.[516] Der Anspruch richtet sich also auf die Duldung des Aufsuchens und Wegschaffens durch den Grundstücksbesitzer.[517]

Gem. § 869 Satz 3 BGB steht dem mittelbaren Besitzer dieser Anspruch nur zu, sofern der unmittelbare Besitzer die Sache nicht selbst abholen will oder kann. Anders als die Ansprüche wegen Besitzentziehung und Besitzstörung ist dieser Anspruch also lediglich subsidiär.[518] Der mittelbare Besitzer hat jedoch keinen Anspruch darauf, dass dem Besitzmittler das Aufsuchen und Wegschaffen gestattet wird.[519] Teilweise wird zwar das Gegenteil behauptet,[520] jedoch vermag dies nicht zu überzeugen. Ist der Besitzmittler nicht willens oder in der Lage, die Sache aufzusuchen und wegzuschaffen, so nutzt es nichts, dem mittelbaren Besitzer einen Anspruch darauf einzuräumen, dass der Grundstücksbesitzer ihm dies gestatte.[521]

bb) Das Selbsthilferecht aus § 859 BGB

Hinsichtlich der dem mittelbaren Besitzer zustehenden Gewaltrechte muss zwischen den allgemeinen Gewaltrechten – die naturgemäß von jedweder besitzrechtlichen Stellung unabhängig sind und auch dem mittelbaren Besitzer zustehen – sowie dem besitzrechtlichen Selbsthilferecht aus § 859 BGB differenziert werden. Ein Verweis auf letzteres ist in § 869 BGB nicht enthalten. Bis zum heutigen Tage ist umstritten, ob sich der mittelbare Besitzer auf dieses berufen darf.

(1) Der Inhalt des § 859 BGB

§ 859 BGB gewährt dem Besitzer das Recht, sich verbotener Eigenmacht mit Gewalt zu erwehren. Droht die Beeinträchtigung des Besitzes oder dauert diese an, spricht man von der Besitzwehr; ist die Entziehung bereits vollendet, von der Besitzkehr.[522] Die Besitzwehr kann als besondere Form der Notwehr i.S. des § 227 BGB und die Besitzkehr als Spezialfall der Selbsthilfe verstanden werden.[523]

---

516 *Gutzeit* in: Staudinger, BGB, § 867, Rn. 1; *Joost* in: MüKo-BGB, § 867, Rn. 1, 2 u. 5.
517 *Gutzeit* in. Staudinger, BGB, § 867, Rn. 7.
518 *Gutzeit* in: Staudinger, BGB, § 869, Rn. 8; *Raiser* in: Enneccerus/Kipp/Wolff, Sachenrecht, Bd. 3, § 20 III.
519 *Gutzeit* in: Staudinger, BGB, § 869, Rn. 8; *Joost* in: MüKo-BGB, § 869, Rn. 5.
520 *Stadler* in: Soergel, BGB, § 869, Rn. 4; *Wieling*, Sachenrecht, Bd. 1, § 6 IV 3 c.
521 *Gutzeit* in: Staudinger, BGB, § 869, Rn. 8.
522 *Baur/Stürner*, Sachenrecht, § 9, Rn. 10.
523 *Baur/Stürner*, Sachenrecht, § 9, Rn. 11.

Die Besitzwehr setzt – wie auch die Notwehr gem. § 227 BGB – einen gegenwärtigen rechtswidrigen Angriff voraus, wobei sich die Rechtswidrigkeit bereits aus dem Begriff der verbotenen Eigenmacht ergibt. Der Angriff – also die Besitzentziehung oder -störung – muss sich gegen den unmittelbaren Besitz richten. Das Gewaltrecht aus § 859 Abs. 1 BGB endet, sobald der Angriff beendet ist, also der Besitzentzieher eigenen Besitz begründet oder die Besitzstörung beendet hat.[524]

Die Besitzkehr dehnt das Selbsthilferecht des Besitzers deutlich über die sich aus der Notwehr ergebenden Rechte aus. Die Besitzkehr aus § 859 Abs. 2 und 3 BGB gewährt dem Besitzer das Recht, sich erneut des Besitzes an einer Sache zu bemächtigen, an der der Besitzentzieher bereits neuen Besitz erlangt hat.[525] Die Ausübung der Besitzkehr ist nur gestattet, wenn der Entzieher bei der Tat angetroffen oder unmittelbar nach der Tat verfolgt wird.[526]

(2) Die Anwendbarkeit des § 859 BGB auf den mittelbaren Besitzer

Ob der mittelbare Besitzer sich auf das Selbsthilferecht gem. § 859 BGB direkt berufen kann, ist bis zum heutigen Tage umstritten.

(a) Keine Anwendbarkeit des § 859 BGB

Sowohl ein nicht unerheblicher Teil der Literatur, als auch die Rechtsprechung kommen zu dem Schluss, dass der mittelbare Besitzer sich nicht auf das Selbsthilferecht aus § 859 BGB berufen kann, da ein entsprechender Verweis in § 869 BGB fehle.[527] Diese Ansicht kann sich auf den historischen Gesetzgeber stützen, der die sich aus §§ 227 ff. BGB ergebenden Selbsthilferechte als ausreichend erachtete und daher dem mittelbaren Besitzer gerade nicht das Selbsthilferecht aus § 859 BGB zugestehen wollte.[528]

(b) Anwendbarkeit des § 859 BGB

Diese Auffassung stößt jedoch auf erheblichen Widerspruch eines großen Teils der Literatur, der auch dem mittelbaren Besitzer den Rückgriff auf § 859 BGB erlauben will. Der mittelbare Besitzer sei mehr als ein uneigennütziger Nothelfer,

524 *Gutzeit* in: Staudinger, BGB, § 859, Rn. 7.
525 *Gutzeit* in: Staudinger, BGB, § 859, Rn. 15.
526 *Gutzeit* in: Staudinger, BGB, § 859, Rn. 17.
527 RG 04.12.1934, RGZ 146, S. 182, 190; OLG Freiburg 31.01.1952, JZ 1952, S. 334, 334; *Joost* in: MüKo-BGB, § 869, Rn. 7/8; *Sosnitza*, Besitz und Besitzschutz, S. 169/170; *Wieling*, Sachenrecht, Bd. 1, § 6 IV 2.
528 Prot. bei *Mugdan*, Materialien, Bd. 3, S. 516; Denkschrift bei *Mugdan*, Materialien, Bd. 3, S. 965.

vielmehr verteidige er sein eigenes Rechtsgut, den mittelbaren Besitz.[529] Jedoch ist zu bedenken, dass der mittelbare Besitz im Rechtsverkehr tatsächlich nicht erkennbar ist, so dass der auf die tatsächlichen Verhältnisse zugeschnittene § 859 BGB in Bezug auf den mittelbaren Besitzer leicht seine Befriedungsfunktion verfehlen könnte.[530]

(c) Die Anwendbarkeit von § 859 BGB und die Rechtsnatur des mittelbaren Besitzes

Das Kern des Problems ist die Frage, welcher Rechtsnatur der mittelbare Besitz ist.[531] Wird der mittelbare Besitz als Rechtsverhältnis oder Fiktion verstanden, ist die Anwendbarkeit des § 859 BGB abzulehnen. Versteht man den mittelbaren Besitz jedoch – wie in der vorliegenden Arbeit – als echten, auf der tatsächlichen Sachherrschaft einer Person gründenden Besitz, ist folgerichtig dem mittelbaren Besitzer auch das volle Selbsthilferecht aus § 859 BGB zu gewähren.

Soweit der mittelbare Besitz als Rechtsverhältnis oder als Fiktion verstanden wird, ist es folgerichtig, eine Ausdehnung der Anwendung des Selbsthilferechtes auf den mittelbaren Besitzer nur zuzulassen, sofern anderenfalls Schutzlücken zu erwarten wären. Schutzlücken bestehen jedoch nicht, da der mittelbare Besitzer wie jedermann befugt ist, sich auf die allgemeinen Gewaltrechte aus §§ 227 ff. BGB zu berufen.[532] Darüber hinaus kann der mittelbare Besitzer auch in den Grenzen der Geschäftsführung ohne Auftrag den Anspruch wegen Besitzkehr gem. § 859 Abs. 2 und 3 BGB im Interesse des unmittelbaren Besitzers ausüben.[533] Angesichts des mit der allgemeinen Notwehr gem. § 227 BGB vergleichbaren Charakters der Besitzwehr gem. § 859 Abs. 1 BGB und der Möglichkeit, die Besitzkehr aus § 859 Abs. 2 und 3 BGB über die Regeln der Geschäftsführung ohne Auftrag geltend zu machen, besteht kein Bedarf, dem mittelbaren Besitzer die unmittelbare Ausübung von § 859 BGB zu ermöglichen.

---

529 *Baur/Stürner*, Sachenrecht, § 9, Rn. 23; *O. Gierke*, Deutsches Privatrecht, Bd. 2, § 116 II 1; *Gursky* in: Westermann/Gursky/Eickmann, Sachenrecht, § 25, Rn. 6; *Gutzeit* in: Staudinger, BGB, § 869, Rn. 2; *Heck*, Sachenrecht, § 8, Rn. 3; *Kollhosser* in: JuS 1992, S. 570/571; *Petersen*, Jura 2002, S. 163 *Raiser* in: Enneccerus/Kipp/Wolff, Sachenrecht, Bd. 3, § 20 I; *Stadler* in: Soergel, BGB, § 869, Rn. 3; *Wendt*, AcP 87 (1897), S. 57/58.

530 *Joost* in: MüKo-BGB, § 869, Rn. 8; *Sosnitza*, Besitz und Besitzschutz, S. 170.

531 Vgl. S. 61–63 dieser Arbeit.

532 *Joost* in: MüKo-BGB, § 870, Rn. 7/8; *Sosnitza*, Besitz und Besitzschutz, S. 169/170.

533 *Sosnitza*, Besitz und Besitzschutz, S. 169/170; *Wieling*, Sachenrecht, Bd. 1, § 5 III 2 a; vgl. S. 120 dieser Arbeit.

Tatsächlich handelt es sich bei dem mittelbaren Besitz um einen Fall echten Besitzes, der auf der gemittelten tatsächlichen Sachherrschaft beruht. Der mittelbare Besitzer ist echter Besitzer, der ebenso wie der unmittelbare Besitzer ein eigenes Recht verteidigt. Es besteht daher kein Grund, dem mittelbaren Besitzer das Selbsthilferecht aus § 859 BGB zu verwehren, solange der mittelbare Besitzer lediglich die Wiedereinräumung des Besitzes bei dem unmittelbaren Besitzer verfolgt.

cc) Der petitorische Besitzschutz

§ 1007 BGB gewährt dem früheren Besitzer einer beweglichen Sache, der seinen Besitz unfreiwillig verloren hat, unter bestimmten Voraussetzungen einen Anspruch auf Herausgabe gegen den gegenwärtigen Besitzer. Der Anspruch kann auch durch einen früheren mittelbaren Besitzer geltend gemacht werden.[534]

(1) Die Rechtsnatur

Es kommt für den Anspruch aus § 1007 BGB nicht darauf an, dass der Kläger einst berechtigter Besitzer war, vielmehr genügt es, dass der jetzige Besitzer beim Besitzerwerb nicht in gutem Glauben war oder die Sache dem früheren Besitzer abhanden gekommen ist. Damit knüpft § 1007 BGB an die Tatsache des Besitzes und nicht an ein Recht zum Besitz an.[535] Sachlich gehört § 1007 BGB daher eigentlich in den ersten Abschnitt des dritten Buches des BGB über den Besitz.[536] Jedoch unterscheidet sich § 1007 BGB insofern von den possessorischen Besitzschutzansprüchen, als gegen ihn auch petitorische Einwendungen zugelassen sind. Der Beklagte kann sich zur Verteidigung auf sein Recht zum Besitz berufen und damit relativ im Verhältnis der Parteien – nicht absolut im Verhältnis zum Eigentümer – eine abschließende Entscheidung herbeiführen.[537]

Diese relative Natur, die dem deutschen Recht ansonsten fremd ist, macht es schwer, § 1007 BGB in das System des bürgerlichen Rechts einzuordnen. Teilweise wird argumentiert, dass durch die Rückführung an den früheren Besitzer die Sache wieder möglichst nahe an den wahren Berechtigten zurückgeführt werden soll.[538] Heck wiederum hat für den Besitz des früheren Besitzers den Begriff

534 BGH 10.01.1973, WarnR 1973, Nr. 3, S. 9, 11.
535 *Gursky* in: Staudinger, BGB, § 1007, Rn. 1.
536 BGH 25.09.1952, BGHZ 7, S. 208, 215; *Gursky* in: Staudinger, BGB, § 1007, Rn. 1.
537 *Baldus* in: MüKo-BGB, § 1007, Rn. 18; *Gursky* in: Staudinger, BGB, § 1007, Rn. 1.
538 *Baldus* in: MüKo-BGB, § 1007, Rn. 13; *Medicus* in: MüKo-BGB^4, § 1007, Rn. 3.

des besser berechtigten Besitzers ins Feld geführt.[539] Keine dieser Auffassungen vermag jedoch zu überzeugen. Der Besitz des früheren Besitzers ist sicherlich kein besserer Besitz, insofern als § 1007 BGB auch den früheren Besitzer schützt, der überhaupt kein Recht zum Besitz hat. Der erste Ansatz vermag hingegen nicht zu erklären, warum der Anspruch bei eigenem bösgläubigen Besitzerwerb des früheren Besitzers ausgeschlossen ist.[540] Sosnitza hat daher den Begriff der relationalen Zuordnung geprägt, nach dem mit § 1007 BGB eine abschließende Entscheidung unter den Parteien, aber nicht gegenüber dem Eigentümer getroffen werden soll.[541]

(2) Die Voraussetzungen

Hinsichtlich der Voraussetzungen des Anspruchs ist zwischen § 1007 Abs. 1 und Abs. 2 BGB zu differenzieren.

(a) Die Voraussetzungen gem. § 1007 Abs. 1 BGB

Ein Herausgabeanspruch gegen den bösgläubigen Besitzerwerber gem. § 1007 Abs. 1 BGB besteht, sofern es sich um eine bewegliche Sache handelt, der Anspruchsteller die Sache zu einem früheren Zeitpunkt in Besitz hatte und er selbst beim Erwerb des Besitzes nicht bösgläubig war. Weiterhin muss der Anspruchsgegner beim Besitzerwerb bösgläubig gewesen sein, darf also zu diesem Zeitpunkt objektiv kein Recht zum Besitz besessen und muss diesen Umstand gekannt bzw. ihn nur infolge grober Fahrlässigkeit nicht gekannt haben.[542]

(b) Die Voraussetzungen gem. § 1007 Abs. 2 BGB

Der Herausgabeanspruch aus § 1007 Abs. 2 BGB setzt voraus, dass die Sache dem Anspruchsteller zu einem früheren Zeitpunkt i.S. des § 935 BGB abhanden gekommen ist, dieser also den unmittelbaren Besitz unfreiwillig verloren hat.[543] Der Anspruch aus § 1007 Abs. 2 BGB kann grundsätzlich gegenüber jedem Besitzer geltend gemacht werden, d.h. anders als bei § 1007 Abs. 1 BGB auch gegenüber demjenigen, der im Zeitpunkt des Besitzerwerbs gutgläubig war.[544]

---

539 *Heck*, Sachenrecht, § 34, Rn. 2.

540 *Gursky* in: Staudinger, BGB, § 1007, Rn. 3.

541 *Sosnitza*, Besitz und Besitzschutz, S. 194/195.

542 *Gursky* in: Staudinger, BGB, § 1007, Rn. 10, 14 u. 17.

543 *Gursky* in: Staudinger, BGB, § 1007, Rn. 34.

544 *Gursky* in: Staudinger, BGB, § 1007, Rn. 35.

(3) Der Ausschluss des Anspruchs

Sowohl der Anspruch aus § 1007 Abs. 1 BGB, als auch der Anspruch aus § 1007 Abs. 2 BGB entfallen gem. § 1007 Abs. 3 Satz 2 BGB i.V.m. § 986 BGB, sofern dem Anspruchsgegner gegenwärtig ein Recht zum Besitz gegenüber dem Anspruchsteller zusteht.[545] Ebenso entfallen beide Ansprüche gem. § 1007 Abs. 3 Satz 1 Alt. 1 BGB, wenn der Anspruchsteller selbst bei seinem Besitzerwerb nicht in gutem Glauben war.[546]

Der Anspruch aus § 1007 Abs. 1 BGB ist gem. § 1007 Abs. 3 Satz 1 Alt. 2 BGB ausgeschlossen, sofern der frühere Besitzer den Besitz freiwillig aufgegeben hat.[547] Für den Anspruch aus § 1007 Abs. 2 BGB gilt dies nicht, jedoch ist dieser ausgeschlossen, sofern die Sache dem gegenwärtigen Besitzer bereits einmal vor der Besitzzeit des Anspruchstellers abhanden gekommen ist.[548]

(4) Die Rechtsfolgen

Neben dem sich aus § 1007 Abs. 1 und Abs. 2 BGB unmittelbar ergebenden Herausgabeanspruch erklärt § 1007 Abs. 3 Satz 2 BGB die sich aus den §§ 987 ff. BGB ergebenden Nebenansprüche auf Schadenersatz und Nutzungsherausgabe sowie die Verwendungsansprüche des unberechtigten Besitzers aus §§ 994 ff. BGB für entsprechend anwendbar. Die Vindikationslage wird dabei jeweils durch den Herausgabeanspruch aus § 1007 BGB ersetzt.[549]

dd) Das Recht zum Besitz aus § 986 BGB

Im Zusammenhang mit dem sachenrechtlichen Schutz des Besitzes muss auch auf das Recht zum Besitz aus § 986 BGB eingegangen werden, auch wenn dieses keinen Anspruch des Besitzers, sondern lediglich eine Einwendung gegenüber dem Herausgabeanspruch des Eigentümers aus § 985 BGB darstellt.[550] Trotz anderslautendem Wortlaut handelt es sich nicht um eine zu erhebende Einrede, da § 986 BGB dieselbe Funktion wie § 1004 BGB erfüllt, der als Einwendung formuliert ist.[551] Insbesondere wäre die Qualifikation als Einrede auch nur schwer vereinbar mit einem auf den unmittelbaren Besitz gerichteten Herausgabeanspruch des

545 *Gursky* in: Staudinger, BGB, § 1007, Rn. 18 u. 40.
546 *Gursky* in: Staudinger, BGB, § 1007, Rn. 37.
547 *Gursky* in: Staudinger, BGB, § 1007, Rn. 16.
548 *Gursky* in: Staudinger, BGB, § 1007, Rn. 37 u. 38.
549 *Baldus* in: MüKo-BGB, § 1007, Rn. 35; *Gursky* in: Staudinger, BGB, § 1007, Rn. 42.
550 *Bassenge* in: Palandt, BGB, § 986, Rn. 1.
551 *Baldus* in: MüKo-BGB, § 986, Rn. 37; *Gursky* in: Staudinger, BGB, § 986, Rn. 1.

Eigentümers. Nach § 986 Abs. 2 BGB kann die Einwendung auch einem neuen Eigentümer entgegengehalten werden, der die Sache im Wege des Besitzkonstituts erworben hat.

c) *Der sachenrechtliche Besitzschutz im Verhältnis von mittelbarem und unmittelbarem Besitzer*

Während der unmittelbare Besitzer gegenüber dem mittelbaren Besitzer den vollen Besitzschutz genießt,[552] ist jedweder Besitzschutz des mittelbaren Besitzers gegenüber dem unmittelbaren Besitzer ausgeschlossen.[553] Dies ergibt sich denknotwendig dadurch, dass Schutzgegenstand der Besitzschutzansprüche aus §§ 861, 862 BGB und des Selbsthilferechts aus § 859 BGB der unmittelbare Besitz ist. Mithin ist ausgeschlossen, dass der unmittelbare Besitzer gegen sich selbst verbotene Eigenmacht verübt.[554] Im Falle mehrstufigen mittelbaren Besitzes ist dies einem Besitzmittler naturgemäß möglich, jedoch sollen insoweit ausschließlich das Besitzmittlungsverhältnis und die sich aus diesem ergebenden Ansprüche gelten.[555]

Ein kleiner Teil der Literatur vertritt die Auffassung, dass dem mittelbaren Besitzer gegenüber dem unmittelbaren Besitzer ein Rückgriff auf die Besitzschutzansprüche gestattet sei, wenn dieser sein Besitzrecht überschreite.[556] Diese Auffassung ist jedoch einerseits mit dem mit § 869 BGB verfolgten Ziel, gerade den unmittelbaren Besitz an der Sache zu schützen und andererseits mit dem Wortlaut von § 861 BGB, der einen Vorrang des unmittelbaren Besitzers begründet, unvereinbar. Hätte der historische Gesetzgeber diese Auffassung geteilt, hätte er die entsprechenden Vorschriften anders formuliert.[557]

---

552 RG 13.07.1910, Recht 1910, Nr. 3190; OLG Stuttgart 27.04.1917, Recht 1917, Nr. 1277; OLG Dresden 20.05.1920, JW 1918, S. 686, 686; *Baur/Stürner*, Sachenrecht, § 9, Rn. 24; *Gutzeit* in: Staudinger, BGB, § 869, Rn. 10; *Gursky* in: Westermann/Gursky/Eickmann, Sachenrecht, § 25, Rn. 4; *Joost* in: MüKo-BGB, § 869, Rn. 9.

553 RG 16.06.1903, RGSt 36, S. 322, 323; OLG Frankfurt 28.06.1997, NJW 1997, S. 3030, 3030/3031; *Baur/Stürner*, Sachenrecht, § 9, Rn. 24; *Gutzeit* in: Staudinger, BGB, § 869, Rn. 11; *Gursky* in: Westermann/Gursky/Eickmann, Sachenrecht, § 25, Rn. 3; *Wieling*, Sachenrecht, Bd. 1,§ 6 IV 1; *Wieling*, AcP 184 [1984], S. 463/464.

554 *Gutzeit* in: Staudinger, BGB, § 869, Rn. 11.

555 OLG Dresden 27.01.1902, OLGE 4, S. 289, 289; *Gutzeit* in: Staudinger, BGB, § 869, Rn. 11.

556 *Bekker*, JherJB 34 [1895], S. 68–71; *Heck*, Sachenrecht, § 8, Rn. 3.

557 *Gutzeit* in: Staudinger, BGB, § 869, Rn. 11.

2. *Der Schutz des Besitzes außerhalb des Sachenrechts*

Der mittelbare Besitzer wird jedoch nicht nur das Sachenrecht geschützt. So ist der Besitz durch das Deliktsrecht und gem. § 812 BGB bei Vorliegen der Voraussetzungen der Leistungs- oder Eingriffskondiktion durch das Bereicherungsrecht geschützt. Weiterhin eröffnet das Recht der Geschäftsführung ohne Auftrag dem mittelbaren Besitzer die Möglichkeit, für den unmittelbaren Besitzer tätig zu werden.

a) Der Schutz des Besitzes durch das Deliktsrecht

Im Deliktsrecht kann der Besitzschutz sowohl durch § 823 Abs. 1 BGB, als auch durch § 823 Abs. 2 BGB in Verbindung mit einem Schutzgesetz erfolgen. Die tatsächliche Natur des Besitzes führt in Hinblick auf beide Ansprüche zu heftigem Streit.

aa) Der Schutz des Besitzes durch § 823 Abs. 1 BGB

Der Besitz ist nicht Bestandteil des Rechtsgüterkataloges in § 823 Abs. 1 BGB. Sein Schutz kann nur erfolgen, sofern sich der (unmittelbare) Besitz als sonstiges Recht i.S. dieser Vorschrift qualifizieren lässt. Der Gesetzgeber hat den Besitz bewusst nicht in den Rechtsgüterkatalog des § 823 Abs. 1 BGB aufgenommen, da dieser zu dem dogmatischen Streit um das Wesen des Besitzes nicht Stellung nehmen wollte.[558]

In Hinblick auf die hinter dem Begriff des Eigentums erfolgende Nennung des sonstigen Rechts soll unter diesem jedes Recht zu verstehen hat, dass denselben rechtlichen Charakter wie das Eigentum hat, insbesondere einen Ausschließlichkeitscharakter aufweist.[559] Die tatsächliche Natur des Besitzes wirft immer wieder die Frage auf, ob dieser unter den Begriff des sonstigen Rechtes gefasst werden kann.

(1) Kein Schutz des Besitzes als sonstiges Recht

Sosnitza lehnt einen solchen Schutz unter Verweis darauf ab, dass der § 823 Abs. 1 BGB nur Rechte oder Rechtspositionen schütze, die mit einer Abwehr- und Zuordnungsposition verbunden seien. Dem Besitz komme zwar aufgrund der possessorischen Besitzschutzansprüche eine Abwehrfunktion zu, an einer Zuordnungsfunktion fehle es jedoch. Der bloße Besitz berechtige weder zur

---

558 Prot. bei *Mugdan*, Materialien, Bd. 2, S. 1076/1077.

559 *Sprau* in: Palandt, BGB, § 823, Rn. 11.

Verwertung noch zur Nutzung der Sache und ziehe auch kein Recht zum Besitz nach sich.[560]

(2) Der Besitz als absolutes Recht oder als absolute Rechtsposition

Teilweise wird die Auffassung vertreten, der Besitz sei ein absolutes dingliches Recht und damit als sonstiges Recht i.S. des § 823 Abs. 1 BGB einzustufen.[561] Verbreiteter ist die – ehemals auch von der Rechtsprechung vertretene Auffassung – der Besitz sei zwar selbst kein absolutes Recht, jedoch durch die Abwehrbefugnisse aus §§ 858 ff. BGB dergestalt gegen Dritte geschützt, dass er als absolute Rechtsposition verstanden werden könne.[562] Diese Ansicht berücksichtigt die Rechtmäßigkeit des Besitzes auf der Ebene der Schadensberechnung, da sie anderenfalls auch dem bestohlenen Dieb Schutz gewähren würde.[563] Teilweise gehen Vertreter dieser Auffassung sogar so weit, dass der Nutzungsschaden jedem Besitzer, sei er rechtmäßiger oder unrechtmäßiger Besitzer, zu erstatten sei.[564]

(3) Von Besitz und Recht zum Besitz

Eine weitere Auffassung sieht den Grund für die Qualifikation des Besitzes als sonstiges Recht i.S. des § 823 Abs. 1 BGB in der Kombination aus tatsächlichem Herrschaftsverhältnis, welches den gegenüber jedermann wirkenden Schutz begründet, und dem Recht zum Besitz.[565] Diese Auffassung wird mittlerweile auch von der Rechtsprechung vertreten.[566] Im Gegensatz zum Verständnis des Besitzes als absolut geschützte Rechtsposition führt dies dazu, dass ein Anspruch des Besitzers auf den Nutzungsschaden von vornherein nur besteht, sofern ihm auch das Nutzungsrecht zusteht. Es bedarf damit nicht des Umweges über die Schadensberechnung. Innerhalb dieser Ansicht wird jedoch noch einmal danach differenziert, ob dem Besitzer lediglich ein Recht zum Besitz zusteht oder ob dieses Recht dem Eigentum entsprechen und mit Abwehrbefugnissen ausgestattet sein muss.

---

560 *Sosnitza*, Besitz und Besitzschutz, S. 291/292 u. 309.

561 *Gernhuber*, Schuldverhältnis, § 6 IV 2 d.

562 RG 28.12.1904, RGZ 59, S. 326, 328; BGH 21.04.1960, BGHZ 32, S. 194, 204; *Wieser*, JuS 1970, S. 559/560.

563 *Wieser*, JuS 1970, S. 559/560; *Honsell*, JZ 1983, S. 533.

564 *Pieper* in: FS OLG Zweibrücken (1969), S. 254–256.

565 *Quitmann*, Eigentums- und Besitzschutz, S. 277; *Wagner* in: MüKo-BGB, § 823, Rn. 220.

566 BGH 21.02.1979, BGHZ 73, S. 355, 362.

(a) Das Recht zum Besitz

Nach der ersten Ansicht bedarf es, um den Besitz als sonstiges Recht i.S. des § 823 Abs. 1 BGB qualifizieren zu können, neben dem Besitz als tatsächlicher Sachherrschaft noch eines Rechtes zum Besitz.[567] Der Besitzer erlangt durch das Nutzungsrecht eine eigentümerähnliche Stellung.[568] CANARIS stellt insoweit ausschließlich auf das Recht zum Besitz ab.[569]

(b) Das dem Eigentum entsprechende Recht

Einer zweiten Ansicht zufolge ist der Besitz nach § 823 Abs. 1 BGB nur geschützt, wenn dem Besitzer eine eigentümerähnliche Stellung mit Abwehrbefugnissen eingeräumt wird. Dies ist nicht nur beim rechtmäßigen Besitz der Fall, sondern angesichts der Wertungen der §§ 987 ff. BGB gilt dies auch für den entgeltlichen redlichen Besitzer.[570] Im Einzelnen streiten sich die Vertreter dieser Ansicht, wann genau eine solche eigentümerähnliche Stellung vorliegen soll. WELLENHOFER begrenzt den Anspruch auf den Fall, dass der Besitzer im Verhältnis zu dem Eigentümer gem. §§ 987, 990 BGB die Nutzungen behalten darf,[571] während CAEMMERER auf den nach §§ 937, 1007 BGB privilegierten Besitzer abstellt.[572] BAUR und STÜRNER gehen soweit, auch dem nichtberechtigten Besitzer einen Anspruch zuzusprechen, sofern Rechtsnormen diesem die Nutzung zuweisen.[573]

(4) Ergebnis

Es zeigt sich, dass nur die Verknüpfung von tatsächlicher Sachherrschaft und Recht zum Besitz den Besitz als sonstiges Recht i.S. des § 823 Abs. 1 BGB qualifiziert. Der Besitz allein ist lediglich tatsächlicher Natur, während das Recht zum Besitz nicht die Abwehrrechte aus §§ 858 ff. BGB nach sich zieht, die erst die Ausschlussmöglichkeit durch den Besitzer nach sich ziehen. Auch überzeugt es nicht, auf eine eigentümerähnliche Rechtsstellung abzustellen. Die von den Vertretern dieser Ansicht aufgeführten Vorschriften weisen dem Besitzer nicht

---

567 Quitmann, Eigentums- und Besitzschutz, S. 277; *Wagner* in: MüKo-BGB, § 823, Rn. 221; *Wieling*, Sachenrecht, Bd. 1, § 5 IV 6 c u. § 3 III a.

568 *Brox/Walker*, Besonderes Schuldrecht, § 45, Rn. 14.

569 *Canaris* in: FS Flume (1978), S. 401.

570 *Medicus/Petersen*, Bürgerliches Recht, Rn. 607; *Medicus*, AcP 165 (1965), S. 120–127; *Schiemann* in: Erman, BGB, § 823, Rn. 43; *Teichmann* in: Jauernig, BGB, § 823, Rn. 16.

571 *Wolf/Wellenhofer*, Sachenrecht, § 18, Rn. 5.

572 *Caemmerer* in: FS 100 Jahre DJT (1960), S. 81/83.

573 *Baur/Stürner*, Sachenrecht, § 9, Rn. 34.

die Nutzungen zu, sondern erlauben ihm lediglich aus Billigkeitserwägungen heraus ein Behaltendürfen.[574]

bb) Der Schutz des Besitzes durch § 823 Abs. 2 BGB

Der Besitz kann darüber hinaus durch § 823 Abs. 2 BGB in Verbindung mit einem entsprechenden Schutzgesetz geschützt werden. Ob es sich bei § 858 BGB um ein Schutzgesetz i.S. des § 823 Abs. 2 BGB handelt, ist umstritten. Für die Qualifikation einer Norm als Schutzgesetz ist entscheidend, dass die Vorschrift die Wahrnehmung eines konkreten Individualinteresses durch den Gesetzgeber erfordert.[575] Es kommt daher darauf an, ob der Gesetzgeber in § 858 BGB die Wahrnehmung eines solchen konkreten Individualinteresses oder ein ausschließlich öffentliches Interesse verfolgt.

Die Rechtsprechung und Teile der Literatur qualifizieren § 858 BGB als Schutzgesetz.[576] Hauptzweck der Vorschrift sei zwar die Wahrung des öffentlichen Rechtsfriedens, doch genüge es, dass als Nebenzweck auch das Kontinuitätsinteresse des Besitzers an der Sache geschützt werde.[577] Eine andere Auffassung kommt zu dem Schluss, dass mit § 858 BGB ausschließlich ein öffentliches Interesse verfolgt werde. Darüber hinaus führe die Anwendung von § 858 BGB über § 823 Abs. 2 BGB zu einer Umgehung von § 864 BGB und § 861 Abs. 2 BGB.[578] Eine dritte Auffassung will nach der Besitzberechtigung differenzieren: Honsell will den deliktischen Besitzer angesichts der Wertung von § 992 BGB aus dem Schutzbereich von § 823 Abs. 2 BGB i.V.m. § 858 BGB ausschließen,[579] während Schick die Anwendbarkeit auf den rechtmäßigen Besitzer beschränkt sieht.[580]

Die letztgenannte Konstruktion überzeugt allein deshalb nicht, weil § 858 BGB nicht an ein Recht zum Besitz anknüpft.[581] Darüber hinaus ist auch nicht einzusehen, warum § 858 BGB ausschließlich der Sicherung des öffentlichen Rechtsfriedens dienen soll. Weder beruht der possessorische Rechtsschutz allein

---

574 *Quitmann*, Eigentums- und Besitzschutz, S. 277.

575 *Wagner* in: MüKo-BGB, § 823, Rn. 222.

576 BGH 21.02.1979, BGHZ 73, S. 355, 362; *Bassenge* in: Palandt, BGB, § 858, Rn. 1; *Sprau* in: Palandt, BGB, § 823, Rn. 63.

577 *Gutzeit* in: Staudinger, BGB, § 58, Rn. 1; *Lorenz* in: Erman, BGB, § 858, Rn. 2.

578 *Caemmerer* in: FS 100 Jahre DJT (1960), S. 83; *Wagner* in: MüKo-BGB, § 823, Rn. 222.

579 *Honsell*, JZ 1983, S. 535.

580 *Schick*, Besitzschutz nach § 823 BGB?, S. 87.

581 *Quitmann*, Eigentums- und Besitzschutz, S. 278.

auf diesem Gedanken, noch kommt es für § 823 Abs. 2 BGB darauf an, dass das Schutzgesetz ausschließlich individuellen Interessen dienen muss.[582]

cc) Die Einschränkungen des Anspruchs für den mittelbaren Besitzer

Grundsätzlich genießt auch der mittelbare Besitzer den Besitzschutz aus § 823 Abs. 1 wie Abs. 2 BGB.[583] Da jedoch der Besitzschutz im engeren Sinne im Verhältnis von mittelbarem und unmittelbarem Besitzer ausgeschlossen ist, steht dem mittelbaren Besitzer insoweit kein Schadenersatzanspruch zu.[584]

b) Der Schutz des Besitzes durch das Bereicherungsrecht

Ebenfalls heftig umstritten ist die Frage, ob der Besitz durch die §§ 812 ff. BGB bereicherungsrechtlich geschützt ist. MÜLLER erkennt die Möglichkeit der Kondiktion des Besitzes sowohl im Wege der Leistungs- als auch der Nichtleistungskondiktion an. Der Besitz sei aufgrund seines rechtlichen Schutzes eine vermögenswerte Position, die unabhängig von der Besitzberechtigung geschützt sei.[585] Der Anspruch bestehe, ohne dass der Kläger sein Besitzrecht darlegen müsse, da die frühere Besitzlage wiederhergestellt werden solle. Insoweit sei aber ein Anspruch des Fremdbesitzers gegen den Eigenbesitzer ausgeschlossen, von dem er seinen Besitz ableite.[586] WILHELM lehnt hingegen die Anwendung der Eingriffskondiktion auf den Besitz überhaupt ab, da im Falle der Besitzerlangung in sonstiger Weise die §§ 985, 1007 BGB oder § 861 BGB eine abschließende Regelung darstellen würden.[587]

Die Rechtsprechung und der Großteil der Lehre differenzieren zwischen Leistungs- und Eingriffskondiktion. Der Besitz könne stets Gegenstand einer Leistungskondiktion gem. § 812 Abs. 1 Satz 1 Alt. 1 BGB sein, sofern der eine Teil ihn durch die Leistung des anderen Teils ohne rechtfertigenden Grund erlangt habe.[588] Den Gegenstand einer Eingriffskondiktion gem. § 812 Abs. 1 Satz 1

---

582 *Quitmann*, Eigentums- und Besitzschutz, S. 278.

583 RG 21.06.1921, RGZ 102, S. 344, 347; *Hager* in: Staudinger, BGB, § 823, Rn. B 171; *Brox/Walker*, Besonderes Schuldrecht, § 45, Rn. 14; *Mertens* in: MüKo-BGB^3, § 823, Rn. 147.

584 BGH 21.04.1960, BGHZ 32, S. 194, 204; *Gutzeit* in: Staudinger, BGB, § 869, Rn. 12; *Hager* in: Staudinger, BGB, § 823, Rn. B 171; *Mertens* in: MüKo-BGB^3, § 823, Rn. 147.

585 *Müller*, Sachenrecht, Rn. 182.

586 *Klinkhammer*, Besitz als Gegenstand des Bereicherungsanspruchs, S. 79.

587 *Wilhelm*, Sachenrecht, Rn. 538.

588 RG 26.11.1917, Recht 1918, Nr. 230; BGH 20.10.1952, NJW 1953, S. 58, 59; *Baur/Stürner*, Sachenrecht, § 9, Rn. 38; *Lorenz* in: Staudinger, BGB, § 812, Rn. 73;

Alt. 2 BGB bilde der Besitz nur, sofern ihm ein sich auf ein Recht zum Besitz stützender Zuweisungsgehalt zukomme.[589] Medicus stellt – wie bereits im Falle des deliktsrechtlichen Schutzes dargestellt – nicht auf ein Recht zum Besitz, sondern auf den durch den Besitz erlangten Nutzen ab. Nur insoweit sei der Besitz dem Eigentum vergleichbar.[590]

In Hinblick auf den weit gefassten Gegenstand der Leistungskondiktion als jede erdenkliche Verbesserung der Vermögenssituation des Anspruchsgegners kann auch der Besitz, verstanden als rein tatsächliche Sachherrschaft, stets als Gegenstand der Leistungskondiktion angesehen werden.[591] Der Gegenstand der Eingriffskondiktion ist jedoch enger gestaltet: Erforderlich ist der Eingriff in den Zuweisungsgehalt eines fremden Rechts.[592] Dann kann aber der bloße faktische Besitz nicht Gegenstand einer Eingriffskondiktion sein, vielmehr ist ein Recht zum Besitz zu fordern. Das Abstellen auf eine rein tatsächlich gegebene Nutzungsmöglichkeit genügt insoweit nicht.

c) Die Geschäftsführung ohne Auftrag

Soweit der mittelbare Besitz als Rechtsverhältnis oder Fiktion verstanden wird, verwehren die Vertreter dieser Ansicht dem mittelbaren Besitzer den direkten Rückgriff auf § 859 BGB. Dieser soll im Rahmen der Geschäftsführung ohne Auftrag wie jeder Dritte die Besitzkehr gem. § 859 Abs. 2 und 3 BGB ausüben können. Solange der mittelbare Besitzer dabei im Interesse des Geschäftsherrn, also des unmittelbaren Besitzers handele, komme es dabei auf eine Genehmigung ebenso wenig an, wie dies sonst bei den §§ 677 ff. BGB der Fall ist.[593] Überschreite der mittelbare Besitzer die Grenzen der Besitzkehr, so handele er rechtswidrig und damit nicht mehr im Interesse des Geschäftsherrn. Ebenso müsse der mittelbare Besitzer den Willen des Geschäftsherrn beachten: Verbiete dieser die Besitzkehr, so handele der Geschäftsführer rechtswidrig. In beiden

---

Quitmann, Eigentums- und Besitzschutz, S. 273; *Sosnitza*, Besitz und Besitzschutz, S. 253/254.

589 BGH 31.10.1986, WM 1987, S. 181, 182; *Baur/Stürner*, Sachenrecht, § 9, Rn. 39; *Lorenz* in: Staudinger, BGB, § 812, Rn. 26; *Quitmann*, Eigentums- und Besitzschutz, S. 273; *Sosnitza*, Besitz und Besitzschutz, S. 253; *Wieling*, Sachenrecht, Bd. 1, § 5 IV 6 d.

590 *Medicus/Petersen*, Bürgerliches Recht, Rn. 607/709.

591 *Stadler* in: Jauernig, BGB, § 812, Rn. 8 zum Gegenstand der Leistungskondiktion.

592 *Stadler* in: Jauernig, BGB, § 812, Rn. 50–53.

593 *Sosnitza*, Besitz und Besitzschutz, S. 169/170; *Wieland*, Sachenrecht, Bd. 1, § 5 III 2 a.

Fällen scheide eine Geschäftsführung i.S. des § 683 aus.[594] Versteht man den mittelbaren Besitz jedoch als einen Fall der echten Sachherrschaft, handelt es sich nicht um ein fremdes Geschäft, insbesondere fehlt es dem mittelbaren Besitzer am Fremdgeschäftsführungswillen, da er sein eigenes Recht schützen will.

II. Der Schutz des Besitzes außerhalb des bürgerlichen Rechts

Der Besitzschutz ist nicht nur auf das Bürgerliche Gesetzbuch beschränkt. So wird diskutiert, ob der Besitz die Grundlage einer Drittwiderspruchsklage nach § 771 ZPO bilden kann und ob er ein Aussonderungsrecht i.S. von § 47 InsO darstellt.

1. Der Besitz als Grundlage einer Drittwiderspruchsklage nach § 771 ZPO

Die Frage, ob der Besitz die Grundlage einer Drittwiderspruchsklage nach § 771 ZPO bilden kann, betrifft den Fall der Zwangsvollstreckung. Nach § 771 ZPO kann ein Dritter die Drittwiderspruchsklage erheben, sofern die Zwangsvollstreckung in das Vermögen des Schuldners stattfindet und dem Dritten an einem der Zwangsvollstreckung unterliegenden Gegenstand ein die Veräußerung hinderndes Recht zusteht.[595]

In diesem Zusammenhang wird diskutiert, ob der Besitz ein die Veräußerung hinderndes Recht darstellt. Soweit dies den Besitz an Grundstücken betrifft, ist unumstritten, dass dies nicht der Fall ist, da der Besitz für die dingliche Rechtslage an Grundstücken unbedeutend ist.[596] Für den Besitz an beweglichen Sachen soll dies nach Auffassung der Rechtsprechung und weiten Teilen der Literatur nicht gelten; vielmehr stelle dieser ein die Veräußerung hinderndes Recht dar.[597] Dies gilt nach überwiegender Ansicht auch für den mittelbaren Besitz.[598] Diese Auffassung stößt in jüngerer Vergangenheit auf erhebliche Kritik, die darauf verweist,

---

594 *Wieling*, Sachenrecht, Bd. 1, § 5 III 2 a.

595 *Baumbach/Hopt*, ZPO, § 771, Rn. 3.

596 *Baumbach/Hopt*, ZPO, § 771, Rn. 15 a.E.; *Baur/Stürner*, Zwangsvollstreckungsrecht, Bd. 1, Rn. 46.11; *Brox/Walker*, Zwangsvollstreckungsrecht, Rn. 1419; *Schmidt* in: MüKo-ZPO, § 771, Rn. 38.

597 RG 05.12.1922, RGZ 105, S. 413, 414; BGH 21.05.1951, BGHZ 2, S. 164, 168; *Baumbach/Hopt*, ZPO, § 771, Rn. 15; *Baur/Stürner*, Zwangsvollstreckungsrecht, Bd. 1, Rn. 46.11.

598 BGH 21.05.1951, BGHZ 2, S. 164, 168; *Baumbach/Hopt*, ZPO, § 771, Rn. 15.

dass der Besitz kein Recht sei und damit auch kein die Veräußerung hinderndes Recht i.S. des § 771 ZPO darstellen könne.[599]

Letztere Auffassung überzeugt nicht: Richtigerweise wird in Bezug auf § 771 BGB auf ein Recht zum Besitz abzustellen sein. Denn ein die Veräußerung hinderndes Recht i.S. des § 771 BGB liegt vor, wenn der Dritte geltend machen kann, dass die Sache nicht Teil des Vermögens des Schuldner ist und ihm ein dingliches oder schuldrechtliches Recht zum Besitz zusteht, welches durch die Vollstreckung beeinträchtigt würde.[600] So kann ein berechtigter Besitzer nach § 771 ZPO die Drittwiderspruchsklage unabhängig von einer Eigentümerstellung erheben, während diese Möglichkeit einem nichtberechtigten Besitzer verwehrt bleibt. In Konsequenz muss auch der berechtigte mittelbare Besitz als die Veräußerung hinderndes Recht gem. § 771 ZPO gelten.

2. Der Besitz als Aussonderungsgrund i.S. des § 47 InsO

Schließlich wird der Besitz auch als Aussonderungsgrund i.S. des § 47 InsO geschützt. Die Situation ist der der Einzelzwangsvollstreckung vergleichbar. Nach § 47 InsO gilt ein Dritter nicht als Insolvenzgläubiger, sofern er geltend machen kann, dass der von ihm aufgrund eines dinglichen oder persönlichen Rechts beanspruchte Gegenstand nicht Teil der Insolvenzmasse ist. Grundlage für die Aussonderung ist aber auch in diesem Fall nicht der Besitz als unmittelbare Sachherrschaft, sondern das Recht zum Besitz.[601] Im Ergebnis kann der Dritte damit über § 47 InsO die Besitzschutzansprüche aus §§ 861, 862 BGB ebenso geltend machen, wie den Anspruch aus § 1007 BGB. Die Aussonderungskraft erlischt in Hinblick auf §§ 861, 862 BGB auch dann nicht, wenn der Insolvenzverwalter ein besseres Recht, z.B. das Eigentum, geltend macht. Im Falle des § 1007 BGB hindert das Eigentum die Aussonderung.[602]

B. Der Schutz des *bailor*

Das *Common Law* betrachtet das *bailment* als eine „*transaction sui generis*“,[603] die keinem der klassischen Rechtsgebiete zugeordnet wird. Um sein Recht an

599 OLG Rostock 06.05.2004, NJOZ 2005, S. 253, 253; *Brox/Walker*, Zwangsvollstreckungsrecht, Rn. 1420; *Schmidt* in: MüKo-ZPO, Rn. 38.

600 *Schmidt* in: MüKo-ZPO, § 771, Rn. 38; *Sosnitza*, Besitz und Besitzschutz, S. 337.

601 *Bäuerle* in: Braun, InsO, § 47, Rn. 42; *Ganter* in: MüKo-InsO, § 47, Rn. 326.

602 *Bäuerle* in: Braun, InsO, § 47, Rn. 42; *Ganter* in: MüKo-InsO, § 47, Rn. 326.

603 *Palmer* in: Halsbury's Laws of England, Bd. 3(1), bailment, Rn. 86; *Palmer u.a.* in: Halsbury's Laws of England, Bd. 12(1), damages, Rn. 1088.

der dem *bailment* unterliegenden Sache zu schützen, muss der *bailor* auf Instrumente zurückgreifen, die Teil des *contract* oder *tort law* sind. Neben einem Anspruch aus *contract* oder *tort law* kann auch ein über einen bloßen Schadenersatzanspruch hinausgehender *restitutionary claim* gegeben sein, sofern ein Fall des *unjust enrichment* vorliegt. Ob sich darüber hinaus auch Ansprüche aus dem *bailment* ergeben, ist Gegenstand einer Debatte, die eine klare Antwort bisher vermissen lässt. Bei der Anwendung der verschiedenen Rechtsbehelfe ist dahingehend zu differenzieren, ob der *bailor* diese gegen den *bailee* selbst oder gegen Dritte geltend machen will. Entscheidend für die Möglichkeit des Vorgehens gegen Dritte ist das Vorliegen eines *possessory title*.[604]

I. Die Entwicklung des Schutzes des *bailor* vom Mittelalter bis zur Gegenwart

Die Suche nach der Antwort auf die Frage, gegen wen und auf welcher Grundlage der *bailor* im Falle einer Besitzentziehung oder -störung vorgehen kann, führt weit zurück in die Geschichte des englischen Rechts und zu der Auseinandersetzung mit den Ursprüngen des *Common Law* und dem römisch-rechtliche Einfluss auf dieses. Ihren vorläufigen Schlusspunkt findet die Debatte mit Abschaffung der *detinue* durch den *Torts (Interference with Goods) Act 1977.*

1. Die Rechtslage im frühen Common Law

Das frühe *Common Law* ist von der Herausbildung einer das *bailment* bis zum heutigen Tage kennzeichnenden Grundregel gekennzeichnet, aber auch dem Einfluss des römischen Rechts, das den Ursprung für bis zum heutigen Tage fortdauernde Entwicklungen bildet.

a) Die Grundregel des Common Law

Zunächst gewährte das *Common Law* dem *bailee* aufgrund seines unmittelbaren Besitzes die Rechte eines *owner* gegenüber aller Welt, aber nicht gegenüber dem *bailor*. Der *bailor* verlor insoweit sein *real right* an der Sache an den *bailee* und konnte nur noch im Wege einer *personal action* gegen diesen vorgehen.[605] Ein Vorgehen des *bailor* gegen Dritte war damit ausgeschlossen.[606] Die Machtfülle des *bailee* zeigte sich insbesondere daran, dass dem *bailee*, wenn dieser eine Person

604 *The Aliakmon* 1 AC 785 (HL), 809; *Palmer*, on bailment, Rn. 4-001/002.

605 *Holdsworth*, History of English law, Bd. 3, S. 337 u. Bd. 7, S. 450.

606 *Pollock/Maitland*, English law, Bd. 2, S. 170 u. 172.

wegen der Entziehung oder Störung seiner *possession* in Anspruch nahm, nicht das *ius tertii*, das bessere Recht eines Dritten an der Sache entgegenhalten werden konnte, sofern die die *possession* störende Person nicht selbst vorgab, Inhaber des besseren Rechtes zu sein.[607] Der Machtumfang des *bailee* wurde jedoch durch den Umfang seiner Haftung gegenüber dem *bailor* kompensiert: Es kann davon ausgegangen werden, dass zu dieser Zeit eine verschuldensunabhängige Haftung des *bailee* für den Verlust oder die Beschädigung einer dem *bailment* unterliegenden Sache bestand.[608]

b) *Der römisch-rechtliche Einfluss*

Im 13. Jahrhundert machten sich unter dem Einfluss des römischen Rechts Veränderungen im *Common Law* bemerkbar, die eine Aufweichung der Haftung des *bailee* zur Folge hatten und in Konsequenz die Rechte des *bailor* gegenüber Dritten erweiterten.

aa) Der für den *bailee* geltende Haftungsstandard

HOLDSWORTH berichtet von einem Fall aus dem Jahr 1299, in dem ein *bailee* einen Raub der Sache als Verteidigungsmittel gegen ein Vorgehen seines *bailors* aus *detinue* einwandte und damit den *bailor* zur Rücknahme der Klage bewegte.[609] Dies scheint dafür zu sprechen, dass die bisher bestehende verschuldensunabhängige Haftung des *bailee* aufgeweicht wurde.[610] Ähnlicher Ansicht sind auch POLLOCK und MAITLAND, die BRACTONS Worte dahingehend auslegen, dass sich ein *bailee*, der ein bestimmtes Maß an Sorgfalt einhält, von der Haftung entlasten konnte.[611]

bb) Die Ansprüche des *bailor* aus den *appeals of larceny* und *robbery*

In einer Reihe von Fällen beriefen sich *bailees* im Falle des Diebstahls (*larceny*) oder des Raubes (*robbery*) der dem *bailment* unterliegenden Sache auf ihre *custodia*. HOLDSWORTH geht davon aus, dass nach BRACTON und BRITTON sowohl der *bailee* aufgrund dieser *custodia*, als auch der *bailor* aufgrund seiner *ownership* aus einem *appeal of larceny* oder *robbery* vorgehen konnten. Offen bleibt jedoch, ob

---

607 *The Winkfield* [1902] P 42 (CA), 54.

608 *Holdsworth*, History of English law, Bd. 3, S. 337/338 u. Bd. 7, S. 450; *Pollock/Maitland*, English law, Bd. 2, S. 170–172; *Winfield*, law of tort, S. 92.

609 *Holdsworth*, History of English law, Bd. 3, S. 341; *Pollock/Maitland*, English law, Bd. 2, S. 171, Fn. 6.

610 *Holdsworth*, History of English law, Bd. 3, S. 341.

611 *Pollock/Maitland*, English law, Bd. 2, S. 171.

der *bailor* auch dann aus einem solchen *appeal* vorgehen konnte, wenn die Sache aus der Obhut des *bailee* entwendet worden war. HOLDSWORTH scheint anzunehmen, dass ein Wahlrecht des *bailor* hinsichtlich eines Vorgehens gegen den *bailee* oder den Dieb bestanden habe.[612] POLLOCK und MAITLAND erklären dies damit, dass es keinen logischen Vorrang zwischen der Haftung des *bailee* gegenüber dem *bailor* und der Zuordnung der *appeals of larceny* oder *robbery* zu dem *bailee* gegeben habe. Wenn aber die Haftung des *bailee* beschränkt gewesen sei, hätte dies zur Folge gehabt, dass – um diese Lücke zu schließen – dem *bailor* ein entsprechender Anspruch eingeräumt werden musste.[613]

2. *Die Entstehung des* writ of detinue

Im 13. Jahrhundert setzte eine Entwicklung ein, die langfristig die Ansprüche des *bailor* gegen den *bailee*, aber auch gegen Dritte prägen sollte.

a) *Die Rechtsnatur von* writ of debt *und* writ of detinue

Vor der weiteren Auseinandersetzung mit der Entwicklung der Ansprüche des *bailor* bis hin zur Gegenwart ist es notwendig, sich mit den sog. *writs* des mittelalterlichen *Common Law* zu beschäftigen. Der *writ of debt* entsprach grundsätzlich dem *writ for right of land*: Der *sheriff* forderte den Anspruchsgegner auf, dem Anspruchsteller den Geldbetrag zu zahlen, den jener ihm schuldete. Zahlte der Anspruchsgegner nicht, musste er sich im *king's court* verteidigen. Die auf dem *writ* verwendete Formel lautete, dem Anspruchsteller soviele *pounds* oder *shillings* zu zahlen, wie dieser *„owe(d) or unjustly detain(ed)"*. Dies war die Formel von *debt in detinet*. Beanspruchte der Anspruchsteller jedoch die Herausgabe einer bestimmten Sache und nicht eines bestimmten Geldbetrages, so galt die Formel von *iniuste detinet*. Der *writ of detinue* war geboren.[614] Grob lassen sich die beiden *writs* danach unterscheiden, ob Grundlage des Vertrages eine vertragliche Vereinbarung oder eine dingliche Rechtsstellung war.[615] Im Falle des *bailment* taugt diese Unterscheidung aber nicht und bedarf der genaueren Betrachtung.

---

612 *Holdsworth*, History of English law, S. 339/340.
613 *Pollock/Maitland*, English law, Bd. 2, S. 172.
614 *Pollock/Maitland*, English law, Bd. 2, S. 173.
615 *Pollock/Maitland*, English law, Bd. 2, S. 174.

b) Von detinue sur trover *und* detinue sur bailment

Unter dem *writ of detinue* konnte jedermann, der ein entsprechendes Recht innehatte, den Besitzer einer beweglichen Sache auffordern, die *possession* an dieser herauszugeben.

Pollock und Maitland weisen jedoch erstens darauf hin, dass niemand den Besitzer zwingen konnte, die Sache tatsächlich herauszugeben. Kam dieser der Aufforderung nicht nach, musste eine Jury eine dem Wert der Sache entsprechende Entschädigung in Geld festlegen. Bei dem *writ of detinue* habe es sich daher nicht um eine *action in rem*, sondern um eine *action in personam* gehandelt.[616] Zweitens vertreten Pollock und Maitland die Auffassung, dass der *bailor* aus dem *writ* niemals gegen eine andere Person als den *bailee* oder dessen Rechtsnachfolger vorgehen konnte. Der *bailor* habe sich entweder auf *detinue sur trover* berufen müssen, d.h. darauf, dass er die Sache verloren und der Anspruchsgegner sie gefunden habe, oder auf *detinue sur bailment*, d.h. darauf, dass zwischen ihm und dem Anspruchsgegner ein *bailment* bestanden habe.[617]

Auch Holdsworth kommt zu dem Schluss, dass der *owner* im Falle des unfreiwilligen Verlustes der *possession* aus *detinue sur trover* vorgehen konnte.[618] Er kommt zu dem Schluss, dass es nur natürlich gewesen sei, dass das Recht des *bailor,* aus *detinue* gegen andere Personen als den *bailee* vorzugehen, mit der Zeit ausgedehnt wurde. Erst habe sich ein solcher Anspruch nur gegen den Nachlassverwalter des *bailee* ergeben, später auch gegen jede dritte Person, die *possession* an der Sache besaß und diese zurückhielt. Unter der Herrschaft von Edward IV. habe der *bailor* dann wählen können, ob er seinen *bailee* oder eine dritte Person durch den *count of trover* verklagte. Das *right in personam* habe sich in ein *right in rem* gewandelt.[619]

3. Die Entwicklung hin zur conversion

Die Entwicklungen der folgenden Jahrhunderte führten hin zu der Entstehung der *conversion*, eines deliktischen Anspruchs (*tort*), der heute die – nicht vertraglichen – Ansprüche des *bailor* gegen den *bailee* und gegen Dritte prägt.

---

616 *Pollock/Maitland*, English law, Bd. 2, S. 174.
617 *Pollock/Maitland*, English law, Bd. 2, S. 175.
618 *Holdsworth*, History of English law, Bd. 3, S. 326/327 u. 349.
619 *Holdsworth*, History of English law, Bd. 3, S. 349.

a) *Die* appeals of larceny *und* robbery *und die* action of trespass

Nach Holdsworths Verständnis von Bracton konnte der *bailor* die – deliktsrechtlichen – *appeals of larceny* und *robbery* erheben, die sich zur *action of trespass* weiterentwickelten. Diese war zunächst dem *bailee* vorbehalten, öffnete sich aber Mitte des 14. Jahrhunderts auch für den *bailor*, der nun gegen jeden vorgehen konnte, der sich unberechtigt Besitz an der Sache verschaffte. Später wurde diese Möglichkeit jedoch wieder eingeschränkt, so dass ein Vorgehen im Fall der *pledge* oder eines zeitlich beschränkten *bailments* nicht mehr möglich war.[620]

Grundlage für einen Anspruch aus *detinue* war nicht das *bailment* selbst, sondern das unberechtigte Zurückbehalten der Sache (*detention*), gleich ob die Sache weiterhin vorhanden war oder ob der *bailee* sie zerstört oder vernichtet hatte. Dies hatte zur Folge, dass der *bailor* seinen Anspruch auf eine *action on trespass* stützen musste, sofern der *bailee* die Sache zweckentfremdete oder sie in einem beschädigten Zustand an den *bailor* zurückgab. Ebenfalls auf *trespass* war der Anspruch zu stützen, sofern ein Dritter die Sache zerstört hatte. Mitte des 16. Jahrhunderts stand fest, dass eine solche *action on the case* sich sowohl gegen den *bailee*, als auch gegen den Finder richten konnte.[621]

b) *Der* count of trover *und die frühe Geschichte der* conversion

Diese *action on the case* stützte sich, wie wir gerade gesehen haben, einerseits hinsichtlich des Fundes auf den *count of trover* und andererseits hinsichtlich des *bailment* auf die *conversion*. Jedoch unterschied sich die *action of trover* dahingehend von der *action of detinue*, als Grundlage der *detinue* die Verweigerung der Herausgabe und Grundlage des *trover* die *conversion* war. Dies hatte zur Folge, dass dem *owner* einer beweglichen Sache eine Wahl an Rechtsbehelfen eröffnet war. Hatte er die Sache freiwillig einem anderen übergeben, konnte er gegen den die Herausgabe verweigernden *bailee* aus *detinue sur bailment* vorgehen oder bei Beschädigung der Sache diesen aus *trespass on the case* in Anspruch nehmen. Hatte er die Sache jedoch verloren oder hatte der *bailee* sie – bei freiwilliger Übergabe an diesen – unberechtigt an Dritte weitergegeben, war dem *owner* ein Anspruch gegen Dritte aus *detinue sur trover* eröffnet, während er bei Beschädigung der Sache aus der *action of trespass on the case* vorgehen konnte, bei Fund auf Grund von *trover*, im Falle des *bailment* aufgrund von *conversion*.[622]

---

620 *Holdsworth*, History of English law, Bd. 3, S. 348; *Pollock/Maitland*, English law, Bd. 2, S. 172.

621 *Holdsworth*, History of English law, Bd. 3, S. 350.

622 *Holdsworth*, History of English law, Bd. 3, S. 351.

II. Der Schutz durch das *tort law*

Der Schutz des Besitzrechtes des *bailor* – ebenso wie der des Besitzes des *bailee* – erfolgt heute wesentlich durch das *tort law*. Soweit *immediate right to possession* und die *possession* als *possessory title* betroffen sind, sind Ansprüche aus *tort* in Gestalt der *conversion*, des *trespass to goods* und des *tort of negligence* von Bedeutung. Ist hingegen das *deferred right to possession* verletzt, liegt ein Fall von *reversionary injury vor*.

1. *Der* Torts (Interference with Goods) Act 1977

Das *tort law* ist, soweit es bewegliche Sachen betrifft, durch den *Torts (Interference with Goods) Act 1977* neu geordnet worden. Das Gesetz kennt die *conversion* und den *trespass to goods*, außerdem nimmt es Bezug auf den *tort of negligence* und andere *torts*, soweit diese *goods* oder *interests in goods* betreffen.[623] Die *action of detinue* ist durch das Gesetz abgeschafft worden.[624] Weiterhin sind die Rechtsfolgen einheitlich neu geordnet worden.

2. Conversion

Eine umfassende Definition der *conversion* besteht nicht. Man muss sich zunächst bewusst machen, dass ihre Einordnung als *tort* aus rein historischen Gründen erfolgt ist.[625] Tatsächlich lassen sich der *conversion* drei Funktionen zuordnen: Erstens kann der *owner* Schadenersatz für einen missbräuchlichen Umgang mit der Sache beanspruchen, der sein Recht an der Sache verletzt. Insoweit kann tatsächlich von einem *tort* gesprochen werden, da ein Fall unerlaubten Handelns vorliegt. Zweitens kommt der *conversion* eine sog. *recovery function* zu. Der *owner* einer beweglichen Sache kann die Herausgabe des ihm gehörenden Gegenstandes oder Wertersatz für diesen Gegenstand von einem unberechtigten Besitzer verlangen. Insoweit kann von einer „*surrogate vindicatio*" gesprochen werden.[626] Damit wird gem. *sec. 2(2) Torts (Interference with Goods) Act 1977* der früher von der *detinue* erfasste Fall, dass eine Pflichtverletzung des *bailee* zu einem Verlust oder einer Zerstörung der Sache führt, Teil der *conversion*.[627] Drittens soll die

---

623 Sec. 1 Torts (Interference with Goods) Act 1977, ch. 32.

624 Sec. 2(1) Torts (Interference with Goods) Act 1977, ch. 32.

625 Vgl. S. 126/127 dieser Arbeit.

626 *Kuwait Airways Corporation v Iraqi Airways Co (Nos 4 and 5)* [2002] 2 AC 883 (HL), 999; *Tettenborn* in: Palmer/McKendrick, interests in goods, S. 825.

627 *Clerk/Lindsell*, on torts, Rn. 17-07/08; *Palmer u.a.* in: Halsbury's Laws of England, Bd. 45(2), tort, Rn. 548/556.

conversion in Form der *restitution* eine ungerechtfertigte Bereicherung ausgleichen, die auf der Sache oder den mit ihr erzielten Erträgen beruht.[628]

Bei der Prüfung der Voraussetzungen, unter denen der *bailor* aus *conversion* vorgehen kann, ist zwischen der *conversion by wrongful act* und der *conversion by detention* zu differenzieren. Soweit sich auf die *conversion* ein *restitutionary claim* gründet, ist dieser Anspruch nicht Teil des *tort law*, sondern des *law of restitution*.[629]

a) *Conversion by wrongful act*

Die *conversion by wrongful act* liegt bei unberechtigtem Umgang mit der Sache vor. Es kann grob zwischen der Wegnahme des Besitzes und dessen Missbrauch differenziert werden.[630]

aa) Die Wegnahme des Besitzes

Eine Person begeht *conversion*, wenn sie die Sache einer anderen Person unberechtigt wegnimmt.[631] Dies führt dazu, dass auch der Empfänger, der eine unberechtigt weggenommene Sache in Empfang nimmt, *conversion* begeht, selbst wenn ihm der Umstand der Wegnahme nicht bekannt war.[632]

bb) Der Missbrauch des Besitzes

Darüber hinaus liegt *conversion* vor, wenn der Besitzer seine *possession* missbraucht. Dies ist regelmäßig der Fall bei einem Verkauf der Sache, der mit der Übergabe der Sache oder des *document of title* einhergeht. Entscheidend ist die Übergabe der Sache. Fehlt es an ihr, stellt der Verkauf keine *conversion* dar, es sei denn, dass der Käufer auch ohne Übergabe einen *good title* an der Sache erhält.[633]

Darüber hinaus liegt *conversion* vor, wenn der *owner* dauerhaft oder für einen jedenfalls nicht nur unwesentlich kurzen Zeitraum von der Nutzung der Sache ausgeschlossen wird. Dies ist beispielsweise der Fall, wenn der Besitzer die Sache verpfändet oder sie an einen Unberechtigten übergibt. Selbstverständlich erfasst dies auch den Fall der Zerstörung oder der Beschädigung der Sache. Es genügt

---

628 *Tettenborn* in: Palmer/McKendrick, interests in goods, S. 825.

629 Vgl. S. 137–140 dieser Arbeit.

630 *Winfield/Jolowicz*, tort, Rn. 17-6.

631 *Palmer u.a.* in: Halsbury's Laws of England, Bd. 45(2), tort, Rn. 550.

632 *Palmer u.a.* in: Halsbury's Laws of England, Bd. 45(2), tort, Rn. 551; *Winfield/Jolowicz*, tort, Rn. 17-8.

633 *Palmer u.a.* in: Halsbury's Laws of England, Bd. 45(2), tort, Rn. 549.

jedoch nicht, dass der Besitzer bloß die Grenzen seines Besitzrechtes überschreitet und die Sache anders als vorgesehen nutzt, es sei denn die unberechtigte Nutzung stellt einen Fall der Beeinträchtigung des *right to possession* dar.[634]

b) Conversion by detention

Von dem Fall der *conversion by wrongful act* durch einen unberechtigten Umgang mit der Sache ist die *conversion by detention* abzugrenzen, die darauf beruht, dass die Sache nicht an ihren *owner* zurückgegeben wird.

aa) Die Abschaffung der *detinue*

Durch *sec. 2(1)* des *Torts (Interference with Goods) Act 1977* ist die *detinue* abgeschafft worden. *Detinue* bezeichnete das unberechtigte Zurückbehalten einer beweglichen Sache.[635] Insoweit überlappten die *conversion by detention* und die *detinue*, jedoch setzte die *conversion* ursprünglich aktives Handeln voraus und war nicht gegeben, sofern der Beklagte die Sache zwar einst besessen hatte, diese nun aber infolge Verlust oder Zerstörung nicht mehr herausgeben konnte.[636]

bb) Die heutige Rechtslage

Sec. 2(2) des *Torts (Interference with Goods) Act 1977* stellt heute klar, dass auch dieser Fall, der früher zwar nicht *conversion*, aber *detinue* war, nunmehr vom Tatbestand der *conversion* erfasst wird. Grundsätzlich stellt damit das Behalten einer Sache, an der man keinen Titel hat, keinen Fall der *conversion* dar. Dies ändert sich jedoch, sobald eine Aufforderung zur Herausgabe erfolgt.[637] Die Aufforderung muss konkret sein und von dem *owner* oder einem Stellvertreter vorgetragen werden.[638]

c) Anspruchsberechtigung

Die *conversion* ist ein Anspruch, der dem *owner* zusteht. Nach dem relativen Konzept des *personal property law* ist *owner* einer Sache, wer das beste *possessory*

634 *Palmer u.a.* in: Halsbury's Laws of England, Bd. 45(2), tort, Rn. 549.

635 Vgl. S. 126–128 dieser Arbeit.

636 *Winfield/Jolowicz*, tort, Rn. 17-14.

637 *Palmer u.a.* in: Halsbury's Laws of England, Bd. 45(2), tort, Rn. 556; *Winfield/Jolowicz*, tort, Rn. 17-122.

638 *Palmer u.a.* in: Halsbury's Laws of England, Bd. 45(2), tort, Rn. 557; *Winfield/Jolowicz*, tort, Rn. 17-12.

interest an ihr innehat,[639] so dass für ein Vorgehen aus *conversion* entweder *possession* oder ein *immediate right to possession* vorliegen muss. Der Inhaber eines derartigen *possessory title* kann daher auch gegen den Inhaber eines *deferred* oder *suspended right to possession* vorgehen. Dem Inhaber eines *deferred* oder *suspended right to possession* bleibt ein Vorgehen aus *conversion* verwehrt; er wird auf sein *reversionary interest* verwiesen.[640] Ein Vorgehen des *bailor* aus *conversion* ist vor diesem Hintergrund im Regelfall nur bei einem *bailment at will* und nicht bei einem *bailment for a term* möglich, da nur ersteres ein *immediate right to possession* des *bailee* nach sich zieht.

aa) Das *bailment at will*

Im Falle eines *bailment at will* besteht ein Anspruch des *bailor* gegen den *bailee* und gegen Dritte, sofern die Voraussetzungen einer *conversion* erfüllt sind, da der *bailor at will* Inhaber des *immediate right to possession* ist.[641] Damit sind drei Fälle erfasst: Erstens kann der *bailor* gegen Dritte vorgehen, die dem *bailee* unrechtmäßig den unmittelbaren Besitz an der Sache entzogen haben.[642] Zweitens kann der *bailor* gegen den *bailee* vorgehen, sofern dieser eine unerlaubte Handlung vornimmt, die *conversion* darstellt. Drittens kann der *bailor* sowohl gegen den *bailee*, als auch gegen einen Dritten vorgehen, sofern der *bailee* die dem *bailment* unterliegende Sache an einen Dritten verkauft.[643] Der *bailee* selbst kann kraft seiner *possession*, die ebenfalls *possessory title* ist, sowohl gegen jeden Dritten, der eine *conversion* begeht, als auch gegen den *bailor*, der ihm seinen unmittelbaren Besitz nimmt, vorgehen.[644]

bb) Das *bailment for a term*

Grundsätzlich ist im Falle eines *bailment for a term* ein Vorgehen des *bailor* aus *conversion* ausgeschlossen, da es ihm an dem erforderlichen *immediate right to possession* fehlt. Jedoch existiert im Fall vertraglich geschlossener *bailments* eine Ausnahme, die auf einem Wiederaufleben des *immediate right to possession* bei dem *bailor* beruht. Sofern der *bailee* die dem *bailment* unterliegende

---

639 Vgl. S. 26 u. S. 76–78 dieser Arbeit.

640 *Palmer u.a.* in: Halsbury's Laws of England, Bd. 45(2), tort, Rn. 559; vgl. zum *reversionary interest* S. 137–140 dieser Arbeit.

641 *Palmer u.a.* in: Halsbury's Laws of England, Bd. 45(2), tort, Rn. 569.

642 *MCC Proceeds Inc v Lehman Bros International (Europe)* [1998] 4 All ER 675 (CA), 686 durch Mummery LJ.

643 *Palmer u.a.* in: Halsbury's Laws of England, Bd. 45(2), tort, Rn. 569.

644 *Palmer u.a.* in: Halsbury's Laws of England, Bd. 45(2), tort, Rn. 569.

Sache verkauft oder in anderer Weise das *bailment* grob verletzt, kann der *bailor* sowohl gegen den *bailee*, als auch gegen den Käufer vorgehen.[645] Beruht das *bailment* auf einer Vereinbarung der Parteien, stellt jede Handlung, die einer solchen Vereinbarung zuwiderläuft, einen Fall der *conversion* dar.[646] Das Verhalten des *bailee* führt in diesem Fall zum Erlöschen der Vereinbarung und hat das Wiederaufleben des *immediate right to possession* bei dem *bailor* zur Folge.[647] So verstößt der Verwahrer als *bailee* einer Sache gegen das *bailment*, wenn er die Sache nicht bestimmungsgemäß verwendet.[648] Verkauft oder übereignet der *bailee* die Sache, kann der *bailor* unmittelbar aus *conversion* gegen ihn vorgehen oder aber die Rückgabe der Sache fordern und ihn dann aufgrund der verletzten Rückgabepflicht verklagen.[649] Wird eine Sache verpfändet und verkauft sie der Pfandleiher als *bailee* vor dem für die Schuldrückzahlung vereinbarten Datum, liegt ebenfalls eine die Vereinbarung beendende *conversion* vor.[650]

d) Die Fälle unechten bailments

Jedoch kann sich auch in den Fällen unechten *bailments*, also des *involuntary* oder *unconcious bailment*, ein Anspruch des *owner* – der in diesem Fall aber nicht *bailor* ist – aus *conversion* ergeben.

Der *involuntary bailee* hat keine Pflicht, die Sache vor Schaden zu schützen.[651] Jedoch kann sich, da auch dem *involuntary bailee* bewusst ist, dass die Sache nicht die seine ist, aus einer der allgemeinen Formen der *conversion* ein Anspruch des *owner* ergeben, wenn der *involuntary bailee* die Sache zurückbehält, beschädigt oder anderweitig die Rechte des *owner* an der Sache stört.[652] Ebenfalls kann sich ein Anspruch aus *conversion* ergeben, sofern er die Sache an eine andere Person

---

645 *Palmer u.a.* in: Halsbury's Laws of England, Bd. 45(2), tort, Rn. 569.

646 *Palmer*, on bailment, Rn. 14-061 u. 15-031.

647 *Union Transport Finance Ltd v British Car Auctions Ltd* [1978] 2 All ER 385 (CA), 390 durch Lord Roskill; *MCC Proceeds Inc v Lehman Bros International (Europe)* [1998] 4 All ER 675 (CA), 686, CA durch Mummery LJ; *Palmer u.a.* in: Halsbury's Laws of England, Bd. 45(2), tort, Rn. 605.

648 *Palmer u.a.* in: Halsbury's Laws of England, Bd. 45(2), tort, Rn. 605.

649 *Wilkinson v Verity* (1870-71) 6 L.R.C.P. 206, 210 durch Willes.

650 *Fenn v Bittleston* (1851) 155 ER 895, 899.

651 *Lethbridge v Phillips* (1819) 171 ER 731, 731; *Neuwith v Over Darwen Industrial Co-operative society* (1894) 63 L.J.Q.B. 290, 292; *Palmer u.a.* in: Halsbury's Laws of England, Bd. 45(2), tort, Rn. 606.

652 *Palmer u.a.* in: Halsbury's Laws of England, Bd. 45(2), tort, Rn. 606.

als den Berechtigten weitergibt, auch wenn er die Rückgabe an diesen beabsichtigt, tatsächlich die Rückgabe aber nicht mehr bewirken kann.[653]

Ähnliches gilt für den *unwitting bailee*, dem sein Besitz der Sache eines anderen nicht einmal bekannt ist. Auch ihn trifft keine allgemeine Pflicht, die Sache vor Schaden zu bewahren.[654] Gleiches gilt für denjenigen, der zwar von seinem Besitz an der Sache weiß, sich aber irrtümlich auch als deren *owner* betrachtet.[655] Jedoch haftet der *unwitting bailee*, sofern die Sache aufgrund einer Sorgfaltspflichtverletzung seinerseits verloren geht oder beschädigt wird und der *owner* diese nicht zurückerhält. Haftungsgrundlage ist in diesem Fall allerdings gerade nicht die *conversion*, vielmehr handelt es sich um einen Fall der *negligence*.[656]

3. Trespass to goods

Trespass to goods umfasst jede unberechtigte Besitzstörung, sei es durch Besitzergreifung oder Entfernung der Sache, sei es durch eine Beschädigung. Gegenstand des *trespass to goods* kann nur eine bewegliche Sache sein.[657]

a) Zur Abgrenzung von trespass to goods *und* conversion

Sowohl der *trespass to goods*, als auch die *conversion* beruhen auf dem *possessory title* des jeweiligen Anspruchstellers. Während dem *trespass to goods* ein unberechtigter Umgang durch die Wegnahme oder die Beschädigung einer Sache zugrundeliegt, ist Kern der *conversion* der ehemals von der *detinue* erfasste Fall des Zurückbehaltens einer Sache trotz Aufforderung zur Herausgabe sowie die Zweckentfremdung der Sache zu eigenen Zwecken oder dem Zweck eines Dritten. Soweit die beiden *torts* einander überschneiden – beispielsweise bei Wegnahme einer Sache und der Verwendung zu eigenem Zwecken – kann ein Anspruchsteller sowohl aus *trespass to goods*, als auch aus *conversion* vorgehen.[658]

---

653 *Elwin and Powell Ltd v Plummer Roddis Ltd* (1933) 50 TLR 158, 158/159; *Palmer u.a.* in: Halsbury's Laws of England, Bd. 45(2), tort, Rn. 606.

654 *Palmer u.a.* in: Halsbury's Laws of England, Bd. 45(2), tort, Rn. 607.

655 *Palmer u.a.* in: Halsbury's Laws of England, Bd. 45(2), tort, Rn. 607.

656 *AVX Ltd v EGM Solders Ltd*, The Times 7. Juli 1982, S. 16, 16.

657 *Palmer u.a.* in: Halsbury's Laws of England, Bd. 45(2), tort, Rn. 659.

658 *Palmer u.a.* in: Halsbury's Laws of England, Bd. 45(2), tort, Rn. 661.

b) *Die Voraussetzungen von* trespass to goods

Auch im Falle des *trespass to goods* ist zunächst die den *trespass* darstellende Handlung zu bestimmen und sodann die Anspruchsberechtigung festzustellen. Darüber hinaus bedarf es auf Seiten des Beklagten einer subjektiven Komponente.

aa) Der Begriff von *trespass*

Trespass to goods setzt einen direkten und unmittelbaren Eingriff in die *possession* des Anspruchstellers an der Sache voraus. Im Kern ist dies die Wegnahme der Sache, jedoch stellt auch jede Form von physischer Einflussnahme auf die Sache einen derartigen Eingriff dar.[659] Insoweit erfüllt schon eine bloße Berührung den Begriff des Eingriffs, solange diese einen Schaden, z.B. einen Kratzer nach sich zieht.[660] Ob auch eine Berührung an sich, die keinen Schaden hervorruft, genügt, ist nicht endgültig geklärt, jedoch scheint die englische Literatur zu dem Schluss zu kommen, dass es eines Schadens nicht bedürfe, da ansonsten beispielsweise die Berührung eines wertvollen Gemäldes in einem Museum ohne Rechtsfolge bleibe.[661] Da dies jedoch zu einer Ausdehnung des Begriffes von *trespass* führen würde, vertreten Clerk und Lindsell die Auffassung, dass jedenfalls ein üblicher Verhaltensstandard überschritten werde müsse, um eine Handlung als Eingriff zu qualifizieren.[662]

bb) *Intention*

Über den *trespass* hinaus bedarf es auf Seiten des Handelnden einer subjektiven Komponente, der *intention*. Der Handelnde muss vorsätzlich oder fahrlässig hinsichtlich des tatsächlichen Vorgangs handeln, jedoch kommt es nicht darauf an, dass er sich der Unrechtmäßigkeit seines Tuns bewusst ist. Damit sollen Vorgänge, die lediglich einen Unfall darstellen, aus dem Anwendungsbereich des *trespass to goods* ausgeschlossen werden.[663]

---

659 *Clerk/Lindsell*, on torts, Rn. 17-123.

660 *Fouldes v Willoughby* (1841) 151 ER 1153, 1157 durch Alderson.

661 *Clerk/Lindsell*, on torts, Rn. 17-123; *Winfield/Jolowicz*, Rn. 17-3.

662 *Clerk/Lindsell*, on torts, Rn. 17-123.

663 *National Coal Board v J. E. Evans & Co. (Cardiff) Ltd and Maberley Parker Ltd* [1951] 2 KB 861 (CA), 874/875 durch Cohen; *Clerk/Lindsell*, on torts, Rn. 17-124.

cc) Die Anspruchsberechtigung

Weiterhin bedarf es für einen Anspruch aus *trespass to goods* der rechtmäßigen *possession* oder eines *immediate right to possession.*[664] Dabei kommt es darauf an, dass *possession* oder *immediate right to possession* im Zeitpunkt der schädigenden Handlung vorliegen. Dementsprechend ist ein Vorgehen aus *qualified constructive possession* – die lediglich auf Grundlage eines *deferred right to possession* und nicht auf Grund von *possessory title* besteht[665] – ausgeschlossen, so dass der *bailor* im Falle eines *lien over goods* nicht gegen Dritte aus *trespass* vorgehen kann.[666] Dies steht im Einklang mit dem Zweck eines *lien over goods*, der gerade dem *bailee*, aber nicht dem *bailor* die Nutzung der Sache eröffnet.

4. Negligence

Der *tort of negligence* entfaltet in Bezug auf das *bailment* Bedeutung, soweit der *bailee* seine Pflicht zum sorgfältigen Umgang mit der Sache verletzt. Bei seiner Anwendung auf *goods* und *interests in goods* sind die Regelungen des *Torts (Interference with Goods) Act 1977* zu berücksichtigen, der gem. *sec. 1(c)* Geltung beansprucht. Grundsätzlich wird der Begriff der *negligence* seit der Entscheidung *M'Alister (or Donoghue) v Stevenson* definiert als das Außerachtlassen jener Sorgfalt, die nach den Umständen erforderlich ist.[667] Auf dieser Grundlage hat das *House of Lords* in der Sache *Caparo Industries plc v Dickman and others* eine dreistufige Prüfung entwickelt: Erstens bedarf es einer *duty of care*, die vorliegt, sofern der Schaden vernünftigerweise vorhersehbar war. Zweitens muss zwischen den Parteien eine Nähebeziehung bestehen und drittens die Auferlegung der *duty of care* als billig, gerecht und angemessen bewertet werden.[668] Dies führt zu der Frage, welche besonderen, über einen allgemeinen Sorgfaltsmaßstab hinausgehenden Sorgfaltspflichten einen *bailee* gegenüber dem *bailor* treffen.

---

664 *Ward v Macauley* (1791) 100 ER 1135, 1135; *Rooth v Wilson* (1817) 106 ER 22, 23; *Nicolls v Bastard, Esq.* (1835) 150 ER 279, 280; *The Winkfield* [1902] P 42 (CA), 60/61; *Palmer u.a.* in: Halsbury's Laws of England, Bd. 45(2), tort, Rn. 662/665.

665 Vgl. S. 23 dieser Arbeit.

666 *Lord v Price* (1874) 9 L.R. Ex. 54.

667 *M'Alister (or Donoghue) v Stevenson* [1932] AC 562 (HL), 580.

668 *Caparo Industries plc v Dickman* [1990] 2 AC 605 (HL), 617/618 durch Lord Bridge of Harwich.

a) Der Haftungsstandard

Nach dem in der Entscheidung *Coggs v Bernard* dokumentierten traditionellen Verständnis des *bailment* hängt der zu beachtende Sorgfaltsmaßstab davon ab, bei welcher Partei des *bailment* der Vorteil (*benefit*) oder die Gegenleistung (*reward*) liegen. So gilt im Falle des *mandate* oder des *depositum* – die im wesentlichen für den *bailor* von Vorteil sind – der Maßstab der groben Fahrlässigkeit, während der *bailee* im Falle der Leihe – deren Vorteile er selbst genießt – auch bereits bei geringster Fahrlässigkeit haftet.[669] Ob eine solche Unterscheidung in *gross* und *slight neglect* auch im Recht der Gegenwart verortet werden kann, lässt sich nicht abschließend bestimmen. Die Mehrzahl der Entscheidung aus jüngeren Jahren deutet auf einen einheitlichen Fahrlässigkeitsstandard der *reasonable care* hin, der auf *gratuitous bailments* wie auf *bailments for reward* Anwendung findet.[670] Jedoch gibt es auch Entscheidungen, die weiterhin eine Differenzierung dahingehend vornehmen, ob es sich um ein *bailment for reward* oder ein *gratuitous bailment* ohne Gegenleistung handelt.[671]

b) *Die besonderen Pflichten des* bailee

Darüber hinaus bestehen einige besondere Pflichten, die der *bailee* unabhängig von der Art des *bailment* zu beachten hat und die über einen üblichen deliktischen oder vertraglichen Haftungsstandard hinausgehen. So trifft den *bailee* die Pflicht, die dem *bailment* unterliegende Sache vor Diebstahl zu schützen.[672] Diese Pflicht ist unabhängig davon, ob dem *bailment* ein Vertrag zugrundeliegt, es sich um ein *gratuitous bailment*[673] handelt oder ob ein *sub-bailment* vorliegt.[674]

---

669 *Coggs v Bernard* (1703) 92 ER 107, 109/110.

670 *Hedley Byrne & Co Ltd v Heller & Partners Ltd* [1964] AC 465 (HL), 496; *Birch v Thomas* [1972] 1 WLR 294 (CA), 300; *Chaudhry v Prabhakar* [1989] 1 WLR 29 (CA), 33/34; *Palmer*, on bailment, Rn. 1-056.

671 *Pivovaroff v Chernabaeff* (1978) 21 SASR 1, 33; *W G H Nominess Pty Ltd v Tomblin* (1985) 39 SASR 117, 119/120.

672 *Pitt & Son Badgery Ltd v Proulefco SA* (1984) 153 CLR 644, 647.

673 *East West Corpn v DKBS AF 1912 A/S* [2003] QB 1509 (CA), 1531 durch Lord Mance.

674 *Lee Cooper Ltd v C. H. Jeakins Ltd* [1967] 2 QB 1, 8; *Palmer*, on bailment, Rn. 1-051. Die Entscheidung *Lee Cooper Ltd v C. H. Jeakins Ltd* [1967] 2 QB 1 wird deutlich kritisiert von *Weir*, CLJ 1965, Bd. 23(2), S. 186–191 (187), der eine positive Pflicht, die Sache zu überwachen und zu schützen, nur auf Vertrag stützen will.

Weiterhin haftet der *bailee* eines *bailment for safekeeping*, also eines Verwahrvertrages, auch für das Verschulden Dritter, sofern er die Sache einem Subunternehmer übergibt.[675] Eine solche Haftung kennt das *tort law* ansonsten nur unter engen Voraussetzungen.[676] Diese Haftung ist freilich auf einen *implied term of contract* gestützt, dennoch ist PALMER der Auffassung, diese Haftung könne auch auf das Verhältnis von *bailor* und *sub-bailee* erstreckt werden, sofern es sich um ein anderes *bailment for reward* als ein *bailment for safekeeping* handele, da insoweit ebenfalls eine vergleichbare konkludente Vereinbarung anzunehmen sei.[677]

c) *Die Anspruchsberechtigung*

Ebenso wie ein Anspruch aus *conversion* oder aus *trespass to goods* setzt auch der Anspruch des *tort of negligence* auf Seiten des Klägers *legal ownership* oder einen *possessory title* voraus.[678]

5. Reversionary injury

Über die sich aus dem *Torts (Interference with Goods) Act 1977* unmittelbar ergebenden Rechtsbehelfe hinaus existiert die *reversionary injury* als eigenständige Anspruchsgrundlage, die kein *tort* ist, aber als Teil des *tort law* verstanden wird.[679] Insoweit spricht man von einem „*quasi-tort*".

a) *Zum Hintergrund der* reversionary injury

Die *reversionary injury* erlangt Bedeutung durch die Lücken, die der sich aus dem *Torts (Interference with Goods) Act 1977* ergebende Schutz für einen *owner* – und damit *bailor* – hinterlässt. So ist es zum einen einem *co-owner* unmöglich, gegen den anderen *co-owner* aus *conversion* vorzugehen. Zum anderen bleibt der *owner* einer Sache schutzlos, der weder über *possession* noch über ein *immediate right to possession* verfügt. Dies betrifft – wie wir gesehen haben – jeden *bailor* eines *bailment*, das nicht *at will* abgeschlossen ist. Während dem *co-owner* durch den *Torts (Interference with Goods) Act 1977* heute Schutz durch die *conversion* gewährt wird, bleibt der *bailor*, wie jeder andere Anspruchsteller, der nicht über *possessory*

---

675 *British Road Services Ltd v Arthur V Crutchley & Co Ltd* [1968] 1 All E.R. 811 (CA), 820.

676 *Jolliffe v Willmett & Co* [1971] 1 All E.R. 478, 485.

677 *Palmer*, on bailment, Rn. 1-051.

678 *The Aliakmon* 1 AC 785 (HL), 809 durch LORD BRANDON OF OAKBROOK.

679 *Clerk/Lindsell*, on torts, Rn. 17-01.

title verfügt, schutzlos.[680] Diese Lücke wird durch das Institut der *reversionary injury* geschlossen.

Ungeklärt ist bis zum heutigen Tage, ob es sich bei der *reversionary injury* um einen einheitlichen *tort* oder um drei verschiedene *torts* handelt. Die Entstehungsgeschichte deutet eher auf das letztere Konzept hin, da die *reversionary injury* nach und nach als Antwort auf die Lücken in dem bestehenden System der *torts* entstand.[681] Gegenwärtig deutet vieles auf ein Konzept eines einheitlichen *tort* hin, wenn man berücksichtigt, dass sich die Voraussetzungen in vielerlei Hinsicht – insbesondere in Hinblick auf die Anspruchsberechtigung – ähnlich sind und dass Entscheidungen von einem *quasi-tort* auf einen anderen übertragen werden können.[682] Jedoch sprechen die besseren Argumente für ein Konzept dreier *torts*. Erstens sind die entscheidenden Voraussetzungen hinsichtlich des Verhaltens des Anspruchsgegners verschieden und mit ihnen auch die Schutzrichtung. Zweitens unterscheiden sich die dem Anspruchsgegner auferlegten Pflichten. So setzt beispielsweise die *negligence* im Gegensatz zu *conversion* und *trespass to goods* Verschulden voraus.[683]

b) Die Voraussetzungen der reversionary injury

Ein Anspruch aus *reversionary injury* setzt das Vorliegen der Voraussetzungen entweder der *conversion*, des *trespass to goods* oder des *tort of negligence* unter Ausnahme der Anspruchsberechtigung voraus. Insoweit entsprechen die Voraussetzungen des jeweiligen *quasi-tort* denen des entsprechenden *tort*.[684]

Darüber hinaus muss der Kläger dauerhaft oder vorübergehend von seinem *reversionary interest*, also seinem Rückgabeanspruch ausgeschlossen sein.[685] Das *reversionary interest* des Klägers muss ein *legal or Common Law interest* und nicht nur ein *mere equitable interest*, beispielsweise eines *trustee*, an der Sache sein.[686] Ein *deferred right to possession*, wie z.B. das des *bailor*, der nicht über

---

680 *Clerk/Lindsell*, on torts, Rn. 17-138; *Tettenborn*, CLJ 1994, Bd. 53(2), S. 326–328.

681 *Tettenborn*, CLJ 1994, Bd. 53(2), S. 330.

682 Vgl. *Clerk/Lindsell*, on torts, Rn. 17-139.

683 *Tettenborn*, CLJ 1994, Bd. 53(2), S. 330/331.

684 *Clerk/Lindsell*, on torts, Rn. 17-139; *Palmer u.a.* in: Halsbury's Laws of England, Bd. 45(2), tort, Rn. 685.

685 *Clerk/Lindsell*, on torts, Rn. 17-139; *Palmer u.a.* in: Halsbury's Laws of England, Bd. 45(2), tort, Rn. 685.

686 *MCC Proceeds Inc v Lehman Bros International (Europe)* [1998] 4 All ER 675 (CA), 706 durch Mummery LJ; *Palmer u.a.* in: Halsbury's Laws of England, Bd. 45(2), tort, Rn. 685.

ein *immediate right to possession* verfügt, soll als *reversionary interest* ausreichen, unabhängig davon, ob es mit der restlichen *legal ownership* verbunden ist oder nicht.[687]

Entscheidend für das Vorliegen eines Anspruchs wegen *reversionary injury* ist jedoch, dass der Rückgabeanspruch des Klägers gefährdet wird. Sofern dies nicht der Fall ist, wird auch eine Wegnahme oder ein Zurückbehalten nicht ausreichen, um einen solchen Anspruch zu begründen.[688]

c) Die reversionary injury *als ein Fall der* wrongful interference with goods

Nicht abschließend geklärt ist, ob es sich bei der *reversionary injury* um einen Fall von *wrongful interference with goods* i.S. des *Torts (Interference with Goods) Act 1977* handelt. Clerk und Lindsell ebenso wie Tettenborn nehmen hierzu eine eher ablehnende Position ein und sehen den Fall der *wrongful interference with goods* auf die Fälle der physischen Beschädigung und der Löschung des klägerischen Titels beschränkt. *Sec. 1(a)* bis *(c)* erfassten die Fälle von *conversion, trespass to goods* und *negligence*, während sich aus *sec. 1(d)* ergebe, dass andere *torts* nur dann einen Fall von *wrongful interference with goods* darstellen, sofern sie eine Beschädigung der Sache oder eine Löschung des klägerischen Titels nach sich ziehen.[689]

Dem ist jedoch die Entscheidung *MCC Proceeds Inc v Lehman Bros International (Europe)* entgegenzuhalten, in der Richter Mummery das vom Kläger vorgetragene Argument, dass es sich bei einem Fall der *quasi-conversion* um einen Anspruch nach *sec. 1(d)* des *Torts (Interference with Goods) Act 1977* handele, unwidersprochen lässt.[690] Insoweit handelt es sich zwar lediglich um ein *obiter dictum*, das aber überzeugt. Die *reversionary injury* soll Lücken füllen, die sich bei *conversion, trespass to goods* und dem *tort of negligence* ergeben. Es überzeugt daher nicht, Teile der *quasi-conversion* aus dem Anwendungsbereich der *wrongful interference with goods* auszunehmen, da insoweit eine Schlechterstellung des Klägers nicht zu begründen ist.

---

687 *Clerk/Lindsell*, on torts, Rn. 17-139 u. Fn. 43; *Palmer u.a.* in: Halsbury's Laws of England, Bd. 45(2), tort, Rn. 685, Fn. 5.

688 *Mukibi v Bhavsar* [1967] E.A. 473, 473, 475, 476–478; *Clerk/Lindsell*, on torts, Rn. 17-139.

689 *Clerk/Lindsell*, on torts, Rn. 17-139; *Tettenborn*, CLJ 1994, Bd. 53(2), S. 336.

690 *MCC Proceeds Inc v Lehman Bros International (Europe)* [1998] 4 All ER 675 (CA), 685–687 durch Mummery LJ;

d) *Die Rechtsfolgen*

Die sich aus *reversionary injury* ergebenden Rechtsfolgen hängen u.a. davon ab, ob es sich bei den *torts* wegen *reversionary injury* um Ansprüche wegen *wrongful interference with goods* i.S. des *Torts (Interference with Goods) Act 1977* handelt, da nur in diesem Fall die entsprechenden gesetzlichen Bestimmungen - insbesondere hinsichtlich der Anordnung von *delivery* – anwendbar sind. Clerk und Lindsell sehen den Schadenersatz auf die Fälle der Beschädigung oder Zerstörung der Sache beschränkt.[691] Richtigerweise muss man im Anschluss an die Entscheidung *MCC Proceeds Inc v Lehman Bros International (Europe)*[692] mit Palmer zu dem Schluss kommen, dass die entsprechenden Bestimmungen des *Torts (Interference with Goods) Act 1977* – einschließlich der Vorschriften über *delivery* – anwendbar sind, da ein *deferred right to possession* verbunden mit einem *equitable interest* ein Vorgehen aus *conversion* gestattet.[693]

6. *Der Einwand des* ius tertii

Grundsätzlich kann unter dem *Common Law* der Beklagte den Einwand des *ius tertii* erheben, indem er behauptet, dass eine dritte Person ein besseres Recht als die *possession* des Klägers an der umstrittenen Sache hat. Vor Inkrafttreten des *Torts (Interference with Goods) Act 1977* war der Einwand des *ius tertii* ausgeschlossen, so dass der *bailee* weder gegenüber dem *bailor* dessen Recht an der Sache bestreiten noch ihm den Titel eines Dritten an der Sache entgegenhalten konnte, sofern er nicht seine eigene Klage auf dieses Recht stützte.[694]

a) *Die Abschaffung des Anwendungsausschlusses*

Diese Ausnahme ist durch *sec. 8(1)* des *Torts (Interference with Goods Act) 1977* abgeschafft und damit das *Common Law* materiell geändert worden, so dass sich nun der Beklagte in einer Klage wegen *wrongful interference with goods* wieder auf das *ius tertii* und darauf berufen darf, dass eine dritte Person ein gegenüber dem Recht des Klägers besseres Recht an der Sache innehat.[695] Diese Gesetzesänderung beschränkt die Doktrin, dass es sich bei *possession* um einen Titel

---

691 *Clerk/Lindsell*, on torts, Rn. 17-139.

692 *MCC Proceeds Inc v Lehman Bros International (Europe)* [1998] 4 All ER 675(CA).

693 *MCC Proceeds Inc v Lehman Bros International (Europe)* [1998] 4 All ER 675(CA), 687 durch Mummery LJ; *Palmer u.a.* in: Halsbury's Laws of England, Bd. 45(2), tort, Rn. 685.

694 *The Winkfield* [1902] P 42 (CA), 54/55 durch Collins MR.

695 Sec. 8(1) Torts (Interference with Goods Act) 1977, ch. 32.

handelt, so dass diese nur noch gilt, wenn keine dritte Partei ein besseres Recht beansprucht.[696] Sie wirkt sich praktisch in doppelter Hinsicht aus: Soweit sich ein Vorgehen aus einem *tort* wegen *wrongful interference with goods* auf ein unmittelbares Besitzrecht stützt, wie dies im Falle des *bailor* ausnahmslos der Fall ist, kann sich nun der Beklagte auf das Recht eines Dritten berufen und damit das Recht des *bailor* bestreiten und die Klage zu Fall bringen.[697] Weiterhin kann sich ein Beklagter nun darauf berufen, dass das Interesse des Klägers geringer ist als der gesamte Wert der Sache und darüber hinaus beanspruchen, dass jede weitere Partei, die ein Interesse an der Sache hat, dem Verfahren beitritt.[698]

b) *Die Anwendbarkeit des* ius tertii *auf die* reversionary injury

Inwieweit die Einführung des Einwands des *ius tertii* auch für den Fall der *reversionary injury* gilt, ist umstritten. Im Falle der *quasi-negligence* und des *quasi-trespass to goods* ergibt sich unzweifelhaft aus *sec. 1(c)* und *(d)* bzw. nur aus *sec. 1(d)* des *Torts (Interference with Goods) Act 1977*, dass es sich insoweit um *wrongful interference with goods* handelt und der Einwand des *ius tertii* nicht ausgeschlossen ist. Im Falle der *quasi-conversion* soll nach Tettenborn jedoch danach zu differenzieren sein, ob tatsächlich ein Schaden an der Sache eingetreten oder ob diese veräußert worden ist. Insoweit müsse hinsichtlich des *ius tertii* zwischen der *conversion* und der *quasi-conversion* unterschieden werden.[699] Betrachtet man die Entscheidung *MCC Proceeds Inc v Lehman Bros International (Europe)*,[700] ist festzustellen, dass der Einwand des *ius tertii* auch im Fall der *reversionary injury* nicht ausgeschlossen sein kann.[701]

7. *Die Rechtsfolgen unter dem* Torts (Interference with Goods) Act 1977

Hinsichtlich der Rechtsfolgen ist im *tort law* zwischen der *self-help* und den die *delivery* und die *damages* umfassenden *proceedings for recovery* zu unterscheiden. Der *Torts (Interference with Goods) Act 1977* hat die Rechtsfolgen hinsichtlich der *proceedings for recovery* sowohl für *conversion* und *trespass to goods*, als auch für den *tort of negligence* und andere *torts*, soweit diese eine Verletzung der

---

696 *Clerk/Lindsell*, on torts, Rn. 17-89.
697 *Clerk/Lindsell*, on torts, Rn. 17-89; *Palmer*, on bailment, Rn. 4-136.
698 *Clerk/Lindsell*, on torts, Rn. 17-89; *Palmer*, on bailment, Rn. 4-136; *Winfield/Jolowicz*, tort, Rn. 17-18/19.
699 *Tettenborn*, CLJ 1994, Bd. 53(2), S. 337.
700 *MCC Proceeds Inc v Lehman Bros International (Europe)* [1998] 4 All ER 675(CA).
701 Vgl. S. 140 dieser Arbeit.

Sache oder eines rechtlichen Interesses an der Sache betreffen, einheitlich neu geordnet.

a) Die self-help

Soll eine Sache unrechtmäßig entwendet werden, kann sich der *owner* im Wege der *self-help* dem Versuch der Wegnahme unter Anwendung angemessener und erforderlicher Gewalt erwehren. Ist die Sache bereits im unrechtmäßigen Besitz einer anderen Person, so darf sich der *owner* diese unter Anwendung der notwendigen Gewalt im Wege des *retaking* zurückholen und besitzt zu diesem Zwecke das Recht der Nacheile auf das Grundstück des Störers.[702]

b) Die proceedings for recovery

Darüber hinaus kann der *owner* die Person, die die Sache entwendet hat oder jede Person, die die Sache in *possession* hat, im Wege der *proceedings for recovery* verklagen. Dabei kann sich die Klage sowohl auf *order for delivery of the goods*, also auf Herausgabe der Sache, als auch auf *damages*, also auf Schadenersatz richten. Gegebenenfalls können die beiden Ansprüche miteinander kombiniert werden, jedoch ist primärer Rechtsbehelf immer der Schadenersatz und nicht die Herausgabe der Sache. Dies gilt unabhängig von ihrem besonderen „sachenrechtlichen" Charakter auch für die *conversion*.[703]

Nach dem überkommenen Verständnis des *Common Law* von *conversion* vor Inkrafttreten des *Torts (Interference with Goods) Act 1977* war der einzig vorgesehene Rechtsbehelf der Schadenersatz.[704] Nach diesem Verständnis lag, sofern der Beklagte auf Aufforderung des Klägers die Sache nicht herausgab, nicht nur ein Fall der *conversion*, sondern auch ein Fall der *detinue* vor, aus dem sich auch ein Herausgabeanspruch ergeben konnte.[705] Die *detinue* sah drei verschiedene Kompensationsmöglichkeiten vor: Erstens den bloßen Wertersatz für die Sache zuzüglich des Schadenersatzes für die Zurückbehaltung, zweitens die Wahl zwischen der Rückgabe der Sache oder dem Wertersatz für dieselbe zuzüglich des

702 *Blades v Higgs* (1861) 142 ER 634, 637; *Palmer u.a.* in: Halsbury's Laws of England, Bd. 45(2), tort, Rn. 612/670; *Winfield/Jolowicz*, tort, Rn. 17-25.

703 *Winfield/Jolowicz*, tort, Rn. 17-27.

704 *General and Finance Facilities Ltd v Cooks Cars (Romford) Ltd* [1963] 1 WLR 644 (CA), 649 durch Lord Diplock; *Winfield/Jolowicz*, tort, Rn. 17-29.

705 *Winfield/Jolowicz*, tort, Rn. 17-29.

Schadenersatzes für die Zurückbehaltung und drittens die Rückgabe der Sache zuzüglich des Schadenersatzes für die Zurückbehaltung.[706]

Durch *sec. 2(1)* des *Torts (Interference with Goods) Act 1977* ist die *detinue* abgeschafft und in den Tatbestand der *conversion* überführt worden, so dass heute die Rechtsbehelfe der *conversion* in *sec. 3* des *Torts (Interference with Goods) Act 1977* einheitlich nach dem Vorbild der *detinue* gestaltet sind.[707] *Sec. 3(2)* des *Torts (Interference with Goods) Act 1977* sieht im Einzelnen bei *wrongful interference with goods* die folgenden Rechtsfolgen vor: Erstens die Möglichkeit der Verurteilung zur Herausgabe der Sache (*delivery*) nebst Schadenersatz (*damages*) gem. *sec. 3(2)(a)*, zweitens gem. *sec. 3(2)(b)* eine ebensolche Verurteilung verbunden mit einer Abwendungsbefugnis des Beklagten durch Zahlung von Wertersatz und drittens die Verurteilung zu Schadenersatz nach *sec. 3(2)(c)*.

aa) Die *delivery*

Durch den *Torts (Interference with Goods) Act 1977* hat die *delivery* Eingang in das Rechtsfolgenrecht des *tort law* gefunden. Die Möglichkeit der Anordnung von *delivery* ergibt sich einerseits aus *sec. 3* und andererseits in Form eines Zwischenurteils (*interlocutory order*) aus *sec. 4*.

(1) Die *delivery* nach *sec. 3(2)* des *Torts (Interference with Goods) Act 1977*

Die Möglichkeit der *delivery* ergibt sich aus *sec. 3* des *Torts (Interference with Goods) Act 1977*. Dem Gericht wird einerseits nach *sec. 3(2)(a)* i.V.m. *sec. 3(3)(b)* die Möglichkeit eingeräumt, nach eigenem Ermessen *delivery* anzuordnen oder andererseits nach *sec. 3(2)(b)* auf Antrag des Klägers eine Entscheidung zu fällen, die dem Beklagten die Möglichkeit der Abwendung der *delivery* durch die Leistung von *damages* eröffnet.

(a) Die Ermessensentscheidung nach *sec. 3(2)(a)* i.V.m. *sec. 3(3)(b)*

Die Entscheidung über die Anordnung von *delivery* nebst Schadenersatz für einen Folgeschaden nach *sec. 3(2)(a)* wird nach *sec. 3(3)(b)* in das Ermessen des Gerichtes gestellt und ist damit dem Einfluss der Parteien und insbesondere des Klägers entzogen. Dieses Ermessen wird das Gericht regelmäßig nicht

706 *General and Finance Facilities Ltd v Cooks Cars (Romford) Ltd* [1963] 1 WLR 644 (CA), 650/651 durch Lord Diplock.

707 *Winfield/Jolowicz*, tort, Rn. 17-29.

bei üblichen Handelsartikeln ausüben.[708] Eine Anordnung kommt jedoch bei seltenen Gegenständen oder Gegenständen von besonderer Bedeutung für den Kläger sowie bei nicht einfach zu ersetzenden Gegenständen in Betracht.[709]

Grundsätzlich ergibt sich aus der *delivery order* nicht, dass tatsächlich eine Lieferung der gegenständlichen Sache an den Kläger zu erfolgen hat, vielmehr genügt es in der Regel, wenn der Beklagte diese zur Abholung bereithält.[710] Eine Ausnahme liegt jedoch in dem Fall vor, dass es sich um unhandliche Sachen handelt, die der Beklagte bei einer dritten Partei aufbewahrt.[711]

Sofern der Beklagte der *delivery order* nicht nachkommt, wird das Gericht diese nach *sec. 3(4)(a)* aufheben und den Beklagten nach *sec. 3(4)(b)* zur Zahlung von Schadenersatz entsprechend dem Wert der Sache verurteilen.

(b) Die Abwendungsmöglichkeit nach *sec. 3(2)(b)*

Von der Ermessensentscheidung des Gerichts abzugrenzen ist die *delivery order* nach *sec. 3(2)(b)*, die auf Antrag des Klägers erfolgt, jedoch dem Beklagten eine Abwendungsmöglichkeit durch Zahlung von Wertersatz einräumt. Gibt der Beklagte die Sache heraus, bleibt dies nach *sec. 3(5)* ohne Auswirkung auf einen möglicherweise gegen ihn gerichteten weitergehenden Schadenersatzanspruch.

(c) Ergebnis

Im Ergebnis zeigt sich, dass sich aus *sec. 3* des *Torts (Interference with Goods) Act 1977* zwar die Möglichkeit ergibt, den Beklagten zur Herausgabe der Sache zu verurteilen, die Durchsetzung der *delivery order* aber allein vom Willen des Beklagten abhängt. Zwar besteht gegen eine *delivery order* nach *sec. 3(2)(a)* keine Abwendungsmöglichkeit des Beklagten, jedoch hat das Gericht keine Mittel an der Hand, diese auch tatsächlich durchzusetzen, sondern muss diese, sofern der Beklagte ihr nicht nachkommt, wieder aufheben. Im Falle der *delivery order* nach *sec. 3(2)(b)* wird dem Beklagten ohnehin eine Abwendungsmöglichkeit von Gesetzes wegen eingeräumt. In der Gestaltung der Möglichkeit der

---

708 *Tanks and Vessels Industries Ltd v Devon Cider Company Ltd* [2009] EWHC 1360 (Ch), Rn. 55; *Clerk/Lindsell*, on torts, Rn. 17-84.

709 *Garcia v De Aldama* [2002] EWHC 2087, Rn. 12 durch Smith J; *Secretary of State for Defence v Guardian Newspapers Ltd* [1985] AC 339 (HL), 350/351 durch Lord Diplock; *Howard E Perry & Co Ltd v British Railways Board* [1980] 1 WLR 1375, 1382/1383 durch Megarry VC.

710 *Clerk/Lindsell*, on torts, Rn. 17-85.

711 *Metals & Ropes Co Ltd v Tattersall* [1966] 1 WLR 1500 (CA), 1503/1504.

delivery zeigt sich die alleinige Ausrichtung des *Common Law* auf den Schadenersatzanspruch.

(2) Das Zwischenurteil nach *sec. 4* des *Torts (Interference with Goods) Act 1977*

Neben den beiden Fällen eines auf *delivery* gerichteten Endurteils kann das Gericht nach *sec. 4* auch ein Zwischenurteil (*interlocutory order*) erlassen, das auf *delivery up* an den Kläger oder eine vom Gericht bezeichnete dritte Person gerichtet ist. Ein solches Zwischenurteil setzt einerseits einen entsprechenden Antrag eines Verfahrensbeteiligten voraus und erfordert andererseits, dass die ihm zugrundeliegende Sache Gegenstand eines Verfahrens wegen *wrongful interference with goods* ist oder jedenfalls für ein derartiges Verfahren von Bedeutung sein wird. Die Entscheidung über den Erlass eines Zwischenurteils liegt dabei allein im Ermessen des Gerichtes.[712]

bb) Die *damages*

Regelmäßig ergibt sich im Falle der *wrongful interference with goods* ein Anspruch auf Schadenersatz (*damages*), entweder aus *sec. 3(2)(c)* oder in Verbindung mit einer *delivery order* aus *sec. 3(2)(a)* oder *sec. 3(2)(b)*.

(1) Die Grundregel

Grundsätzlich richtet sich im *Common Law* der Schadenersatz bei Entzug einer Sache nach dem Marktwert, nicht nach dem tatsächlich erlittenen Schaden; es handelt sich um *restitutionary*, nicht um bloß *compensatory damages*.[713] So kann der Kläger auch dann Schadenersatz beanspruchen, wenn der Beklagte ihm die Sache zwar entzogen hat, er aber den Besitz an dieser ohnehin verloren hätte.[714] Darüber hinaus kann der Kläger jeden weiteren Schaden geltend machen, der sich kausal aus der Besitzentziehung ergibt.[715]

---

712 *Howard E Perry & Co Ltd v British Railways Board* [1980] 1 WLR 1375, 1382/1383 durch MEGARRY VC.

713 *Bar*, Gemeinuropäisches Deliktsrecht, Bd. 1, Rn. 290; *Clerk/Lindsell*, on torts, Rn. 17-88; *Palmer u.a.* in: Halsbury's Laws of England, Bd. 45(2), tort, Rn. 616.

714 *Kuwait Airways Corporation v Iraqi Airways Co (Nos 4 and 5)* [2002] 2 AC 883 (HL), 1026/1027.

715 *Re Simms* [1934] Ch 1 (CA), 17 durch LORD HANWORTH MR; *Clerk/Lindsell*, on torts, Rn. 17-88; *Palmer u.a.* in: Halsbury's Laws of England, Bd. 45(2), tort, Rn. 616.

(a) Der Bemessungszeitpunkt

Vor Inkrafttreten des *Torts (Interference with Goods) Act 1977* galt es hinsichtlich des Bemessungszeitpunktes zwischen *conversion* und *detinue* zu unterscheiden. Im Falle der *detinue* kam es für die Bemessung des Wertes auf den Urteilszeitpunkt an.[716] Im Falle der *conversion* war hingegen regelmäßig der Zeitpunkt der schädigenden Handlung maßgebend, auch wenn vereinzelt dem Gericht ein Ermessen eingeräumt worden ist, auf einen späteren Zeitpunkt abzustellen.[717]

Die *detinue* ist durch den *Torts (Interference with Goods) Act 1977* abgeschafft und in den Tatbestand der *conversion* überführt worden. Das Gesetz äußert sich zu dem maßgeblichen Zeitpunkt nicht, was zu der allgemein vertretenen Annahme führt, dass es für die Bemessung des Wertes der Sache grundsätzlich auf die hergebrachte Regel ankomme, die im Falle der *conversion* angewandt wurde, jedoch eine in der Zwischenzeit eingetretene Wertveränderung zu berücksichtigen sei.[718]

(b) Wertveränderung

Eine Wertveränderung kann naturgemäß in zwei Richtungen eintreten: Die Sache kann an Wert gewinnen oder sie kann an Wert verlieren.

Im Falle einer Wertsteigerung der Sache hat der Kläger einen Anspruch auf *consequential damages*, sofern die Wertsteigerung vorhersehbar war.[719] Andererseits ist im Falle der *conversion* ein potentielles Mitverschulden des Klägers zu berücksichtigen. In der Sache *Sachs v Miklos*[720] hatte der in London wohnhafte Kläger im Jahr 1940 Möbel bei dem Beklagten in Verwahrung gegeben. Als die Beklagten den Lagerraum im Jahr 1943 für eigene Zwecke benötigten, forderten sie den Kläger schriftlich auf, die Möbel abzuholen. Für den Fall, dass der Kläger die Möbel nicht abholen sollte, kündigten sie an, die Möbel zu verkaufen. Angesichts der ausbleibenden Reaktion des Klägers setzten die Beklagten den Plan um. Im Jahr 1946 erhob der Kläger Anspruch auf Schadenersatz und berechnete

---

716 *Rosenthal v Alderton and Sons Ltd* [1946] KB 374 (CA), 377.

717 *Mercer v Jones* (1813) 170 ER 1452, 1452; *Greening v Wilkonson* [1825] ER 1344, 1344 durch Abbott CJ; *Henderson & Co v Williams* [1895] 1 QB 521 (CA), 529/530 durch Lord Halsbury; *General and Finance Facilities Ltd v Cooks Cars (Romford) Ltd* [1963] 1 WLR 644 (CA), 649 durch Diplock LJ.

718 *Clerk/Lindsell*, on torts, Rn. 17-89/90; *Palmer u.a.* in: Halsbury's Laws of England, Bd. 45(2), tort, Rn. 618; *Winfield/Jolowicz*, tort, Rn. 17-27.

719 *The Playa Larga* [1983] 2 Lloyd's Rep. 171 (CA), 181/182 durch Ackner LJ; *IBL Ltd v Coussens* [1991] 2 All ER 133 (CA), 143/144 durch Nicholls LJ.

720 *Sachs v Miklos* [1948] 2 KB 23 (CA).

diesen auf Grund der aktuellen – infolge des Kriegsendes stark gestiegenen – Möbelpreise. Richter GODDARD sah aufgrund der ausgebliebenen Reaktion ein Mitverschulden des Klägers als gegeben und stellte daher auf die im Zeitpunkt des Eintritts des Mitverschuldens im Jahr 1943 geltenden Möbelpreise ab.[721]

Bei einer Wertminderung ist grundsätzlich auf den Wert im Zeitpunkt der schädigenden Handlung abzustellen, so dass der Beklagte nicht von seinem eigenen Fehlverhalten profitieren kann.[722] Jedoch soll davon eine Ausnahme zu machen sein, sofern die schädigende Handlung ausschließlich in der Nicht-Rückgabe der Sache durch den Beklagten liegt und der Kläger diese später zurückerhält. Unter *detinue* war der Anspruch auf Schadenersatz in diesem Fall auf den Wert der Sache im Zeitpunkt der Rückgabe begrenzt, so dass – da die Sache sich wieder in den Händen des Klägers befand – regelmäßig nur ein Anspruch auf *nominal damages* in Betracht kam.[723] Diese Auffassung scheint nach einer jüngeren Entscheidung des *Privy Council* auf die *conversion* übertragbar zu sein.[724]

(2) Weitergehender Schadenersatz

Der Schadenersatz wegen *wrongful interference with goods* ist nicht auf den Wert der Sache beschränkt. Der Kläger kann Schadenersatz für jeden Verlust beanspruchen, den er infolge der *wrongful interference with goods* erleidet.[725] Abhängig von dem Interesse des *bailor* an der Sache sind Abweichungen nicht nur über den Wert der Sache hinaus möglich, vielmehr kann der Anspruch auch geringer als der Wert der Sache ausfallen.[726]

(a) Folgeschäden

Insbesondere hat der Kläger einen Anspruch auf den Ersatz von Folgeschäden, die sich unmittelbar aus der *wrongful interference with goods* ergeben und die für den Beklagten vorhersehbar waren, es sei denn, diesem war nicht bewusst, dass

---

721 *Sachs v Miklos* [1948] 2 KB 23 (CA), 38–40 durch LORD GODDARD CJ.

722 *Rhodes v Moules* [1895] 1 Ch 236 (CA), 254; *Kuwait Airways Corporation v Iraqi Airways Co (Nos 4 and 5)* [2002] 2 AC 883 (HL), 1095 durch LORD NICHOLLS.

723 *Brandeis Goldschmidt & Co Ltd v Western Transport Ltd* [1981] QB 864 (CA), 872 durch BRANDON LJ.

724 *BBMB Finance (Hong Kong) Ltd v Eda Holdings Ltd* [1990] 1WLR 409, 413.

725 *Clerk/Lindsell*, on torts, Rn. 17-101; *Palmer u.a.* in: Halsbury's Laws of England, Bd. 45(2), tort, Rn. 618.

726 *Chubb Cash Ltd v John Crilley & Son* [1983] 1 WLR 599 (CA), 603.

er unrechtmäßig handelt.[727] Ein derartiger Anspruch auf Ersatz der Folgeschäden erfasst insbesondere die Kosten für eine Ersatzbeschaffung,[728] verlorenen Gewinn[729] oder eine Wertsteigerung.[730]

(b) Nutzungsausfall und Nutzungsersatz

Darüber hinaus kann der Kläger einen Nutzungsausfall unabhängig davon geltend machen, ob er die Sache beispielsweise tatsächlich vermietet hätte oder nicht. Wäre die gegenständliche Sache vermietet worden, kann der Kläger einen entsprechenden Nutzungsausfall geltend machen.[731] Wäre die Sache dagegen nicht tatsächlich vermietet worden, obwohl es sich um eine üblicherweise der Vermietung dienende Sache handelt und nutzt sie der Beklagte, so ist dieser verpflichtet, einen der üblichen Miete entsprechenden Betrag an den Kläger zu zahlen. Beendet jedoch der Beklagte seinen Besitz, so endet auch die Pflicht zur Zahlung des Nutzungsersatzes.[732] Dem Kläger steht jedoch auch dann Nutzungsersatz zu, sofern er die Sache gar nicht vermietet hätte, solange der Beklagte diese nutzt.[733]

(c) Strafschadenersatz

Abschließend kommt unter *Common Law* auch Strafschadenersatz in Form der *aggravated damages* in Betracht, sofern es sich um einen besonders schwerwiegenden Fall der Besitzentziehung handelt.[734]

c) Der Ausschluss von double liability

Nach *sec. 7(2)* des *Torts (Interference with Goods) Act 1977* wird die Möglichkeit der Überkompensation (*double liability*) ausgeschlossen. Nach *sec. 7(1)* liegt *double liability* in zwei Fällen vor. Erstens besteht nach *sec. 7(1)(a)* die Möglichkeit von *double liability*, sofern sich mehrere *rights of action* auf einen *possessory*

---

727 *Kuwait Airways Corporation v Iraqi Airways Co (Nos 4 and 5)* [2002] 2 AC 883 (HL), 1097/1098 durch Lord Nicholls.

728 *Lagden v O'Connor* [2004] 1 AC 1067 (HL).

729 *Bodley v Reynolds* (1846) 115 ER 1066, 1066.

730 Vgl. S. 146 dieser Arbeit.

731 *Greer v Alstons Engineering Sales & Services Ltd* [2003] UKPC 46, Rn. 17.

732 *Strand Electric and Engineering Co Ltd v Brisford Entertainments Ltd* [1952] 2 QB 246 (CA).

733 *The Mediana* [1900] AC 113(HL).

734 *Owen and Smith (Trading as Nuagin Car Service) v Reo Motors (Britain) Ltd* [1934] All ER 734 (CA), 740 durch Scrutton LJ.

title stützen. Dies beschreibt den für ein *bailment at will* typischen Fall der Aufteilung des *possessory title* zwischen dem *bailee* als Inhaber der *possession* und dem *bailor* als Inhaber des *immediate right to possession.* Zweitens kann nach *sec. 7(1)(b) double liability* ebenfalls vorliegen, sofern sich die Klage nicht auf *possessory*, sondern auf *proprietary title* stützt und dem Kläger Schadenersatz in Höhe des gesamten Wertes der Sache zugesprochen wird, obwohl an der Sache ein Interesse zweier oder mehrerer Personen besteht. Das Gericht hat insoweit den Rechtsbehelf und die Höhe des Schadenersatzes anzupassen. Im Ergebnis schließt die erfolgreiche Geltendmachung eines Anspruches gegen einen Dritten durch den *bailor* einen Anspruch des *bailee* auf *damages* ebenso aus wie ein Anspruch des *bailee* gegen Dritte einen Anspruch des *bailor* ausschließt.[735]

d) Die Besonderheiten der zugrundeliegenden torts

Bei der Wahl des Rechtsbehelfs gilt es den zugrundliegenden *tort* zu berücksichtigen. *Conversion* und *trespass to goods* überschneiden sich im Falle der Zerstörung oder Entziehung der Sache, *trespass to goods* und *negligence* im Falle der fahrlässigen Beschädigung der Sache. In allen Fällen kann der Kläger sich auf sein Recht zur *self-help* berufen und *damages* geltend machen. Die Gewährung einer *delivery order* bleibt jedoch naturgemäß auf die Fälle der Wegnahme und damit auf *conversion* und *trespass to goods* beschränkt.[736]

Im Falle der *reversionary injury*, die ebenfalls einen Fall von *wrongful interference with goods* darstellt,[737] gilt es zu berücksichtigen, dass diese nicht den Besitz an der Sache (*possessory title*), sondern lediglich das Rückgabeinteresse (*reversionary interest*) schützt und sich der Schadenersatz nicht am Wert der Sache, sondern am Wert des Rückgabeinteresses bemisst.[738]

III. Die anderen Ansprüche des *bailor*

Neben den sich auf ein *immediate* oder *deferred right to possession* stützenden Ansprüchen bestehen weitere Ansprüche des *bailor*. Diese sind unabhängig von dessen besitzrechtlichen Stellung und beruhen auf einem mit einer Gegenleistung (*consideration*) verbundenen Vertrag zwischen *bailee* und *bailor*, auf einerals *consensual agreement* verstandenen Vereinbarung der Parteien oder als *restitutionary claim* auf einer ungerechtfertigten Bereicherung des *bailee*.

735 *The Winkfield* [1902] P 42 (CA), 61.

736 *Clerk/Lindsell*, on torts, Rn. 17-129 u. 17-137.

737 Vgl. S. 139 dieser Arbeit.

738 *Palmer u.a.* in: Halsbury's Laws of England, Bd. 45(2), tort, Rn. 685.

1. Die Ansprüche aus contract law

Der Schutz des *bailor* durch das *contract law* findet nur im Falle eines vertraglich begründeten *bailment*, also eines *bailment for valuable consideration* statt und ist auf das Verhältnis von *bailor* und *bailee* beschränkt. Dennoch erlangt das Vertragsrecht für den Schutz des *bailor* gegenüber Dritten Bedeutung, da eine Pflichtverletzung des *bailee* dazu führen kann, dass das im Falle eines *bailment for a term* bei dem *bailee* liegende *immediate right to possession* erlischt und wieder bei dem *bailor* neu entsteht. Das *immediate right to possession* lebt nicht bei jeder beliebigen Pflichtverletzung des *bailee* wieder auf, vielmehr bedarf es einer sog. *deviation*.

a) Die deviation

Nicht jede Abweichung von der vereinbarten Art und Weise der Vertragserfüllung stellt einen Fall der *deviation* dar, vielmehr kommt es auf die Verletzung einer Pflicht hinsichtlich der Transportroute, des Aufbewahrungsortes, der Zeit der Rückgabe oder persönlicher Dienstleistungen an.[739] Den klassischen Fall der *deviation* – auf den dieser Begriff auch semantisch zurückgeführt werden kann – stellt die Abweichung von der vereinbarten Route durch einen Transporteur dar, unabhängig davon, ob es sich um einen Land- oder um einen Seetransportvertrag handelt.[740] Im Falle eines Seetransportvertrages wird auch jede unangemessene Verzögerung bei der Erfüllung eines Vertrages als *deviation* zu werten sein.[741] Wechselt der Frachtführer von einem vertraglich vereinbarten Transportmittel zu einem anderen, nicht vereinbarten Transportmittel, stellt auch dies eine solche Abweichung dar.[742] Gleiches gilt im Falle eines Lagervertrages, sofern der Lagerist die Sache nicht am vertraglich vereinbarten Ort einlagert.[743] Weitere Fälle, in denen eine *deviation* angenommen wird, sind: Das unberechtigte Zurückbehalten der Sache, nachdem das *bailment* durch Zeitablauf beendet ist;[744]

---

739 *Palmer*, on bailment, Rn. 1-064, 4-016 u. Fn. 72 ebenda.

740 *Mallet v. Great Eastern Railway Company* [1899] 1 QB 309, 311/312; *Palmer*, on bailment, Rn. 1-067.

741 *Brandt v Liverpool, Brazil and River Plate Steam Navigation Co Ltd* [1924] 1 KB 575 (CA), 597 durch Scrutton LJ; *Palmer*, on bailment, Rn. 1-068.

742 *Sleat v Fagg* (1822) 106 ER 1216, 1218/1219 durch Bayley; *Palmer*, on bailment, Rn. 1-068.

743 *Lilley v Doubleday* (1881) 7 QB 510, 511 durch Grove J; *Palmer*, on bailment, Rn. 1-068.

744 *Shaw & Co v Symmons & Sons* [1917] 1 KB 799, 801 durch Avory J; *Palmer*, on bailment, Rn. 1-068.

die Preisgabe der Sache[745] und das unberechtigte Zugänglichmachen der Sache für Dritte.[746]

Nicht so klar ist der Fall, in dem der Frachtführer ohne ausdrückliche Genehmigung des *bailor* einen Subunternehmer beschäftigt. Nach traditionellem Verständnis stellt auch dies einen Fall der *deviation* dar.[747] Dagegen ist in zwei jüngeren Fällen entschieden worden, dass in dem jeweiligen Fall rechtmäßig ein Subunternehmer beauftragt werden konnte.[748] Bemerkenswert ist, dass GATEHOUSE in der jüngsten Entscheidung anmerkt, dass es für den *bailor* eine *matter of indifference* sei, ob der *bailee* oder ein Subunternehmer den Transport ausführe.[749]

b) Die Rechtsfolgen der deviation

Die *deviation* selbst führt zu keinem Schadenersatzanspruch, sondern zieht verschiedene Rechtsfolgen nach sich, die sich auf die Haftung des *bailee* auswirken. Erstens lebt das *immediate right to possession* des *bailor* wieder auf, während das *immediate right to possession* des sich wieder in *possession* befindenden *bailee* erlischt. Darüber hinaus steigert sich der Haftungsstandard von dem der *reasonable care* zu dem der *strict liability*, so dass es auf ein fahrlässiges Verhalten des *bailee* nicht mehr ankommt, und drittens wird eine eventuell zwischen den Parteien vereinbarte Haftungsbegrenzungs- oder Haftungsausschlussklausel unwirksam.[750]

c) Das consensual bailment

Vertragliche Ansprüche des *bailor* gegen den *bailee* können sich – abhängig von der Form des Zustandekommen des *bailment* – sowohl aufgrund vertraglicher Vereinbarung, als auch aufgrund eines *consensual bailment* – also

---

745 *Palmer*, on bailment, Rn. 1-068.

746 *Alexander v Railway Executive* [1951] 2 KB 882, 888/889 durch DEVLIN J; *Palmer*, on bailment, Rn. 1-068.

747 *Garnham, Harris & Elton Ltd v Alfred W Ellis (Transport) Ltd* [1967] 1 WLR 940, 947 durch PAULL J.

748 *Hobbs v Petersham Transport Co Pty Ltd* (1971) 124 CLR 220, 235 durch WINDEYER J; *Metaalhandel J. A. Magnus B.V. v Ardfields Transport Ltd and Eastfell Transport Ltd (T/A Jones Transport)* [1988] 1 Lloyd's Rep. 197, 202/203 durch GATEHOUSE J.

749 *Metaalhandel J. A. Magnus B.V. v Ardfields Transport Ltd and Eastfell Transport Ltd (T/A Jones Transport)* [1988] 1 Lloyd's Rep. 197, 202/203 durch GATEHOUSE J.

750 *Palmer*, on bailment, Rn. 1-065 u. 1-070.

aufgrund der bloßen Inbesitznahme durch den *bailee* unter Zustimmung des *bailor*[751] – ergeben.[752]

2. *Die Ansprüche aus dem* bailment

Ob neben den bisher erörterten Rechtsbehelfen auch ein Anspruch aus dem *bailment* selbst hergeleitet werden kann, d.h. eine *action for breach of bailment*, ist bisher nicht abschließend geklärt. Eine derartige *action* wird von Literatur und Rechtsprechung diskutiert, wobei sie in Urteilen häufig lediglich in einem *obiter dictum* aufgegriffen wird, während sich die das Urteil tragenden Gründe regelmäßig auf *contract* oder *tort law* stützen.

a) Die Literatur und Professor Palmer

Bereits Winfield macht im Jahr 1931 deutlich, dass im Verhältnis von *bailor* und *bailee* ein *breach of bailment* die einzige Grundlage für einen möglichen Rechtsbehelf sein könne, selbst wenn daneben Ansprüche aus *contract* und *tort* bestehen. Entscheidend sei, dass ein *bailment* immer auf der *possession* des *bailee* gründe und ein sich aus der *possession* ergebender Anspruch insoweit als *action in rem* und nicht als *action in personam* zu qualifizieren sei.[753]

In der jüngeren Literatur kommt Palmer zu dem Schluss, dass der zentrale Rechtsbehelf (*central remedy*) im Falle eines *bailment* eine *action for breach of bailment* sei, da keine Art des *bailment* als ausschließlich vertraglicher Natur qualifiziert werden könne. Daher sei ein Rechtsbehelf aus dem *contract law* lediglich eine (subsidiäre) *accessorial remedy* neben der *action for breach of bailment*. Zur Begründung dieser Auffassung verweist Palmer darauf, dass das Versprechen eines *bailee*, eine *strict liability* für die dem *bailment* unterliegende Sache zu übernehmen, unabhängig davon Wirkung entfalte, ob es sich um ein als vertraglich zu qualifizierendes *bailment for reward* oder um ein *gratuitous bailment* handele.[754] Angesichts der Interaktion von dem sich aus der Rechtsprechung ergebenden *Common Law* und dem normgebundenen *statutory law*

---

751 Vgl. *ENE Kos 1 Ltd v Petroleo Brasileiro SA (No 2)* [2012] 2 WLR 976 (UKSC), 986 durch Sumption JSC; *Chitty*, on contracts, Bd. 2, Rn. 33-003; *Pollock/Wright*, possession, S. 163.

752 *Palmer* in: Halsbury's Laws of England, Bd. 3(1), bailment, Rn. 86; *Palmer u.a.* in: Halsbury's Laws of England, Bd. 12(1), damages, Rn. 1093.

753 *Winfield*, law of tort, S. 101–103.

754 *Palmer*, on bailment, Rn. 1-097. Vgl. auch *Palmer* in: Halsbury's Laws of England, Bd. 3(1), bailment, Rn. 86; *Palmer u.a.* in: Halsbury's Laws of England, Bd. 12(1), damages, Rn. 1088.

könne es jedoch notwendig werden, die *action for breach of bailment* dem *contract law* oder dem *tort law* zuzuordnen. Dies sei erforderlich, wenn die Legislative gesetzliche Regeln für eines dieser Rechtsgebiete festlege, dabei aber die Möglichkeit eines Vorgehens aus dem *bailment* selbst nicht im Blick habe. In einem solchen Fall wäre durch das erkennende Gericht festzustellen, ob die durch die jeweilige Partei verletzte Pflicht als vertraglich zu qualifizieren sei oder ob die Pflicht unabhängig von einer vertraglichen Vereinbarung bestehe.[755] Im letzteren Fall wäre nach der Entscheidung *Turner v Stallibrass*[756] aus dem Jahr 1898 auf Rechtsbehelfe aus dem Kreis des *tort law* abzustellen.[757] Der Entscheidung liegt eine Klage auf Schadenersatz wegen der Verletzung eines Pferdes durch den entgeltlichen Verwahrer zugrunde. Nach Auffassung des *Court of Appeal* kam es für die Begründung des Schadenersatzanspruchs nicht auf die vertragliche Vereinbarung an, sondern darauf, dass der Verwahrer unter dem *bailment* zu einem sorgfältigen Umgang mit dem Pferd verpflichtet war.[758]

b) *Die Rechtsprechung des* Court of Appeal

Die Auffassung Professor PALMERS wird durch eine Reihe von Entscheidungen des *Court of Appeal* gestärkt. So deutete LORD DENNING in der Entscheidung *Building and Civil Engineering Holidays Scheme Management Ltd v Post Office* bereits im Jahr 1964 an, dass eine *action* gegen einen *bailee* keine *action in contract* oder *action in tort* sei, sondern dass es sich um eine *action sui generis* handele, die auf dem Besitz des *bailee* an der Sache beruhe.[759] Dem widersprach allerdings in derselben Sache LORD PEARSON, der als einzigen Rechtsbehelf eine – in diesem Fall – gesetzliche *action* aus *sec. 9(2)* des *Crown Proceedings Act 1947* sah.[760]

LORD DENNING bekräftigte seine Auffassung im Jahr 1977 erneut in der Entscheidung *Harold Stephen & Co Ltd v The Post Office* und deutete darin an, dass eine *action in bailment* bestehe, ohne hierauf aber detailliert einzugehen oder abschließend darüber zu entscheiden.[761] In derselben Entscheidung vertrat LORD

755 *Palmer*, on bailment, Rn. 1-098.
756 *Turner v Stallibrass* [1898] 1 QB 56 (CA).
757 *Turner v Stallibrass* [1898] 1 QB 56 (CA), 58/59.
758 *Turner v Stallibrass* [1898] 1 QB 56 (CA), 56/57.
759 *Building and Civil Engineering Holidays Scheme Management Ltd v Post Office* [1966] 1 QB 247 (CA), 260/261 durch DENNING MR.
760 *Building and Civil Engineering Holidays Scheme Management Ltd v Post Office* [1966] 1 QB 247 (CA), 264/265 durch PEARSON LJ.
761 *Harold Stephen & Co Ltd v The Post Office* [1977] 1 WLR 1172 (CA), 1177/1178 durch DENNING MR.

Lane die hiervon abweichende Auffassung, dass offen bleibe, ob eine *liability in bailment* überhaupt existiere.[762]

Im Jahr 1995 kam Lord Otton in der Sache *Sutcliffe v Chief Constable of West Yorkshire* zu dem Schluss, dass eine Haftung des *bailee* für *breach of bailment* unabhängig von einer Haftung aus *contract* oder *tort* bestehe.[763]

Die neueste und letzte Entscheidung zu dieser Frage datiert aus dem Jahr 2009. In der Sache *Yearworth and others v North Bristol NHS Trust* machte Lord Judge für das Gericht deutlich, dass dieses wenig davon überzeugt war, dass sich eine Haftung des *gratuitous bailee* aus *tort* ergebe. Angesichts von fehlenden entgegenstehenden Entscheidungen kam man unter Berufung auf Palmer zu dem Schluss, dass die Haftung des *gratuitous bailee* eine *liability sui generis* sei.[764] Die Richter gründeten die Haftung des Beklagten dann allerdings sowohl auf das *law of bailment* als auch auf das *tort law*.[765]

3. *Der* restitutionary claim

Neben den bereits dargestellten Ansprüchen kann dem *bailor* auch ein Anspruch aus einem *restitutionary claim* zustehen, sofern der *bailee* ungerechtfertigt bereichert ist.[766] Der sich aus einem *restitutionary claim* ergebende Anspruch unterscheidet sich von den anderweitig gewährten Schadenersatzansprüchen dadurch, dass er keinen auszugleichenden Verlust auf Seiten des *bailor* voraussetzt, sondern dass ein Vorteilsausgleich vorgenommen wird.[767]

a) Die Doktrin des waiver of tort

Entscheidet sich der Kläger, eine *restitutionary remedy* geltend zu machen, kann er keinen Anspruch auf *damages* aus *tort* erheben. Insoweit verzichtet er jedoch nicht auf den *tort*, vielmehr bleibt dieser als *cause of action* Grundlage des *restitutionary claim*. Im Ergebnis bedeutet dies, dass, sofern ein Fall der *conversion* vorliegt oder die Sache zurückbehalten wird, der Kläger nur aus *damages in tort* oder aus einem *claim for money had and received* vorgehen kann.[768]

---

762 *Harold Stephen & Co Ltd v The Post Office* [1977] 1 WLR 1172 (CA), 1179/1180 durch Lane LJ.

763 *Sutcliffe v Chief Constable of West Yorkshire* [1996] R.T.R. 86 (CA), 91 durch Otton LJ.

764 *Yearworth v North Bristol NHS Trust* [2009] 3 WLR 118 (CA), 137 durch Judge CJ.

765 *Yearworth v North Bristol NHS Trust* [2009] 3 WLR 118 (CA), 138 durch Judge CJ.

766 *Palmer u.a.* in: Halsbury's Laws of England, Bd. 12(1), damages, Rn. 1088 u. 1099.

767 *Palmer u.a.* in: Halsbury's Laws of England, Bd. 12(1), damages, Rn. 1099.

768 *Palmer u.a.* in: Halsbury's Laws of England, Bd. 45(2), tort, Rn. 640.

b) Die Voraussetzungen

Voraussetzung eines Anspruches auf *restitution* ist das Vorliegen eines *unjust benefit*, einer ungerechtfertigten Bereicherung. Das Vorliegen einer solchen Bereicherung ist unabhängig von einem zwischen den Parteien bestehenden Vertragsverhältnis und unabhängig von Ansprüchen aus *tort law*. Es kommt dabei lediglich darauf an, dass der Beklagte auf Kosten des Klägers ungerechtfertigt bereichert ist.[769]

c) Die Rechtsfolgen

Unabhängig von seiner tatsächlichen Bereicherung haftet der Bereicherte zunächst für den entstandenen Schaden. So besteht zum Beispiel ein Anspruch des Vermieters einer beweglichen Sache gegen den Mieter, der diese über den Mietzeitraum hinaus in Besitz behält, auf den Ersatz der entgangenen Miete. Entsteht dem Vermieter aufgrund des Zurückbehaltens oder des Missbrauchs ein größerer Verlust, kann dieser auch zusätzlich als *benefit* abgeschöpft werden.[770]

C. Zusammenfassung und Rechtsvergleich

Sowohl der mittelbare Besitz, als auch das *bailment* gewähren dem Besitzer ohne unmittelbare Sachherrschaft vergleichbaren Schutz gegenüber Angriffen Dritter auf die Sachherrschaft des unmittelbaren Besitzers bzw. des *bailee*. Dem Besitzer ohne unmittelbare Sachherrschaft stehen nach deutschem Recht aufgrund seines Besitzes und nach *Common Law* aufgrund seines Rechtes zum Besitz sowohl Ansprüche bei Besitzstörung oder -entziehung, als auch Selbsthilferechte zu. Darüber hinaus wird die Rechtsstellung des mittelbaren Besitzers und des *bailor* durch weitere Ansprüche geschützt, die jedoch angesichts der unterschiedlichen Struktur der beiden Rechtsordnungen nicht direkt miteinander vergleichbar sind.

Diese Gemeinsamkeiten dürfen allerdings nicht zu der Annahme verleiten, dass der Schutz nach Rechtsgrund und Umfang identisch wäre: Der mittelbare Besitz wird als Besitz durch die sachenrechtlichen Besitzschutzansprüche geschützt, während der *bailor* als Inhaber eines Rechts zum Besitz – dem auch die *actual possession* umfassenden *possessory title* – auf das *tort law* verwiesen

---

769 *Brook's Wharf and Bull Wharf Ltd v Goodman Brothers* [1937] 1 KB 534 (CA), 545.

770 *Gaba Formwork Contractors Pty Ltd v Turner Corporation Ltd* (1993) 32 NSWLR 175, 188 durch Giles J; *Strand Electric and Engineering Co Ltd v Brisford Entertainments Ltd* [1952] 2 QB 246 (CA), 254/255 durch Denning LJ; *Palmer u.a.* in: Halsbury's Laws of England, Bd. 12(1), damages, Rn. 1099.

wird. Dem *tort* der *conversion* kann insoweit zwar ein sachenrechtlicher Charakter zugesprochen werden, jedoch ist die zentrale Rechtsfolge einer Störung oder Entziehung der *possession* regelmäßig ein Anspruch auf Schadenersatz, während bei einer Entziehung des Besitzes dieser in der Regel von dem Besitzer herausverlangt werden kann.

Schließlich ist die Anwendung der Besitzschutzansprüche im Verhältnis von mittelbarem Besitzer und Besitzmittler ausgeschlossen, während bei Abwesenheit einer vertraglichen Grundlage des *bailment* die Rechtsbehelfe des *tort law* auch zwischen *bailee* und *bailor* Anwendung finden.

I. Die Besitzschutzansprüche

Ebenso wie im deutschen Recht wird auch im *Common Law* der Besitzer ohne unmittelbare Sachherrschaft gegen die Entziehung und gegen jede andere Störung des Besitzes bzw. der *possession* geschützt.

1. Die possessorischen und petitorischen Besitzschutzansprüche des mittelbaren Besitzers

Der Besitzschutz wird im deutschen Recht im Wesentlichen durch das Sachenrecht verwirklicht: Der mittelbare Besitzer kann sowohl die possessorischen Besitzschutzansprüche aus §§ 861, 862 BGB geltend machen, als auch die petitorischen Besitzschutzansprüche aus § 1007 Abs. 1 und Abs. 2 BGB. Darüber hinaus wird der Besitzschutz im weiteren Sinne auch durch den deliktsrechtlichen Schutz des Besitzes als sonstiges Recht i.S.d. § 823 Abs. 1 BGB verwirklicht.

a) Possessorischer Besitzschutz

Nach § 861 BGB kann der mittelbare Besitzer im Falle der Entziehung des unmittelbaren Besitzes die Wiedereinräumung des unmittelbaren Besitzes bei dem unmittelbaren Besitzer verlangen. Eine Einräumung bei sich selbst kann der mittelbare Besitzer nur in Ausnahmefällen beanspruchen.[771] Im Falle der Störung des unmittelbaren Besitzes hat der mittelbare Besitzer einen Anspruch auf Beseitigung oder Unterlassung aus § 862 BGB. Der Anspruch entfällt, sofern der unmittelbare Besitzer dem Verhalten des Dritten zustimmt oder er dieses duldet.[772]

---

771 Vgl. S. 105 dieser Arbeit.

772 Vgl. S. 106 dieser Arbeit.

b) Petitorischer Besitzschutz

Neben den possessorischen Besitzschutzansprüchen kann der mittelbare Besitzer auch die petitorischen Herausgabeansprüche aus § 1007 Abs. 1 und Abs. 2 BGB geltend machen, sofern er seinen Besitz an der Sache unfreiwillig verloren hat. Besteht ein petitorischer Besitzschutzanspruch, kann der Anspruchsteller auch Schadenersatz und Nutzungsersatz gem. §§ 994 ff. BGB geltend machen.[773]

c) Deliktischer Besitzschutz

Über den sachenrechtlichen Besitzschutz im engeren Sinn hinaus gewährt das deutsche Recht auch Besitzschutz durch das Deliktsrecht, da der Besitz als sonstiges Recht i.S. des § 823 Abs. 1 BGB qualifiziert wird und § 823 Abs. 2 BGB i.V.m. § 858 BGB dem Besitzer ebenfalls Schutz gewährt. Insoweit steht dem mittelbaren Besitzer bei einer Verletzung des mittelbaren Besitzes ein Schadenersatzanspruch zu.[774]

d) Ergebnis

Die Geltendmachung der possessorischen Besitzschutzansprüche setzt ein Recht zum Besitz voraus. Hingegen kann der Besitzer den petitorischen Besitzschutz auch dann geltend machen, wenn ein derartiges Recht nicht besteht, der jetzige Besitzer der Sache beim Besitzerwerb aber nicht in gutem Glauben war oder die Sache dem mittelbaren Besitzer abhandengekommen ist. Anders als bei einem possessorischen Besitzschutzanspruch muss sich der frühere mittelbare Besitzer bei der Geltendmachung eines petitorischen Besitzschutzanspruchs ein eventuelles Recht zum Besitz des jetzigen Besitzers entgegenhalten lassen. Insoweit stellt § 1007 BGB eine Abweichung von dem System absoluter Rechte des Sachenrechts dar, da er eine Entscheidung über die Zuordnung der Sache nur zwischen den Parteien, nicht aber gegenüber dem Eigentümer herbeiführt.[775]

2. *Der Schutz des* bailor *durch die* conversion *und den* trespass to goods

Im *Common Law* kann die Entziehung oder die Störung des Besitzes sowohl einen Fall der *conversion* als auch des *trespass to goods* bzw. der *quasi-conversion* und des *quasi-trespass to goods* als Fall der *reversionary injury* darstellen. Auf das *tort law* selbst kann sich nur der Inhaber des *possessory title* berufen, während

773 Vgl. S. 111–113 dieser Arbeit.
774 Vgl. S. 115–117 dieser Arbeit.
775 Vgl. S. 111 dieser Arbeit.

der Inhaber eines *deferred right to possession* auf die *quasi-torts* der *reversionary injury* verwiesen wird. Sofern man – wie in der vorliegenden Arbeit der Fall – die *reversionary injury* als einen Fall der *wrongful interference with goods* i.S.d. *Torts (Interference with Goods) Act 1977* versteht,[776] bleibt die Unterscheidung von *possessory title* und *deferred right to possession* in Bezug auf den Schutz, den ein *bailor* unter dem *tort law* in Anspruch nehmen kann, von bloß terminologischer Bedeutung.

Die Anwendungsbereiche der *conversion* bzw. *quasi-conversion* einerseits und des *trespass to goods* bzw. *quasi-trespass to goods* als *torts* wegen der *wrongful interference with goods* überschneiden einander. Den Kern des Besitzschutzes stellt die *conversion* dar, die bei einem Zurückbehalten der Sache oder einer Verwendung derselben für eigene oder dritte Zwecke einschlägig ist, während dem *trespass to goods* eine unberechtigte Wegnahme oder eine unberechtigte Beschädigung der Sache zugrundeliegt.[777] Im Ergebnis kann sich ein Anspruchsberechtigter bei einer unberechtigten Besitzentziehung und erfolgter Aufforderung zur Herausgabe sowohl auf die *conversion* als auch auf den *trespass to goods* berufen, während bei einer Störung des Besitzes durch eine unberechtigte Verwendung der Sache nur aus *conversion* und bei einer Störung des Besitzes durch eine Beschädigung der Sache nur aus *trespass to goods* vorgegangen werden kann.

Die Rechtsfolgen der torts wegen *wrongful interference with goods* ergeben sich heute einheitlich aus dem *Torts (Interference with Goods) Act 1977*. Regelmäßig bleibt der aus der *conversion* bzw. *quasi-conversion* oder dem *trespass to goods* bzw. *quasi-trespass to goods* Anspruchsberechtigte auf die Geltendmachung von Schadenersatz in Form der *damages* beschränkt. Dies entspricht dem Inhalt des *Common Law* vor Erlass des *Torts (Interference with Goods) Act 1977*. Seit Einführung dieses Rechtsakts ist dem Gericht auch die Möglichkeit eröffnet, dem Kläger einen Anspruch auf *delivery*, also auf Herausgabe der Sache, einzuräumen.[778] Eine derartige *delivery order* kann von dem Gericht mit einer Abwendungsmöglichkeit für den Beklagten verbunden werden. Räumt das Gericht dem Beklagten keine Abwendungsmöglichkeit ein, kann das Gericht die *delivery order* bei einer Nichtbefolgung durch den Beklagten jedoch nicht durchsetzen, sondern ist gezwungen, diese wieder aufzuheben.[779] Insoweit bleibt der unter einem *tort* wegen *wrongful interference with goods* Berechtigte daher regelmäßig auf die Geltendmachung von Schadenersatz beschränkt.

---

776 Vgl. S. 139/140 dieser Arbeit.

777 Vgl. S. 133 dieser Arbeit.

778 Vgl. *in extenso* S. 141–149 dieser Arbeit.

779 Vgl. S. 143–144 dieser Arbeit.

Ebenfalls seit Erlass des *Torts (Interference with Goods) Act 1977* muss sich der unter einem *tort* wegen *wrongful interference with goods* Anspruchsberechtigte das *ius tertii*, also das bessere Recht eines Dritten an der Sache, entgegenhalten lassen, so dass die Wirkung der *possession* als *property right* in einem erheblichen Maße beschränkt wird.[780]

3. *Ergebnis*

Sowohl das deutsche Recht, als auch das *Common Law* schützen den Besitzer ohne unmittelbare Sachherrschaft gegen die Entziehung oder die Störung des Besitzes der Sache bei dem unmittelbaren Besitzer. Die an eine Entziehung oder Störung anknüpfenden Rechtsbehelfe sind systembedingt unterschiedlich.

Das deutsche Recht gewährt dem mittelbaren Besitzer einen Anspruch auf Herausgabe bzw. auf Wiedereinräumung der Sache bei dem unmittelbaren Besitzer sowie einen (deliktischen) Anspruch auf Schadenersatz, während das *Common Law* – trotz des Bestehens einer Rechtsgrundlage für einen Herausgabeanspruch (*delivery*) – dem Anspruchsberechtigten in der Regel lediglich einen Anspruch auf Schadenersatz gewährt.

Darüber hinaus muss sich der berechtigte mittelbare Besitzer, sofern er seinen Anspruch auf Grund des possessorischen Besitzschutzes geltend macht, keine Rechte Dritter an der Sache entgegenhalten lassen. Ebenso konnte unter dem *Common Law* vor Inkrafttreten des *Torts (Interference with Goods) Act 1977* dem *bailor* nicht das *ius tertii*, also das Recht eines Dritten an der Sache, entgegengehalten werden. Durch *sec. 8(1)* des *Torts (Interference with Goods) Act 1977* ist diese Ausnahme abgeschafft worden, so dass nunmehr auch gegenüber dem *immediate right to possession* oder *deferred right to possession* eines *bailor* der Einwand des *ius tertii* erhoben werden kann.

II. Das Selbsthilferecht

Über die vorgenannten Ansprüche hinaus existiert in beiden Rechtsordnungen das Institut der Selbsthilfe (*self-help*), das neben dem unmittelbaren Besitzer, auch dem Besitzer ohne unmittelbare Sachherrschaft zusteht.

1. *Die Selbsthilfe im deutschen Recht*

Das Bürgerliche Gesetzbuch gewährt dem Besitzer in § 859 BGB ein Selbsthilferecht. Zwar ist dessen Inanspruchnahme durch den mittelbaren Besitzer

780 Vgl. S. 140/141 dieser Arbeit.

umstritten und wird häufig unter Bezugnahme auf den fehlenden Verweis in § 869 BGB abgelehnt. Nach dem hier vertretenen Verständnis des mittelbaren Besitzes als eines Falles echten, auf der Sachherrschaft des Besitzmittlers beruhenden Besitzes[781] steht dem mittelbaren Besitzer dieses Selbsthilferecht jedoch zu.[782] Im Wege der Besitzwehr kann sich der mittelbare Besitzer eines gegen den unmittelbaren Besitz gerichteten gegenwärtigen Angriffes erwehren und im Wege der Besitzkehr bereits erlangten unrechtmäßigen Besitz zurückholen. Regelmäßig ist der mittelbare Besitzer jedoch nur befugt, den unmittelbaren Besitz bei dem unmittelbaren Besitzer zu verteidigen oder ihn dort wiederherzustellen.[783]

2. *Die* self-help *des* Common Law

Ebenso gewährt das *tort law* im Falle des Vorliegens von *conversion* bzw. *quasi-conversion* und von *trespass to goods* bzw. *quasi-trespass to goods* die Möglichkeit der *self-help*. Einerseits darf sich der aus *tort* bzw. den *quasi-torts* der *reversionary injury* Berechtigte jeder Störung der *possession* unter Anwendung von angemessener Gewalt erwehren und andererseits verlorene *possession* im Wege des *retaking* zurückholen.[784]

3. *Ergebnis*

Sowohl im deutschen Recht als auch im *Common Law* wird dem Besitzer ohne unmittelbare Sachherrschaft das Recht zur Anwendung von Gewalt zur Abwehr eines gegenwärtigen Angriffes auf den unmittelbaren Besitz ebenso wie das Recht zur Nacheile gewährt. Insoweit sind zwischen den beiden Rechtsordnungen keine nennenswerten Unterschiede festzustellen.

III. Der Besitzschutz und das Recht der ungerechtfertigten Bereicherung

Schließlich wird der Besitz ohne unmittelbare Sachherrschaft in beiden Rechtsordnungen auch durch das Recht der ungerechtfertigten Bereicherung bzw. durch das *law of restitution* geschützt.

---

781 Vgl. S. 63 dieser Arbeit.

782 Vgl. S. 110 dieser Arbeit.

783 Vgl. S. 108–110 dieser Arbeit.

784 Vgl. S. 142 dieser Arbeit.

Im deutschen Recht kann der Besitz Gegenstand einer Leistungskondiktion gem. § 812 Abs. 1 Satz 1 Alt. 1 BGB sein; ein Anspruch auf Herausgabe des Besitzes aufgrund einer Eingriffskondiktion gem. § 812 Abs. 1 Satz 1 Alt. 2 BGB ist angesichts des erforderlichen Zuweisungsgehalts nur im Falle berechtigten Besitzes gegeben.[785] Liegt ein Anspruch wegen unberechtigter Bereicherung vor, kann der Anspruchsinhaber die Herausgabe des Besitzes oder, sofern die Sache nicht mehr herausgegeben werden kann, Wertersatz verlangen.

Im Gegensatz zu dem im deutschen Privatrechtssystem eigenständigen Recht der ungerechtfertigten Bereicherung knüpft der *restitutionary claim* des *Common Law* an die Voraussetzungen des *tort law* an. Dem Kläger wird die Wahl ermöglicht, ob er unter dem *tort law* Ersatz für die ihm entstandenen Schäden in Gestalt der *damages* beansprucht oder ob er im Wege der *restitution* eine eventuelle Bereicherung (*benefit*) abschöpft.[786]

Sowohl das deutsche Recht als auch das *Common Law* eröffnen dem Besitzer ohne unmittelbare Sachherschaft durch das Recht der ungerechtfertigten Bereicherung bzw. das *law of restitution* die Möglichkeit, eventuelle durch eine Besitzentziehung entstandene Vorteile abzuschöpfen. Während das deutsche Recht dem Berechtigten insoweit einen Anspruch auf Herausgabe der Vorteile gewährt, bleibt der Anspruch des Berechtigten unter dem *Common Law* auf eine finanzielle Entschädigung beschränkt.

IV. Der Schutz des Besitzers ohne Sachherrschaft im Innen- und im Außenverhältnis

Wie bereits einleitend dargestellt, ergibt sich ein wesentlicher Unterschied zwischen dem deutschen Recht und dem *Common Law* aus dem Umstand, dass die Ansprüche wegen *wrongful interference with goods* im Verhältnis von *bailor* und *bailee* Anwendung finden. Im deutschen Recht ist die Anwendung der sachenrechtlichen Besitzschutzansprüche ebenso wie der Schadenersatzansprüche aus § 823 Abs. 1 und Abs. 2 BGB im Verhältnis von mittelbarem und unmittelbarem Besitzer ausgeschlossen. Dies gilt für das *Common Law* nicht. Bei vertraglich begründeten *bailments for valuable consideration* wird das Verhältnis der Parteien des *bailment* zwar wesentlich durch den zwischen diesen geschlossenen Vertrag bestimmt, jedoch bleibt in Ergänzung zu den vertraglichen Vorschriften auch das *tort law* anwendbar. Im Falle der *gratuitous bailments* stellt die Anwendung des *tort law* zwischen den Parteien den Regelfall dar.

---

785 Vgl. S. 119 dieser Arbeit.

786 Vgl. S. 154/155 dieser Arbeit.

V. Ergebnis

Die durch die tatsächliche Überlassung der Sache begründete Rechtsstellung des mittelbaren Besitzers ebenso wie die des *bailor* wird durch die jeweilige Rechtsordnung gegenüber Angriffen Dritter auf den unmittelbaren Besitz des Besitzmittlers bzw. des *bailee* geschützt. Der dem Besitzer ohne unmittelbare Sachherrschaft gewährte Rechtsschutz setzt sich in beiden Rechtsordnungen aus einem Herausgabe- bzw. Unterlassungsanspruch, einem Schadenersatzanspruch und einem Anspruch auf Ausgleich der ungerechtfertigten Bereicherung einerseits sowie einem Selbsthilferecht andererseits zusammen. Der entscheidende Unterschied zwischen dem deutschen Recht und dem *Common Law* ergibt sich aus dem unterschiedlichen Verständnis der Rechtsnatur des Besitzes ohne unmittelbare Sachherrschaft. Während im deutschen Recht bei einer Besitzentziehung der Anspruch auf Herausgabe den Kern des Besitzschutzes des mittelbaren Besitzers als eines echten Besitzers bildet, stellt dieser im *Common Law* die Ausnahme dar. Das *Common Law* beschränkt den Anspruch des *bailor*, der lediglich Rechtsinhaber und nicht Besitzer ist, in der Regel auf einen bloß finanziellen Schadenersatz.

Ergebnis: Mittelbarer Besitz und bailment als Fälle des Besitzes ohne unmittelbare Sachherrschaft

Dieser Arbeit liegt die Hypothese eines rechtsordnungsübergreifenden Besitzes ohne unmittelbare Sachherrschaft im Sinn einer funktional verstandenen Rechtsvergleichung zugrunde,[787] als dessen jeweilige Ausprägung mittelbarer Besitz und *bailment* erscheinen. Die Ergebnisse der vorliegenden Arbeit bestätigen diese Hypothese nur teilweise: Zwar entsprechen Voraussetzungen, Funktion und Rechtsfolgen des mittelbaren Besitzes und des *bailment* einander, so dass insoweit Vergleichbarkeit besteht, jedoch sind die beiden Rechtsinstitute unterschiedlicher Rechtsnatur. Dem mittelbaren Besitzer wird durch den mittelbaren Besitz die Rechtsposition eines Besitzers eingeräumt, während der *bailor* lediglich Inhaber eines – teils unmittelbaren, teils aufgeschobenen – Rechts zum Besitz ist. Dieser Unterschied spiegelt sich in der unterschiedlichen Gewichtung des Besitzschutzes in Gestalt von Herausgabe- und Schadenersatzansprüchen wieder.

A. Rechtsvergleichende Betrachtungen zum *bailment*

Der Einordnung des *bailment* als Besitz ohne unmittelbare Sachherrschaft sind Versuche vorausgegangen, das *bailment* als Ausprägung des Eigentümer-Besitzer-Verhältnis oder eines Besitzmittlungsverhältnis zu verstehen. Eine rechtsvergleichende Betrachtung lediglich auf Grundlage des Vertrags- oder des Deliktsrechts bleibt jedoch unvollständig, da die sachenrechtliche Dimension des *bailment* nicht ausgeblendet werden darf.

I. Das *bailment* und das Eigentümer-Besitzer-Verhältnis

Poppen sieht den *bailor* regelmäßig dem Eigentümer gleichgestellt.[788] Den wesentlichen Unterschied zwischen dem Eigentümer-Besitzer-Verhältnis gem. §§ 985, 986 BGB und dem *bailment* stellt nach Poppen das Recht zum Besitz des Besitzers dar. Für das *bailment* sei lediglich die *possession* des *bailee* und nicht dessen Recht zum Besitz entscheidend. Darüber hinaus fehle es an

787 Vgl. S. 1 dieser Arbeit.

788 *Poppen*, Mobiliarmiete im deutschen und englischen Recht, S. 40/41.

dem für das deutsche Recht typischen Exklusivitätsverhältnis von Eigentümer-Besitzer-Verhältnis und vertraglichen Ansprüchen.[789] Poppen gelangt daher zu dem Schluss, dass eine Gleichsetzung des *bailment* mit den Kategorien des deutschen Rechts nicht möglich sei. Dies sei insbesondere darauf zurückzuführen, dass mit dem *bailment* Lücken des *Common Law* geschlossen würden, die sich aus der *doctrine of consideration* ergäben und die dem deutschen Recht angesichts eines anderen Vertragsverständnisses fremd seien.[790]

II. Das *bailment* und der mittelbare Besitz

Middleton sieht in dem *bailment* ein Besitzmittlungsverhältnis verwirklicht. Er folgt dabei dem Verständnis, dass dem *bailee* ein spezielles Eigentumsrecht (*special property*) und dem *bailor* ein generelles Eigentumsrecht (*general property*) zukomme.[791] Insoweit wird der Unterschied zwischen dem deutschen Recht und dem *Common Law* deutlich. Das deutsche Recht differenziert zwischen Eigentum und Besitz, Recht und Faktum. Die *possession* des *bailee* lässt sich ebenfalls als Faktum identifizieren. Dem *bailor* kommt hingegen ein Recht, genauer ein Recht zum Besitz zu. Dieses Recht fällt je nach Art des zugrundeliegenden *bailment* unterschiedlich aus, lediglich im Falle des unmittelbaren Rechtes zum Besitz gilt dieses in Abwesenheit eines besseren Rechtes an der Sache als Titel und damit als Eigentum.

III. Ergebnis

Während das Verständnis des *bailment* als Eigentümer-Besitzer-Verhältnis angesichts der fehlenden Absolutheit der Position des *bailor* schwerfällt, deutet das Verständnis als Besitzmittlungsverhältnis in die richtige Richtung. Insoweit gilt es insbesondere den dem *bailor* gewährten Schutz gegenüber Angriffen Dritter zu berücksichtigen: Zwar ist insoweit zwischen dem unmittelbaren und dem aufgeschobenen Besitzrecht zu unterscheiden. Jedoch ist der *bailor* im ersten Falle unmittelbar aus *conversion*, *trespass to goods* oder *negligence* geschützt, während im zweiten Falle nur sein Herausgabeanspruch (*reversionary interest*) durch *quasi-conversion*, *quasi-trespass to goods* oder *quasi-negligence* geschützt wird. In beiden Fällen wird aber das Recht zum Besitz des *bailor* unabhängig

---

789 *Poppen*, Mobiliarmiete im deutschen und englischen Recht, S. 41.

790 *Poppen*, Mobiliarmiete im deutschen und englischen Recht, S. 42.

791 *Middleton* in: Bar (Hrsg.), Sachenrecht in Europa, Bd. 1, S. 155; vgl. zu *general* und *special property* S. 78 dieser Arbeit.

davon geschützt, ob eine dritte Person ein besseres Recht an der Sache und damit nach dem Verständnis des *Common Law* Eigentum an der Sache hat.

B. Der Besitz ohne unmittelbare Sachherrschaft

Ausgehend von der Qualifikation des *bailment* als Besitzmittlungsverhältnis können mittelbarer Besitz und *bailment* in rechtsvergleichender Hinsicht als Besitz ohne unmittelbare Sachherrschaft verstanden werden. Der modernen Rechtsvergleichung liegt das Funktionalitätsprinzip zugrunde, nach dem im Recht nur vergleichbar ist, was dieselbe Aufgabe oder dieselbe Funktion erfüllt.[792] Der mittelbare Besitz und das *bailment* erfassen dieselben Lebenssachverhalte und ermöglichen dem mittelbaren Besitzer bzw. dem *bailor* die Ausübung von Rechten, die grundsätzlich der Person vorbehalten sind, die auch die tatsächliche Sachherrschaft und damit den Besitz ausübt. Beide Rechtsinstitute können daher als Fälle eines rechtsordnungsübergreifenden Besitzes ohne unmittelbare Sachherrschaft verstanden werden, dessen Kernelemente einander entsprechen, auch wenn mittelbarer Besitz und *bailment* jeweils Abweichungen von diesem Konzept aufweisen. Die zentrale Funktion des Besitzes ohne unmittelbare Sachherrschaft, die beiden Rechtsinstituten gemeinsam ist, ergibt sich jedoch gerade aus dem Erfordernis, den als äußerene Ausdruck des Eigentums verstandenen Besitz unabhängig von dem Vorliegen von Sachherrschaft bei dem „Eigentümer" zu schützen.

I. Voraussetzungen des Besitzes ohne unmittelbare Sachherrschaft

Der Besitz ohne Sachherrschaft gründet im Kern auf dem unmittelbaren Besitz einer Person an einer Sache und dem Recht einer anderen Person, diese Sache von der ersten Person herauszuverlangen. Regelmäßig beruht der Herausgabeanspruch auf einer vertraglichen oder konsensualen Vereinbarung der Parteien des Besitzes ohne unmittelbare Sachherrschaft, jedoch stellt auch der Fund einen Fall des Besitzes ohne unmittelbare Sachherrschaft dar, da dem Finder die Pflichten eines Verwahrers auferlegt werden.[793]

Der entscheidende Unterschied zwischen dem deutschen und dem angelsächsischen Verständnis des Besitzes ohne unmittelbare Sachherrschaft ergibt sich unter dem Tatbestandsmerkmal des Besitzmittlungswillens. Dieses wird nach deutschem Recht vorausgesetzt und macht den Besitz ohne unmittelbare Sachherrschaft vom

792 *Zweigert/Kötz*, Rechtsvergleichung, S. 33.
793 Vgl. S. 96 dieser Arbeit.

Willen des unmittelbaren Besitzes abhängig, während es nach *Common Law* eines derartigen Willens des *bailee* für das Bestehen des *bailment* nicht bedarf.[794] Dies zeigt, dass der mittelbare Besitzer echter Besitzer und damit abhängig von dem unmittelbaren Besitz des unmittelbaren Besitzers ist, während der *bailor* Inhaber eines von dem Willen des unmittelbaren Besitzers unabhängigen Rechtes und gerade nicht selbst Besitzer ist.

II. Rechtsnatur und Funktion des Besitzes ohne unmittelbare Sachherrschaft

Seiner Rechtsnatur nach kann der Besitz ohne unmittelbare Sachherrschaft als ein Verhältnis der tatsächlichen Sachüberlassung verstanden werden,[795] das – je nach Rechtsordnung – den Besitz bzw. ein Recht zum Besitz an einer Sache einer Person zuordnet, die selbst keine unmittelbare Sachherrschaft über die Sache ausübt.[796] Diese Zuordnung des Besitzes ohne unmittelbare Sachherrschaft bezweckt den Schutz des Besitzers ohne unmittelbare Sachherrschaft, dem – unter Beachtung des Besitzes des unmittelbaren Besitzers – die sich aus dem Besitz ergebenden Rechte und Ansprüche eingeräumt werden. Damit wird der Besitz als äußerer Ausdruck des Eigentums geschützt[797] und im Falle des Besitzes ohne unmittelbare Sachherrschaft den Rechtsverhältnissen Rechnung getragen, in denen der unmittelbare Besitz an der Sache und die Eigentümerstellung auseinanderfallen.

III. Rechtsfolgen des Besitzes ohne unmittelbare Sachherrschaft

Der Besitz ohne unmittelbare Sachherrschaft wird sowohl im deutschen Recht als auch im *Common Law* gegenüber Angriffen Dritter auf den unmittelbaren Besitz in Form einer Störung oder einer Entziehung des Besitzes geschützt. Das deutsche Recht verwirklicht diesen Schutz unmittelbar durch die sachenrechtlichen Besitzschutzansprüche der §§ 861, 862 BGB sowie des § 1007 BGB,[798] während im *Common Law* die besonderen *torts* wegen einer *wrongful interference*

---

794 Vgl. S. 96 dieser Arbeit.

795 Vgl. S. 99–101 dieser Arbeit.

796 Vgl. S. 99 dieser Arbeit.

797 Vgl. S. 98/99 dieser Arbeit zur Schutzfunktion des Besitzes ohne unmittelbare Sachherrschaft und S. 155–162 dieser Arbeit zu den dem Besitzer ohne unmittelbare Sachherrschaft gewährten Rechten und Ansprüchen.

798 Vgl. S. 156/157 dieser Arbeit.

with goods in Gestalt der *conversion* und des *trespass to goods* die Rechtsgrundlage für einen Anspruch des *bailor* bilden.[799]

C. Gesamtergebnis

Sowohl das deutsche Recht als auch das *Common Law* haben mit dem mittelbaren Besitz und dem *bailment* zwei Rechtsinstitute geschaffen, die ihrer Funktion nach als Besitz ohne unmittelbare Sachherrschaft verstanden werden können. Es wird deutlich, dass der Begriff des Besitzes weder auf ein Verständnis als bloßes Faktum noch auf den Begriff der Sachherrschaft beschränkt werden darf. Zwar ist der mittelbare Besitzer echter, vom unmittelbaren Besitzer abhängiger Besitzer, während der *bailor* Inhaber eines eigenen Rechtes ist, dass er gegenüber dem *bailee* und gegenüber der Welt geltend machen kann. Gleichwohl wird mit beiden als Besitz ohne unmittelbare Sachherrschaft zu verstehenden Rechtsinstituten der Schutz des Eigentums durch den dem Eigentum vorgelagerten Besitz ermöglicht, ohne dass es der eigenen unmittelbaren Sachherrschaft des Besitzers oder Rechtsinhabers bedarf.

---

799 Vgl. S. 157 dieser Arbeit.

Literaturverzeichnis

Anonym: Owner's Recovery Against Subbailee Limited to First Bailee's Liability, in: (1959) 12 Stan. L.R., S. 264–270.

Bamberger, Heinz Georg/Roth, Herbert: Kommentar zum Bürgerlichen Gesetzbuch, Bd. 2, §§ 611–1296, AGG, ErbbauRG, WEG, bearb. v. Wolfram Backert/ Heinz Georg Bamberger u.a., 3. Aufl. München 2012.

(zitiert als: *Bearbeiter* in: Bamberger/Roth, BGB, §, Rn.)

Bar, Christian von: Gemeineuropäisches Delikstrecht, Bd. 1, München 1996.

(zitiert als: *Bar*, Gemeineuropäisches Deliktsrecht, Bd. 1, Rn.)

Bar, Christian von: Gemeineuropäisches Sachenrecht, Bd. 1, München 2015.

(zitiert als: *Bar*, Gemeineuropäisches Sachenrecht, Bd. 1, Rn.)

Bar, Christian von (Hrsg): Sachenrecht in Europa. Systematische Einführungen und Gesetzestexte, Bd. 1, Osnabrück 2000.

(zitiert als: *Bearbeiter* in: Bar (Hrsg.), Sachenrecht in Europa, Bd. 1, S.)

Baumbach, Adolf/Lauterbach, Wolfgang u.a.: Zivilprozessordnung, 74. Aufl. München 2016.

(zitiert als: *Baumbach/Hopt*, ZPO, §, Rn.)

Baur, Jürgen F./Stürner, Rolf: Sachenrecht, 18. Aufl. München 2009.

(zitiert als: *Baur/Stürner*, Sachenrecht, §, Rn.)

Baur, Jürgen F./Stürner, Rolf: Zwangsvollstreckungs-, Konkurs- und Vergleichsrecht, Bd. 1, Einzelvollstreckungsrecht, 13. Aufl. Heidelberg 2006.

(zitiert als: *Baur/Stürner*, Zwangsvollstreckungsrecht, Bd. 1, Rn.)

Bekker, Ernst Immanuel: Der Besitz beweglicher Sachen, in: JherJB 34 [1895], S. 1–81.

Bell, Andrew P.: Modern Law of Personal Property in England and Ireland, London/Edinburgh 1989.

(zitiert als: *Bell*, personal property, S.)

Bernstorff, Christoph Graf von: Einführung in das englische Recht, 4. Aufl. München 2011.

(zitiert als: *Bernstorff*, Einführung in das englische Recht, S.)

Braun, Eberhard: Insolvenzordnung – Kommentar, bearb. v. Rüdiger Bauch/Elke Bäuerle u.a., 6. Aufl. München 2014.

(zitiert als: *Bearbeiter* in: Braun, InsO, §, Rn.)

Bridge, Michael G.: Personal Property Law, 3. Aufl. Oxford 2006.
(zitiert als: *Bridge*, personal property, S.)

Brox, Hans/Walker, Wolf-Dietrich: Besonderes Schuldrecht, 39. Aufl. München 2015.
(zitiert als: *Brox/Walker*, Besonderes Schuldrecht, §, Rn.)

Brox, Hans/Walker, Wolf-Dietrich: Zwangsvollstreckungsrecht, 10. Aufl. München 2014.
(zitiert als: *Brox/Walker*, Zwangsvollstreckungsrecht, Rn.)

Bruns, Carl Georg: Das Recht des Besitzes im Mittelalter und in der Gegenwart, Tübingen 1848.
(zitiert als: *Bruns*, Recht des Besitzes, S.)

Caemmerer, Ernst von: Wandlungen des Deliktsrechts, in: Ernst von Caemmerer/ Ernst Friesenhain u.a., Festschrift zum hundertjährigen Bestehen des Deutschen Juristentages, Bd. 2, Karlsruhe 1960, S. 49–136.
(zitiert als: *Caemmerer* in: FS 100 Jahre DJT (1960), S.)

Canaris, Claus-Wilhelm: Die Verdinglichung obligatorischer Rechte, in: Horst Heinrich Jakobs/Brigitte Knobbe-Keuk u.a., Festschrift für Werner Flume zum 70. Geburtstag, Bd. 1, Köln 1978, S. 371–427.
(zitiert als: *Canaris*, in: FS Flume (1978), S.)

Carnegie, A. R.: Bailment and contract in English law today, in: (1966) 3 Adel. L.R., S. 7–17.

Chitty, Joseph: Chitty on Contracts, Bd. 2, specific contracts, 32. Aufl. London 2015.
(zitiert als: *Chitty*, on contracts, Bd. 2, Rn.)

Clerk, John Frederic/Lindsell, William Henry Barber: Clerk & Lindsell on Torts, 20. Aufl. London 2010.
(zitiert als: *Clerk/Lindsell*, on torts, Rn.)

Curwen, Nicholas: General and special property in goods, in: (2000) 20 Legal Studies, S. 181–197.

Dernburg, Heinrich: Pandekten, Erster Bd., 5. Aufl. Berlin 1896.
(zitiert als: *Dernburg*, Pandekten, §)

Dietl, Clara-Erika/Lorenz, Egon: Wörterbuch für Recht, Wirtschaft und Politik, Bd. 1, Englisch – Deutsch, 6. Aufl. München 2000.
(zitiert als: *Dietl/Lorenz*, Wörterbuch für Recht, Bd. 1, S.)

Doucet, Michel/Fleck, Klaus E.W.: Wörterbuch der Rechts- und Wirtschaftssprache, Bd. 1, Französisch – Deutsch, 6. Aufl. München u.a. 2009.

(zitiert als: *Doucet/Fleck*, Wörterbuch der Rechts- und Wirtschaftssprache, Bd. 1, S.)

Enneccerus, Ludwig/Kipp, Theodor/Wolff, Martin: Lehrbuch des Bürgerlichen Rechts, Bd. 3, Sachenrecht, bearb. v. Martin Wolff/Ludwig Raiser, Tübingen 1957.

(zitiert als: *Bearbeiter* in: Enneccerus/Kipp/Wolff (Hrsg.), Sachenrecht, §)

Erman: Bürgerliches Gesetzbuch, Bd. 2, bearb. v. Lutz Aderhold/Christian Armbrüster u.a., 14. Aufl. Köln 2014.

(zitiert als: *Bearbeiter* in: Erman, BGB, §, Rn.).

Fifoot, Cecil: History and sources of the Common Law, London 1949.

(zitiert als: *Fifoot*, Common Law, S.)

Flume, Werner: Die Rechtsstellung des Vorbehaltskäufers, in: AcP 161 (1962), S. 385–408.

Gans, Eduard: System des römischen Civilrechts im Grundrisse, Berlin 1827.

(zitiert als: *Gans*, System des römischen Civilrechts, S.)

Gernhuber, Joachim: Das Schuldverhältnis, Tübingen 1989.

(zitiert als: *Gernhuber*, Schuldverhältnis, S.)

Gierke, Julius von: Das Sachenrecht des bürgerlichen Rechts, 4. Aufl. Berlin/Frankfurt a.M. 1959.

(zitiert als: *J. v. Gierke*, Sachenrecht, §)

Gierke, Otto: Der Entwurf eines bürgerlichen Gesetzbuchs und das deutsche Recht, Leipzig 1889.

(zitiert als: *O. Gierke*, Entwurf eines bürgerlichen Gesetzbuchs, S.)

Gierke, Otto: Deutsches Privatrecht, Bd. 2, Sachenrecht, Leipzig 1905.

(zitiert als: *O. Gierke*, Deutsches Privatrecht, Bd. 2, §)

Gierke, Otto: Die Bedeutung des Fahrnisbesitzes für streitiges Recht nach dem Bürgerlichen Gesetzbuch, Jena 1897.

(zitiert als: *O. Gierke*, Fahrnisbesitz, S.)

Gleeson, Simon: Personal Property Law, London 1997.

(zitiert als: *Gleeson*, personal property, S.)

Halsbury's Laws of England: Halsbury's Laws of England,

- Bd. 3(1), bearb. v. Mark Hapgood/Nicholas Lavender u.a., 4. Aufl. London Edinburgh 2005,

- Bd. 5(1), bearb. v. David R. Harris/Anthony Hudson u.a., 4. Aufl. London Edinburgh 2004,
- Bd. 12(1), bearb. v. Edward Ash/J. H. Baker u.a., 4. Aufl. London 1998,
- Bd. 35, bearb. v. Roderick l'Anson Banks/Susan Holmes u.a., 4. Aufl. London 1994,
- Bd. 45(2), bearb. v. Edward Ash/Nicholas Bamforth u.a., 4. Aufl. London 1999.

(zitiert als: *Bearbeiter* in: Halsbury's Laws of England, Bd., Kap., Rn.)

Harris, D. R.: The Concept of Possession in English Law, in: A. G. Guest (Hrsg.), Oxford Essays on Jurisprudence (First Series), Oxford 1961, S. 69–106.

(zitiert als: *Harris* in: Guest (Hrsg.), Oxford Essays, S.)

Hartung, Frank: Besitz und Sachherrschaft, Diss. Bochum 1997.

(zitiert als: *Hartung*, Besitz und Sachherrschaft, S.)

Heck, Philipp: Grundriß des Sachenrechts, Tübingen 1930.

(zitiert als: *Heck*, Sachenrecht, §, Rn.)

Hedinger, Martin P.: System des Besitzrechts, Diss. Bern 1983.

(zitiert als: *Hedinger*, System des Besitzrechts, S.)

Hill, Jonathan: The Proprietary Character of possession, in: Elizabeth Cooke (Hrsg.), Modern Studies in Property Law, Bd. 1, Oxford/Portland 2001, S. 21–40.

(zitiert als: *Hill* in: Cooke (Hrsg.), Property Law, Bd. 1, S.)

Holdsworth, William: A History of English Law,

- Bd. 3, 5. Aufl. London 1942, Reprint Berlin 1966,
- Bd. 7, 2. Aufl. London 1937, Reprint Berlin 1966.

(zitiert als: *Holdsworth*, History of English law, Bd., S.)

Honoré, A. M.: Ownership, in: A. G. Guest (Hrsg.), Oxford Essays on Jurisprudence (First Series), Oxford 1961, S. 107–147.

(zitiert als: *Honoré* in: Guest (Hrsg.), Oxford Essays, S.)

Honsell, Thomas: Schadensersatz nach verbotener Besitzentziehung, in: JZ 1983, S. 531–535.

Huber, Peter: Eigentumsschutz durch das Deliktsrecht, in: RabelsZ 62 (1998), S. 59–114.

Jauernig: Bürgerliches Gesetzbuch, bearb. v. Christian Berger/Heinz-Peter Mansel u.a., 16. Aufl. München 2015.

(zitiert als: *Bearbeiter* in: Jauernig, BGB, §, Rn.)

Jhering, Rudolf von: Beiträge zur Lehre vom Besitz, in: JherJB 9 [1868], S. 1–196.

Jhering, Rudolf von: Der Besitzwille, Jena 1889.
(zitiert als: *Jhering*, Besitzwille, S.)

Jones, William: An essay on the law of bailments, 2. Aufl. Brattleborough 1818.
(zitiert als: *Jones*, law of bailments, S.)

Kant, Immanuel: Metaphysik der Sitten, Leipzig 1870.
(zitiert als: *Kant*, Metaphysik der Sitten, S.)

Kaser, Max: Das römische Privatrecht, Erster Abschnitt, Das altrömische, das vorklassische und klassische Recht, 2. Aufl. München 1971.
(zitiert als: *Kaser*, Römisches Privatrecht, Rn.)

Klinkhammer, Frank: Der Besitz als Gegenstand des Bereicherungsanspruchs, Diss. Bonn 1995.
(zitiert als: *Klinkhammer*, Besitz als Gegenstand des Bereicherungsanspruchs, S.)

Kollhosser, Helmut: Grundfälle zu Besitz und Besitzschutz, in: JuS 1992, S. 567–572.

Laidlaw, William King: Principles of Bailment, in: (1930) 16 Corn. L.R., S. 286–310.

Lopau, Eberhard: Der Rechtsschutz des Besitzes, in: JuS 1980, S. 501–506.

Medicus, Dieter: Besitzschutz durch Ansprüche auf Schadenersatz, in: AcP 165 (1965), S. 115–149.

Medicus, Dieter/Petersen, Jens: Bürgerliches Recht, 25. Aufl. München 2015.
(zitiert als: *Medicus/Petersen*, Bürgerliches Recht, Rn.)

Mugdan, Benno: Die gesamten Materialien zum Bürgerlichen Gesetzbuch für das Deutsche Reich,
- Bd. 2, Recht der Schuldverhältnisse, Berlin 1899,
- Bd. 3, Sachenrecht, Berlin 1899.

(zitiert als: *Mugdan*, Materialien, Bd., S.)

Müller, Klaus: Sachenrecht, 4. Aufl. Köln, Berlin u.a. 1997.
(zitiert als: *Müller*, Sachenrecht, S.)

Münchener Kommentar: Münchener Kommentar zum Bürgerlichen Gesetzbuch,
- Bd. 5, Schuldrecht, Besonderer Teil III (§ 705–853), bearb. v. Andreas Cahn/Mathias Habersack u.a., 3. Aufl. München 1997,
- Bd. 6, Sachenrecht, §§ 854–1296, Wohnungseigentumsgesetz, Erbbaurechtsgesetz, Sachenrechtsbereinigungsgesetz, Schuldrechtsänderungsgesetz, bearb. v. Christian Baldus/Michael Commichau u.a., 4. Aufl. München 2004,
- Bd. 5, Schuldrecht, Besonderer Teil III, § 705–853, bearb. v. Mathias Habersack/Hans-Jürgen Papier u.a., 6. Aufl. München 2013,

– Bd. 6, Sachenrecht, §§ 854–1296, Wohnungseigentumsgesetz, Erbbaurechtsgesetz, bearb. v. Christian Baldus/Michael Commichau u.a., 6. Aufl. München 2013.

(zitiert als: *Bearbeiter* in: MüKo-BGB^{Auflage}, §, Rn.)

Münchener Kommentar: Münchener Kommentar zur Insolvenzordnung, Bd. 1, §§ 1–79, InsVV, bearb v. Georg Bitter/Jochen Drukarczyk u.a., 3. Aufl. München 2013.

(zitiert als: *Bearbeiter* in: MüKo-InsO, §, Rn.)

Münchener Kommentar: Münchener Kommentar zur Zivilprozessordnung, Bd. 2, §§ 511–945, bearb. v. Jörn Bernreuther/Johann Braun u.a., 3. Aufl. München 2007.

(zitiert als: *Bearbeiter* in: MüKo-ZPO, §, Rn.)

Ogris, W.: Gewere, in: Adalbert Erler/Ekkehard Kaufmann (Hrsg.), Handwörterbuch zur Deutschen Rechtsgeschichte, Bd. 1, Berlin 1971, Sp. 1658–1667.

(zitiert als: *Ogris* in: Erler/Kaufmann (Hrsg.), HRG, Bd. 1, Sp.)

Palandt: Bürgerliches Gesetzbuch, bearb. v. Peter Bassenge/Gerd Brudermüller u.a., 75. Aufl. München 2016.

(zitiert als: *Bearbeiter* in: Palandt, BGB, §, Rn.)

Palmer, Norman/ McKendrick, Ewan: Interests in goods, bearb. v. Yvonne Baatz/ Peter Barber u.a., 2. Aufl. London/Hong Kong 1998.

(zitiert als: *Bearbeiter* in: Palmer/McKendrick, interests in goods, S.)

Palmer, Norman: Palmer on bailment, 3. Aufl. London 2009.

(zitiert als: *Palmer*, on bailment, Rn.)

Paton, George W.: Bailment in the Common Law, London 1952.

(zitiert als: *Paton*, bailment, S.)

Petersen, Jens: Grundfragen zum Recht des Besitzes, in: Jura 2002, S. 160–164.

Pieper, Helmut: Besitzrecht und Schadensersatz bei der eigenmächtigen Wegnahme von Sicherungsgut, in: Johannes Bärmann (Hrsg.), Festschrift zum 150 jährigen Bestehen des Oberlandesgerichts Zweibrücken, Wiesbaden 1969, S. 231–256.

(zitiert als: *Pieper* in: FS OLG Zweibrücken (1969), S.)

Pollock, Frederick/Maitland, Frederic William: The history of English Law before the time of Edward I, Bd. 2, 2. Aufl. Cambridge 1905.

(zitiert als: *Pollock/Maitland*, English law, Bd., S.)

Pollock, Frederick/Wright, Robert Samuel: An essay on possession in the Common Law, Oxford 1888.

(zitiert als: *Pollock/Wright*, possession, S.)

Poppen, Kevin: Die Mobiliarmiete im englischen und deutschen Recht, Diss. Osnabrück 2010.

(zitiert als: *Poppen*, Mobiliarmiete im englischen und deutschen Recht, S.)

Puchta, Georg Friedrich/Rudorff, Adolf: Pandekten, 6. Aufl. Leipzig 1852.

(zitiert als: *Puchta*, Pandekten, §)

Quitmann, Kristina: Eigentums- und Besitzschutz im deutschen und englischen Recht, Diss. Mainz 2010.

(zitiert als: *Quitmann*, Eigentums- und Besitzschutz, S.)

Riccobono, Salvatore: Zur Terminologie der Besitzverhältnisse, in: SZ Rom.Abt. 31 (1910), S. 321–371.

Rudorff, Adolf: Über den Rechtsgrund der possessorischen Interdicte, in: ZGR 7 [1830], S. 90–114.

Sandtner, Walter: Kritik der Besitzlehre, Diss. München 1968.

(zitiert als: *Sandtner*, Kritik der Besitzlehre, S.)

Savigny, Friedrich Carl von: Das Recht des Besitzes, 6. Aufl. Gießen 1837.

(zitiert als: *Savigny*, Recht des Besitzes, S.)

Schick, Gottfried: Besitzschutz nach § 823 BGB?, Diss. Tübingen 1967.

(zitiert als: *Schick*, Besitzschutz nach § 823 BGB?, S.)

Schönfeld, Friederich: Verwendungsansprüche des Werkunternehmers bei Unwirksamkeit des Werkvertrages, in: JZ 1959, S. 301–304.

Siebert, Wolfgang: Die besitzrechtliche Grundlage der dinglichen Wirkung der Traditionspapiere, in: ZHR 93 (1929), S. 1–47.

Soergel, Hans Theodor (Begr.): Bürgerliches Gesetzbuch, Bd. 14, Sachenrecht 1, §§ 854–984, 13. Aufl., Stuttgart 2002.

(zitiert als: *Bearbeiter* in: Soergel, BGB, §, Rn.)

Sosnitza, Olaf: Besitz und Besitzschutz, Tübingen 2003.

(zitiert als: *Sosnitza*, Besitz und Besitzschutz, S.)

Staudinger, Julius von: J. von Staudingers Kommentar zum Bürgerlichen Gesetzbuch mit Einführungsgesetz und Nebengesetzen, Eckpfeiler des Zivilrechts, bearb. v. Karl-Dieter Albrecht/Roland Michael Beckmann u.a., Neubearbeitung Berlin 2014/2015.

(zitiert als: *Bearbeiter* in: Staudinger, Eckpfeiler des Zivilrechts, S.)

Staudinger, Julius von: J. von Staudingers Kommentar zum Bürgerlichen Gesetzbuch mit Einführungsgesetz und Nebengesetzen,

- Zweites Buch, Recht der Schuldverhältnisse, §§ 812–822, bearb. v. Stephan Lorenz, Neubearbeitung Berlin 2007,

– Zweites Buch, Recht der Schuldverhältnisse, §§ 823–825, bearb. v. Johannes Hager, 13. Bearbeitung Berlin 1999,
– Drittes Buch, Sachenrecht, Einleitung zum Sachenrecht, §§ 854–882, bearb. v. Karl-Heinz Gursky/Martin Gutzeit u.a., Neubearbeitung Berlin 2012,
– Drittes Buch, Sachenrecht, §§ 985-1011, bearb. v. Karl-Heinz Gursky, Neubearbeitung Berlin 2013.

(zitiert als: *Bearbeiter* in: Staudinger, BGB, §, Rn.)

Story, Joseph: Commentaries on the Law of Bailments, Boston 1863.

(zitiert als: *Story*, bailment, Rn.)

Tay, Alice Erh-Soon: The essence of a bailment: contract, agreement or possession?, in: (1966) 5 Syd. L.R., S. 239–253.

Tettenborn, Andrew: Reversionary damage to chattels, in: CLJ 1994, Bd. 53(2), S. 326–342.

Tiedtke, Klaus: Erwerb und Verlust des Sicherungseigentums an eingelagerter Ware, in: WM 1978, S. 446–455.

Treitel, Guenter Heinz: On the law of contract, 14. Aufl. London 2015.

(zitiert als: *Treitel*, on the law of contract, Rn.)

Weir, J. A.: Tort, contract and bailment, in: CLJ 1965, Bd. 23(2), S. 186–191.

Wendt, Otto: Der mittelbare Besitz des bürgerlichen Gesetzbuches, in: AcP 87 (1897), S. 40–76.

Westermann, Harm Peter: Probleme der Sicherungsübereignung von Warenlagern, in: NJW 1956, S. 1297/1298.

Westermann, Harm Peter/Gursky, Karl-Heinz/Eickmann, Dieter: Sachenrecht – Ein Lehrbuch, 8. Aufl., Heidelberg 2011.

(zitiert als: *Bearbeiter* in: Westermann/Gursky/Eickmann (Hrsg.), Sachenrecht, §, Rn.)

Wieling, Hans: Der mittelbare Besitz, in: N.N. (Hrsg.), Studi in onore di Cesare Sanfilippo, Bd. 1, Mailand 1982, S. 711–741.

(zitiert als: *Wieling* in: FS Sanfilippo (1982), S.)

Wieling, Hans: Die historischen Voraussetzungen des modernen Rechtsschutzes, in: Rolf Knütel/Shigeo Nishimura (Hrsg.), Hundert Jahre Japanisches Zivilgesetzbuch, Köln/Berlin u.a. 2004, S. 361–388.

(zitiert als: *Wieling* in: FS 100 Jahre Japanisches ZGB (2004), S.)

Wieling, Hans: Grund und Umfang des Besitzschutzes, in: Manfred Harder/ Georg Thielmann (Hrsg.), De iustitia et iure, Festgabe für Ulrich Lübtow zum 80. Geburtstag, Berlin 1980, S. 565–584.

(zitiert als: *Wieling* in: FS Lübtow (1980), S.)

Wieling, Hans: Sachenrecht, Bd. 1, Sachen, Besitz und Rechte an beweglichen Sachen, 2. Aufl. Berlin/Heidelberg 2006.

(zitiert als: *Wieling*, Sachenrecht, Bd. 1, §)

Wieling, Hans: Voraussetzungen, Übertragung und Schutz des mittelbaren Besitzes, in: AcP 184 [1984], S. 439–464.

Wieser, Eberhard: Der Schadenersatzanspruch des Besitzers aus § 823 BGB, in: JuS 1970, S. 557–561.

Wilhelm, Jan: Sachenrecht, 4. Aufl. Berlin 2010.

(zitiert als: *Wilhelm*, Sachenrecht, S.)

Williston, Samuel: A treatise on the law of contracts, Bd. 4, New York 1936.

(zitiert als: *Williston*, law of contracts, Bd. 4, §)

Windscheid, Bernhard: Lehrbuch des Pandektenrechts, Bd. 1, 5. Aufl. Stuttgart 1879.

(zitiert als: *Windscheid*, Pandektenrecht, Bd. 1, S.)

Winfield, Percy H.: The province of the Law of Tort, Cambridge 1931.

(zitiert als: *Winfield*, law of tort, S.)

Winfield, Percy H./Jolowicz, J. A.: Tort, bearb. v. W. V. H. Rogers, 19. Aufl. London 2014.

(zitiert als: *Winfield/Jolowicz*, tort, Rn.)

Wolf, Manfred/Wellenhofer, Marina: Sachenrecht, 30. Aufl. München 2015.

(zitiert als: *Wolf/Wellenhofer*, Sachenrecht, §, Rn.)

Zweigert, Konrad/Kötz, Hein: Einführung in die Rechtsvergleichung, 3. Aufl. Tübingen 1996.

(zitiert als: *Zweigert/Kötz*, Rechtsvergleichung, S.)

www.ingramcontent.com/pod-product-compliance
Ingram Content Group UK Ltd.
Pitfield, Milton Keynes, MK11 3LW, UK
UKHW022100051026
15623UKWH00003B/583

9 783631 723296